她們的征途

直擊、迂迴與衝撞，中國女性的公民覺醒之路

趙思樂——著

目錄

上部 野蠻生長

下部
困獸猶鬥

上部
野蠻生長

第一章
知識分子

太石村

攝影機正在拍攝，艾曉明提著它在太石村的水泥村道上疾走。她五十二歲，有中年人常見的一點微胖，鏡頭隨著她的步伐劇烈地搖晃。

艾曉明正在逃離一場追擊，與她一同逃走的還有兩位律師——唐荊陵和郭豔。他們三人不時望向身後，不遠處有近十個穿著迷彩服的青壯年男人一路尾隨。兩撥人一前一後、時近時遠地在沉默中快步行走，緊張的氣氛拉鋸著。

艾曉明是廣東省最知名的大學中山大學的文學教授，近兩年她開始對拍攝紀錄片產生興趣。她下頜寬闊，眼睛細長，薄嘴唇緊閉著，眉頭微微皺起，嚴肅的神情掩藏著她的驚慌。

唐荊陵和郭豔一邊走、一邊輪流打著報警電話，一個個落空的求救把艾曉明的心越攥越緊，但她同時意識到，這是一個拍攝者的天賜良機。艾曉明把攝影機牢牢對準兩位律師，鏡頭裡的他們機關槍似地對電話說著：「我們已經報警求救了很多次！我們沒有辦法工作，我們的委託人都不敢上來跟我們講話！」

村派出所的警員不斷回電話確認他們的位置，卻不現身。當三人快要走到派出所的時候，幾個壯漢突然衝上前，朝他們潑出好幾桶髒水。郭豔尖叫起來，她身穿深藍色套裝、肉色絲襪和黑色皮質高跟鞋，精緻的著裝瞬間溼透，布滿像紙巾屑一樣的白色汙物。郭豔更加焦急打著電話，沒有心思研究那髒水的成分。

村裡的治安巡邏隊經過他們身邊，冷眼旁觀。一輛警務車在他們附近停下，唐荊陵上前去敲車窗玻璃，警務車竟徑直啟動開走。

三人意識到不能再指望員警。

——

太石村隸屬經濟發達的廣東省會廣州，從廣州市中心駕車向南不到一個小時就能抵達，屬於非常富裕的農村地區。但與中國其他經濟前景優越的農村一樣，太石村存在嚴重的土地交易貪汙和徵地補償不公問題。此類問題理論上的責任人是黨政長官，但他往往也是土地貪汙的最大受益者。與其他村子不同的是，太石村村民發現這個問題後，沒有選擇沉默地分自己的那杯羹，而是打算用集體意志罷免有問題的村官。

中國是一黨執政的國家，這一點在國家權力的末梢體現得十分露骨，相比村以上行政級別還將黨和政府的長官象徵性地分開，在村莊裡黨務和行政負責人往往由一人兼任，致使村子裡的權力經常一人獨大，太石村也是如此。

根據《村民委員會組織法》，村子裡有五分之一以上的人口共同提出動議，就能啟動村官罷免程序。太石村有人口兩千左右，村民在二〇〇五年七月向上級政府提交罷官動議書，有超過四百人簽名，跨過了人數門檻。

然而，村民們還沒有等來上級的回音，卻等來了村委財務室深夜警報鈴響，村民們立刻趕到財務室，發現是村裡的會計深夜潛入。村民們馬上警覺起來，他們擔心是村官想要竄改帳目掩蓋貪汙，數百村民於是以封存帳目為由占領財務室，日夜輪流守護。當時正是中國南端炎熱的夏日，女人和老人，人挨人地在財務室裡打起地鋪。村民們認為，官方面對老弱婦孺較不容易動用暴力。

這樣一來，事情鬧大了。

廣州是中國媒體最為自由活躍之地，媒體帶起的社會參與公共事務之風也正濃，一時間，記者、學者、律師紛紛趕往太石村一探究竟。他們歸來後洋洋灑灑寫出熱情殷切的文章，將太石村與一九七八年的安徽小崗村聯繫起來。

那一年，文化大革命剛剛結束，小崗村的一群農民秘密協商劃分土地，各自耕作，將多產的糧食自己保存而不是上交國家。他們簽下生死狀，委託彼此事情一旦敗露要照顧對方的家人。此舉後來歪打正著成為經濟市場化改革的先聲。

二〇〇五年的知識分子們期待著，太石村「罷官行動」將撬動政治民主化的改革。由於抗爭村民們經常站在村口的碎石堆上用擴音器演講，評論者把太石村正在發生的景象稱為「碎石堆上的民主」，這一個名詞甚至出現在《人民日報》的版面上。

艾曉明就是看到新聞而奔赴太石村的學者之一，但她沒有到太石村走馬觀花然後回到書桌前寫文章，她帶上攝影機，一次次地返回太石村，記錄下事件的一步步發展：村民占領財務室時，她拍到駐守的老太太笑著叫她吃飯的臉；政府要求村民現場重新簽名時，她拍到不識字的老太太一筆一畫寫下自己的名字；政府同意罷免後，村民普選臨時委員會主持重選事務，她拍到選舉進行中前來支持村民的行動者遭到不明人士毆打；政府反悔罷免後，她拍到被抓村民和他們家人恐懼的臉，他們對著鏡頭哭道：「快救郭（飛雄）律師，你不救我們，都要救他。」

廣州民間行動者郭飛雄，因協助太石村民組織選舉，在選舉日前夕失蹤，後證實是被警方帶走。艾曉明在太石村拍下的最後一幕，完全超出她自己和後來觀看者的想像——

逃命的三人求助員警無門，郭豔只好找來計程車接艾曉明和唐荊陵離開。郭豔一邊帶艾曉明走向計程車，一邊機關槍似地補充她乘摩托車去找計程車時遭遇的驚險一幕：一輛摩托車從後趕上她坐的摩托車，那騎手背後的人拿著一根長長的紅色鐵棍，照著她就劈下去。第一下沒擊中她，但把她握著的手機螢幕瞬間擊碎，那人又連劈兩下，這次打中了她的背。郭豔乘坐的摩托車被逼停，打人的摩托車揚長而去，所幸她沒有受重傷。

三人坐上郭豔找來的計程車，艾曉明坐在後座中間，攝影機仍然拍著。坐在左邊的唐荊陵在給朋友打電話，說他們「在逃命當中」。疾駛的計程車慢下來，因為到了一個收費站。這時唐荊陵身邊的車窗外一張人臉晃過，艾曉明的鏡頭拍下了這個穿著白襯衫、皮膚黝黑的年輕男子，他的嘴角緊張地向下抿著。年輕男子確認了車上就是要找的人，一輛摩托車就在計程車前面停下，擋住去路。

狂暴的襲擊開始。

鎖摩托車用的鋼制大鎖頭連續擊打在緊閉的車窗上，郭豔身旁的右窗玻璃就像一塊被揉皺的玻璃糖紙一樣掉進車裡，碎玻璃噴了郭豔一身，她的手臂冒出血珠，艾曉明感受到身陷地獄一般的恐懼。唐荊陵身旁的左窗玻璃也成了皺糖紙，只有最堅韌的前擋風玻璃還沒有完全崩潰，上面的裂痕像層層疊疊的蛛網，玻璃已經向內凹陷，只待最後一擊。

全程沒有員警現身，收費站員鼓起勇氣挪開了擋在計程車前面的摩托車，司機奮力踩下油門，一行人穿出了噩夢。

彷彿電影《玩命關頭》（*The Fast And The Furious*）裡才會出現的場景，這輛奇特的破爛計程車在高速公路上飛奔，擋風玻璃則脆弱得讓人擔心隨時會被一陣強風吹碎。

——

這天是二〇〇五年九月二十六日，晚上八點十七分，身在北京的電影學院教授崔衛平收到艾曉明發來的簡訊：「死裡逃生，請幫我們呼籲，救救我們！」僅僅五分鐘後，艾曉明又發來一條簡訊：「我們要安全保障！」

崔衛平看到簡訊，即在網路發布呼籲文章，她寫到：「我熟悉艾曉明教授的行事風格——沉穩、堅定。不到十分緊急的時候她不這樣說話。」

艾曉明確實在相當長一段時間裡沒有回過神來，數十小時前的「追殺」事件沒有一個官方交代，也沒有媒體報導，驚險的幾分鐘歷歷在目又充滿不真實感。她主動給記者朋友打去電話，卻得知太石村相關的事已被禁止報導。她突然對這座生活工作了十一年的城市充滿陌生感。

高潮迭起的太石村事件，就這樣被官方強行劃下休止符，無疾而終。政治改革並沒有啟動，但知識分子艾曉明的公共參與生涯才剛剛開始。

這是社會精英聯合介入公共事務方興未艾的二〇〇五年，在這之前四年，中國經濟增長8％、9％、10％連級跳；北京申辦奧運會成功、中國加入世貿組織，國內外的評論人士都相信中國將往開放民主的方向持續前進。

不久前的二〇〇二到二〇〇三年，中國自上而下推動文化體制改革，體制內媒體進行市場化試點，被視為中國新聞和出版行業的「鬆綁」信號。最標誌性的是，二〇〇三年，廣東的體制內媒體《南方都市報》曝出大學生孫志剛因強制收容遣送致死案，事件在網路持續發酵，進而引發社會精英上書中央，收容遣送制度很快遭到廢除。媒體、網路和社會精英相互配合推動公共政策改變的模式自此被固定下來，二〇〇三年此後被市場化媒體譽為「公民維權元年」。

「孫志剛事件」之後的兩年，互聯網用戶的數量每年增長超過二千萬，到太石村事件發生時，中國網民數量剛剛破億。此時的中國民間充滿信心，認為自己的努力可以自下而上改變社會，人們並不打算因為一兩個事件的挫敗就改變想法。

從二〇〇三到二〇〇五年，具有網路和社會影響力的大小事件層出不窮，被認為是「孫志剛事件」秋後算帳的「南方都市報案」、盲人維權者陳光誠控訴發酵的「臨沂計生案」、湖南女子死於非命所引發的「黃靜案」……等等，不一而足。民間長久壓抑的公共參與和公共討論需求正值爆發期，期待著代表性的人物和聲音。兼具資深知識精英和體制內主流身分的艾曉明，自然成了理想的選擇。

參與過「孫志剛事件」和「黃靜案」後，艾曉明被《南風窗》雜誌授予「為了公共利益良知獎」，緊接著被《東方女性》雜誌選為「最有影響十大人物」之一。太石村驚魂，更讓她真正被民間抗爭者視作了「自己人」。

太石村襲擊事件過去兩個月後，一篇以艾曉明為主角的人物報導出現在網路上，據說它本應印刷在《新京報》的書評版面，卻被臨時撤下，換成了廣告，儘管如此，並沒有妨礙文章在網上廣為流傳。

報導在一開頭就列舉了艾曉明五個跟體制相關的頭銜，全篇未提太石村襲擊，但艾曉明得以在其中講述太石村民的狀況和願望。文章也提及她對孫志剛事件和黃靜案的介入。艾曉明在文章中表白：「學者首先是一個人，是一個公民，對公共事務應該有一個寬廣的視野，有一個關注的態度。」報導有一個正當其時的名字：「衝出書齋，奔向田野」。

注意到艾曉明的不僅有活躍網民和市場化媒體，也包括早已被排擠到社會邊緣的異議分子。中國最知名的異議者劉曉波，在艾曉明遇襲的第二天便透過海外網站發文表達對艾曉明的聲援，他在那幾年多次撰文提及艾曉明，將她視為體制內知識分子支持民間運動的新銳。但劉曉波的文字在充斥審查的中國互聯網上無法傳播，二〇〇五年的中國網民要嘛不知道這個八〇年代如雷貫耳的人物，要嘛就算知道卻也當是個遙遠的神話，因為許多人以為他早已流亡國外。

八〇年代

事實上艾曉明與劉曉波早有交集，在大學生稀缺的八〇年代，兩人是同校同系同期博士生。

一九七八年文化大革命結束，高校恢復招生。艾曉明和劉曉波都是因文革中斷了教育的「老三屆」學生，兩人都因此改變了命運。二十五歲的艾曉明考取了家鄉武漢的華中師範大學研究生，而比她小兩歲的劉曉波則考上長春師範大學的本科，兩人都入讀中文系。

中文系在「老三屆」考生中是個熱門專業，「老三屆」學生大多都當過下放農村與農民一起勞動的「知識青年」。知青歲月是高強度的勞動、長時間的饑餓和生活枯燥苦悶的綜合體，但文革後湧現的「知青文學」對那段時光也有不吝浪漫的描寫，其中最浪漫的事往往要算遠離政治中心後，青年們總算能有一些閱讀的自由，而無需把書燒掉以免遭到「小資產主義傾向」的批判。於是《約翰克力斯朵夫》》（*Jean-Christophe*）、《孤雛淚》（*Oliver Twist*）、《艱難時世》（*Hard Times*）等西方名著的手抄本在知青中廣為傳閱。文學，也成了知青心目中美好自由的象徵。

一九八二年劉曉波考取北京師範大學中文系研究生，研究生畢業後繼續在這所學校擔任講師同時攻讀博士，艾曉明也在三年後年考入北師大攻讀博士學位，兩人均在一九八八年完成博士論文答辯。艾曉明由此成為中國文革後培養的第一位文學女博士。

雖然文革才剛結束，但當時中國大學的師資和教學品質不見得不如今日。一方面，像北師大這樣歷史悠久的院校，仍有一部分教授是民國時期的知名學者；另一方面，經歷了文革的十年荒廢，多數知識分子回到校園時帶著一種與歲月爭朝夕的緊迫感，校園風氣非常勤勉、且崇尚知識造詣的突破；又由於剛剛恢復招生，全國的高校學生是從多屆積壓的五、六百萬青年中錄取二十萬左右，資質不可謂不高。

艾曉明與劉曉波雖為同學，兩人在京城的鋒芒卻不可同日而語。劉曉波在博士就讀期間便被譽為「文壇黑馬」，是知識分子話題裡繞不開的人物，而艾曉明則幾乎默默無聞。

劉曉波熱衷於參加北京知識圈的種種活動，他公開發言稱要徹底否定中國傳統文化，將文革後的新文學批得一無是處，而當時的艾曉明只專注學問上的突破，不會多想什麼社會問題。

艾曉明的博士論文題目是《中國左翼思潮探源》，這在認為中國知識分子一無可取的劉曉波看來估計不是什麼吸引人的題目。劉曉波曾作驚人之語，說中國博士畢業生百分之九十八、九十九是廢物，當年的艾曉明在他眼中恐怕也難逃「廢物」的行列。

但對於艾曉明，研究中國左翼思潮，是她在反抗官方話語上邁出的小小第一步。她研究的起點是作家巴金，巴金曾因早期無政府主義思想而在文革中遭受批判，艾曉明的研究源於一種要為之辯護正名的衝動。然而，八〇年代的芸芸青年渴望的是天地重闢，艾曉明的反抗太不起眼了。

劉曉波乾瘦黝黑，穿的不是短褲就是牛仔褲，背著破書包，趿著拖鞋去講課。他如果不是戴著八〇年代學生中常見的金屬邊大眼鏡，形象上倒是跟體力工作者更接近些。儘管形象並不上佳，但劉曉波的狷狂很符合女青年們對風流才子的想像，他即便早已結婚還有個孩子，身邊的女朋友也是絡繹不絕。

這匹「黑馬」，艾曉明在校內的博士生論壇裡是見過一面的，但她對這位風雲人物不太感冒，她說自己和同學當年都理解不了這位狂士。年輕時的艾曉明算不上漂亮，也不寫詩，同樣不是當年的劉曉波會注意到的女性。

艾曉明多年後想起八〇年代，說自己屬於覺悟很晚的人，無論在政治上還是在自我意識上。「那是李澤厚的時代，也是劉曉波的時代。」她說。

李澤厚是八〇年代知名的美學家、哲學家，他的著述被漢學家余英時定義為「使得一整代中國青年知識分子從共產主義的意識形態之中解放了出來」。劉曉波之所以常被與其並立，源於他在一九八八年出版的一本學術論著《選擇的批判——與李澤厚對話》，這本書甫一出版，就成了京城文化圈的最潮單品。後來成為知名導演的張藝謀當時正在拍成名作《紅高粱》，劇組的主創人員就人手一本《選擇的批判》，儘管這本理論著作與電影情節並沒什麼瓜葛。

選擇李澤厚不得不說是一個聰明的靶子，劉曉波實質批判的是八〇年代知識分子在支持改革的同時，對舊有文化保有溫情態度，而李澤厚不僅是持這種觀點最知名的人物，而且具有半官方權威半民間導師的曖昧色彩，還是劉曉波在美學研究領域的前輩。劉曉波此舉有一種令青年人興奮的「長江後浪推前浪」的意味，這一年李澤厚五十八歲，劉曉波三十三歲。

儘管李澤厚從未正面回應過劉曉波，李澤厚的學生卻難忍老師受到這般挑釁，他們遂邀劉曉波到中國社會科學院一辯高下。類似的「學術擂台」在八〇年代相當常見，而這正是當時的劉曉波求之不得的。

辯論會在社科院的食堂舉行，幾乎所有社科院的研究生、博士生都到場觀戰。劉曉波和對方主將都略有口吃，兩人一激動起來，口吃就更加明顯，觀眾則在緊張的氣氛和橫飛的學術術語中，因他們的口吃而獲得了一些額外的樂趣。

這種辯論並沒有什麼程序規則可言，風頭正健的劉曉波是開口就不願收住的人物，李澤厚的學生為了老師的面子也不甘示弱，辯論就成了你一段我一段長篇大論的迴圈，觀眾也聽不出個勝負。有人說雙方打了個平手，也有社科院學生當晚在食堂貼出小標語，指責李澤厚的學生們表現不佳，給學院丟臉。

八〇年代就是在這種喧囂中萌動生機，艾曉明儘管「兩耳不聞窗外事」，但浸淫其中難免會受到影響，甚至是延及終身的影響，而當時的她只是惘然。

知識分子重新活躍起來，就自然要形成圈子，形成圈子的往往基於兩種事業：編譯書和辦雜誌，於是出版業成為文化先鋒產業，大量文學和社科經典被譯介進入中國，繼而引發「文化熱」，像《古拉格群島》這樣如今已難以再版的書也在八〇年代得以出版。

艾曉明在「文化熱」中被一本書擊中：米蘭・昆德拉的《生命中不能承受之輕》（*The unbearable lightness of being*）。她被這部小說對極權社會及其中人物心態的細膩刻畫所折服，渴望想看到昆德拉的其他作品，在國內卻不可得。恰在此時，艾曉明獲得了到香港中文大學訪問三個月的機會，在那裡她讀到了昆德拉的《小說的智慧》（*The Art of Fiction*）英譯本。

在捷克共產黨統治下當了二十五年異議者的昆德拉，在這本書中娓娓道來對極權主義文化的思考，讓在毛澤東時代生活了二十三年的艾曉明感到一拍即合。她決心把《小說的智慧》翻譯成中文，因此她也成為中國最早譯介昆德拉的學者之一。

艾曉明對極權主義的反思，從「文化熱」中接觸昆德拉的著作開始萌發，後來延伸為影響她一生思想和行動的兩條最重要的線索之一。

——

艾曉明結束香港訪問回到北京，在青年政治學院任教，她無法不察覺到來上課的學生越來越少。那是一九八九年的四、五月，學潮正在發酵。

但這沒有引起艾曉明多大注意，一九八九年以前的北京政治氣氛就相當活躍，從西單民主牆、一九八六年學潮、反自由化運動，到形形色色的論壇和沙龍，艾曉明早已習慣，也不甚關心，她此刻只想潛心把《小說的智慧》翻譯完。

北京的局勢卻讓此時在紐約哥倫比亞大學訪問的劉曉波寢食難安，他先是連寫三篇評論，對運動的組織者喊話，隨後又聯合一批在紐約的流亡中國異議者，發表對共產黨的《改革建言》。當胡耀邦追悼會在人民大會堂舉行，學生下跪遞請願書卻無人來接，無限期罷課開始，劉曉波再次與流亡者們連署發表《致中國大學生的公開信》。這是劉曉波第一次真正的政治參與行為，他後來似乎終身迴圈在這種「連署—呼籲」的行動模式中。

《改革建言》要求官方糾正反自由化傾向，《致中國大學生的公開信》建議學生著力校園民主，兩份文件的激進程度都沒有超越當時運動的既有標準，甚至還略顯保守。但正是這兩份文件，後來成為官方將劉曉波定義為「八九學潮」的「黑手」的依據。

對習慣做弄潮兒的劉曉波來說，隔岸觀火是不過癮的，他期待對運動發揮更直接的影響，「回去」，也自然成為越來越清晰的選擇。決定回國後的短暫時光裡，劉曉波異常平靜，他不再坐立難安，來勸他別衝動的朋友一個接一個，他口吃著簡短地回答：「我們此生不都……都是在為這一時刻做準備嗎？」

回國當天，劉曉波卻顯得有些神經質，當時在美國的台灣《時報周刊》主編杜念中送他前往機場，劉曉波一會兒高談闊論，一會兒又沉默不語。杜念中問他回國後打算做什麼，劉曉波只說準備跟學生一起，卻說不出個所以然。在機場與劉曉波揮別時，杜念中心中突然生出一股陰雲，他想到自己可能是送劉曉波走上了一條不歸路。

劉曉波也知道自己處在命運的關鍵點上，在東京機場轉機時，他讀到中國官方在他身處太平洋上空時發表的「四二六社論」，這篇社論將學潮定義為「動亂」，鎮壓的恐怖已透於紙上。東京機場裡有許多人是剛從北京飛出來，如同逃離危城。劉曉波猶豫起來，他在想該不該立刻買張折返美國的機票。就在此時，他的航班的登機廣播響起，彷彿一聲召喚，替他決定了命運。劉曉波咬咬牙，走向登機口。

劉曉波到達北京的時間是四月二十七日，在那個沒有互聯網的時代裡，他的兩封越洋連署信都還沒有傳到北京學生手中。

—

把艾曉明從書桌召喚到廣場上所需要的時間，比將劉曉波從紐約召喚到北京還要長。

「四二六社論」發表之後，北京學生決定升級行動，他們選擇在蘇聯領導人戈巴契夫訪華前兩天聚集在天安門廣場，開始絕食並要求官方收回「四二六社論」。年輕人們相信，面子為重的官方為了讓他們退出廣場，會很快答應他們的請求。艾曉明在絕食期間才第一次去天安門廣場，給自己參與絕食的學生送被子。

與劉曉波的主動赴火截然相反，艾曉明對自己在運動中的參與有一種趕鴨子上架的感受。有天她去學校上課，走到校門口時，碰上北師大青年教師支持絕食學生的遊行隊伍，一位同事從隊伍裡出來，走到艾曉明面前問：「妳敢不敢一起去遊行？」

對方並不是問她「要不要去」，而是問她「敢不敢去」，這讓艾曉明覺得受到脅迫，她想起《生命中不能承受之輕》裡的外科大夫湯瑪斯：當兒子帶著反對人士上門，請他在一份請願書上簽字，湯瑪斯感到猶豫，他不認為連署真的能為政治犯換來大赦，但親情和群體的壓力在催逼著他。

然而，艾曉明在這個場景中做了與湯瑪斯不一樣的選擇，湯瑪斯拒絕簽字，艾曉明加入遊行隊伍去了廣場。「我並沒有覺得想要參加遊行，但你問我敢不敢去，我沒覺得不敢，我就去了。」她只須做個簡單的判斷：學生的要求是對的，鎮壓是不對的。艾曉明知道遊行的訴求與自己的內心並不矛盾，不必因同事的話讓人不舒服就斷然拒絕。

艾曉明的「八九」經歷在他人眼中卻有另一種敘事。她的同事多年以後對她的博士生黃海濤談起這事表示：「『八九』的時候，艾老師在前期很冷淡，但戒嚴令頒布以後，一些一開始很積極的人都打了退堂鼓，艾老師才真正上街了，因此同事們都很佩服她。」

艾曉明站到了廣場上，但她對廣場的印象並不好，密密麻麻的人川流不息，亂哄哄的現場讓她產生一種不祥的預感。她想到：共產黨不會允許這個場面持續下去，而且它本身也難以持續下去。

在學生中聲名頗盛的劉曉波，也是跌跌撞撞才找到了融入運動的方法。他回國後，嘗試過設計

問卷，調查學生對與官方對話的態度，問卷卻收不回來；他建議學生領袖不要再搞大遊行，返回校園推動校園民主，學生們聽不進去；他自己貼出實施校園民主的建議信，徵集教師簽名，第二天就被撕掉了；他數次勸說學生停止絕食、撤離廣場，被學生罵告「黑馬成了綿羊」，轟下了台。

劉曉波在文化革新中始終站在「全盤西化」的激進一端，但在參與學運之初，他是處在相對保守的位置。

然而運動的激情逐漸將劉曉波席捲。第一次到廣場上的廣播站發表演講時，劉曉波腦中冒出一個念頭：也許全中國、全世界，都會知道這一刻，一個叫劉曉波的人在天安門廣場上發表了這篇演講。這個念頭讓劉曉波腎上腺素飆升，心臟撲通撲通地跳著，想發出聲音，嘴巴卻不聽使喚。他覺得自己的臉在發燒，又有點尷尬，擔心身邊的學生會發現他的臉漲得通紅。如果他們認真看劉曉波一眼的話，一定會發現他眼睛瞪大，瞳孔裡發出奇異的光。當他終於對著麥克風勉強說出自己的名字「劉曉波」的一刻，他感受到一種難以言喻的快感傳遍全身，那是讓他終身難忘的幸福體驗。

劉曉波在學潮發酵後寫出的第一篇具有影響力的文章，是幾個北師大學生上門請他幫忙改稿子，劉曉波看了一遍索性自己重寫。這篇文章被油印上「北京師範大學學生自治會」的署名，在廣場廣為散發。文章提倡運動轉向「社會各階層制約政府」、「各階層利益均衡的民主」，事後被官方定位為「指導學潮發展的綱領性文件」。知名中國研究者白傑明也認為，這些主張是運動下一階段的關鍵元素。

在這些過程中，劉曉波逐漸認定：「想要有發言權，就要跟學生在一起。」他就是用這句話說服了流行音樂明星侯德健，讓侯德健與他一起進行「廣場四君子絕食」。當時已進入六月，被認為支持學生的中共總書記趙紫陽已在黨內鬥爭中失敗，學生在廣場上撤不下來又形神渙散。「四君子絕食」掀起了運動的新高潮，四人在人民英雄紀念碑下的絕食棚所被圍得水洩不通，人們排著隊來探望、索取簽名。後來成為劉曉波妻子的劉霞，也來看望這位當時已有些曖昧的男友，卻無法接近，她只能在人潮中盯著那一個小小的影子。她把這一幕寫成詩：「我沒有來得及和你說上一句話／你成了新聞人物／和眾人一起仰視你／使我很疲倦／只好躲到人群外面／抽支煙／望著天。」

劉曉波發起「四君子絕食」的初衷，本是獲得發言權以整頓廣場秩序，但他成功在廣場上占據崇高的地位後卻無法發言，人山人海激情澎湃的廣場，每每混亂得中斷了他要說的話。「四君子絕食」於一九八九年六月二日發起，六月三日深夜，強硬的軍隊清場就開始了，隨著長安街上的槍聲步步逼近，廣場上熙熙攘攘的百萬人瞬間僅剩死守紀念碑的兩、三百人。四君子勉力與清場軍官斡旋，最後得以帶領學生走出廣場，然而北京市民為阻擋軍車進城，沿著長安街撒下的鮮血，已無法挽回。

一九八九年的北京學生運動，民間怎樣博弈才有成功的可能？劉曉波及其他學生領袖在其中的

角色功過幾分？一直都引發無數爭議，也成了劉曉波此後的人生中揮之不去的自我拷問。

與劉曉波差不多同齡的昆蟲學者趙鼎新，受到「八九學潮」失敗的觸動，在九〇年代改學社會學，專注於研究社會運動，這場學生運動一直是他探究的主要案例。十多年以後，已是美國芝加哥大學教授的趙鼎新，在自己的書中寫下這樣的段落：「寡頭政體往往會遇到一個共同的問題：他平時不希望人們組織起來，一旦社會動亂來臨，連談判都找不到對象。在寡頭政體下的社會運動，由於缺乏組織，一般是在一定的政治機會下一哄而起。在這樣的社會運動中，運動的領袖和積極分子缺乏威信，缺乏相互之間的信任，這樣的運動勢必走向極端。」

帶領學生撤出廣場後，劉曉波很快被抓，與其他學運領袖一道，關進了羈押中國最高級別罪犯的秦城監獄。

坦克開上了天安門，軍隊接管了長安街，學潮結束的方式震驚了艾曉明，但不等她思量這匪夷所思的情境，校內的清查就劍拔弩張地開始了。老師們被要求檢討自己「五十六天動亂」期間的所作所為，同事間也相互揭發，有的老師揭發得頗為積極。

一次全體教師會議上，年輕的艾曉明發言道：昨天晚上我做了一個夢，夢見一個人端著槍站在我身後正要打我，我猛一回頭，一看，啊，這不是ＸＸ老師嗎？我嚇醒了，嚇出了一身汗！ＸＸ老師您不要打我啊！

她針對的正是揭發最積極的老師，其他老師借機哄堂大笑，一吐心中鬱悶之氣。那位「揭發積極分子」立刻暴跳如雷，站起來吼道：「艾曉明，妳不要太猖狂！」這一吼卻吼掉了自己的威風，他想接著說點什麼又不知該說什麼，灰溜溜地坐回了椅子裡。

如今艾曉明會覺得當年沒必要去刺激一個快退休的老教師，但在當時，有人要揭發，有人就得自辨，同一個辦公室裡的同事，關係變得尖銳而扭曲。同時艾曉明講授的中國現當代文學課程禁區驟增，蘇曉康、劉賓雁、王蒙等作家都因在「動亂」中「表現不佳」而不能再提。

作為中共團中央直屬高校，青年政治學院高度的政治化，讓艾曉明感到壓抑又索然。不久，中國南端的廣東省中山大學開始建設中文系博士點，艾曉明期待能專注於學術建樹，便申請轉調，離開了京畿重地。

出走北京二十多年後，二〇一五年，艾曉明已經退休，我在她武漢家中，問起她在風雲變幻的八〇年代北京的過往，原本侃侃而談的艾曉明變得不耐煩。她對那段時間記憶模糊，一再強調當時的自己是麻木而膚淺的。那不是她的時代，她活在別人的光與影中。

我無奈放棄探究她的八〇年代，轉而開始聊她在二〇〇三年以後的社會參與，當我提到人們將她視為對公共事件有較多參與的學者時，艾曉明卻突然插出一句來自八〇年代的慨歎：「妳要是看很多知識分子對『八九』的投入程度，妳會覺得我這種冷漠的態度太奇怪了。高校經歷過那麼多清洗，『八九』中活躍的人就停職了，或者離開了，不問政治的人才能留下來。」

「我只是現在才顯得比較突出而已。」她的語氣變得沉重又緩慢：「那是因為一大批關注社會的人已經被抓了，或者流亡了，大量的人不能說話。」

一九八九年學潮以鎮壓告終後，有那麼兩、三年時間，整個中國，包括中共最高層所在的中南海，彷彿陷入徬徨當中，不知何去何從。作為對鎮壓的回應，國際社會決定對中國實施經濟封鎖。中國周邊的世界在崩塌，東歐、蘇聯、台灣紛紛在「天安門事件」的恐怖陰影下摒棄了專制體制。時為中共實際最高領導人的鄧小平，在關鍵時刻做出了不同尋常的舉動。他在北京登上一輛南下的專用列車，直奔廣東的市場經濟特區巡視，考察了各種新興的技術工廠。鄧小平在巡視途中透過媒體發表一系列講話，強調經濟開放政策不僅不會改變，還要加快進行。

這一系列講話就是日後著名的「南巡講話」，許多中國研究者都將之描述為中共在困局中做出了決定：以經濟開放贖買政治民主。從維持一黨執政的角度，這無疑是高蹈的一著。

這場如今看來改變了整個世界的經濟格局的講話，當時首先改變的是它的發生地廣東。

艾曉明來到廣東是在一九九四年，南巡講話之後兩年，廣東地區的經濟生產總值已是一九九〇年的三倍，社會的各個方面都在加速建設。這年廣東省在教育方面的財政支出達到六十八億元人民幣，一年後達到八十四億元，比中國最貧困的三個省的全部財政支出加起來還要多。作為廣東省的最高學府，中山大學受益匪淺，這成為它招徠全國優秀學者的前提。

經濟起飛期的廣東不僅吸引學者，還聚集各種專業技術人才。我的父母就是其中兩個，他們分別是汽車工程師和電力工程師，被調度到省會廣州參與城市建設。一九九七年，他們把七歲的我轉入廣州的小學就讀。

廣東對年幼的我影響最大的倒不是超群的經濟實力，而是當地獨特的社會文化氛圍。中國有句老話說「山高皇帝遠」，指的就是遠離政治中心的邊陲地區受到的管控較弱，社會氣氛較為自由。有分析認為，遠離北方政治要津，也是鄧小平選擇廣東作為市場經濟白老鼠的重要原因之一——即便經濟改革真如保守派擔心的那樣會引發社會動盪，也不會輕易導致政治危機。

廣東的電視台能二十四小時收到數個香港的電視頻道，我從小是「沙發裡的土豆」，不上學的時間就黏著這些頻道，不放過任何節目，因此學會了粵語。在很長時間裡，我都以為自己與電視機裡的香港人生活在同一個社會。

在下午的動畫片和晚上的肥皂劇之間，是香港的新聞報導和時事專題節目，每周四的專題節目講的是香港議會當天開會的情況。議員針鋒相對、官員一臉難堪，就成為了我對政治的最初理解。

每天的香港新聞都會報導市民又因為某個大事或小事組織遊行，電視裡少則十幾、多則成千的人拿著橫幅沿街行走、喊口號舉拳頭，讓小時候的我覺得遊行示威是件稀鬆平常的無聊事。

直到美國轟炸了中國駐南斯拉夫使館，我才發現事情不對勁。我與父親一同逛街時遇到抗議美國的遊行隊伍，父親駐足觀看，告訴我說：這在中國是不常發生的事。這讓我感到迷惑，隱約察覺自己生活的社會跟電視機裡不是一回事。

高中畢業時，我大多數成績優秀的同學都將中山大學列為第一選擇，如果我也像他們一樣，或許我會提早許多年認識艾曉明，可能還會成為跟她一同參與社會運動的學生之一。然而當時的我決心要離開自己長大的城市，去看看廣東以北的中國，於是我考入了位於中國第二經濟大省江蘇省的南京大學。

來到南京大學，第一件讓我震驚的事是，我的宿舍室友們都準備參加黨章考試，這是申請加入中國共產黨的第一步。舍友們的理由是入黨將為日後入職政府機關和國有企業帶來方便。這種政治滲入生活的氛圍，與我在廣州就讀的高中截然不同。高中三年級時，老師想要引介班上幾名最優秀的學生提前加入中國共產黨，而多個入選的學生都謝絕了老師的好意，因為他們擔心這會為自己將來出國帶來不便。

我懵懂地感知到，不僅中國和香港不一樣，廣東和更廣闊的中國也不一樣。

廣東的社會氛圍對中國主流政治較為疏離，這與後來「孫志剛事件」的發生、南方系媒體的崛起，以及大學教授艾曉明作為公共參與者的出現，或許都有若干絲萬縷的關聯。

黑五類

二〇〇五年九月十二日，時任中國總理的溫家寶正在廣東省視察，上午的行程是參觀一家電子工廠。他穿白色短袖襯衫和黑色西裝褲，笑著與工人們握手。同一天，廣東省影響力最大的報紙《南方都市報》用兩個整版講述著，太石村民如何讓鎮政府通過罷官動議的故事。

太石村民們拿著這份報紙奔相走告，他們說著「感謝政府」，相信溫家寶一定會從報紙上讀到太石村的故事。然而，就在這時，大量防暴員警黑壓壓地出現在村口，消防車打開高壓水槍對著財務室噴灌，守在室內的老年婦女紛紛被衝倒在地。防暴員警衝進財務室，扭著她們的胳膊，將她們押進事先準備好的大巴士，年老的阿婆穿著溼衣在車上止不住地嘔吐。那一個早上，四十八名村名被警方帶走。

艾曉明趕到現場時，剩餘的村民聚集在街上，面對著手持盾牌、層層疊疊堵在村口的員警，眼裡充滿焦慮和惶恐，螞蟻似地轉來轉去。他們對著艾曉明的鏡頭喊：「要打電話給溫總理！我們需要溫總理！」他們問，溫總理為什麼不來太石村看看。溫家寶下午的行程是到訪一所職業技術學校，與學生們親切交談。

溫家寶個子瘦小，總是面帶慈祥的微笑，他因出生於普通教師家庭，被稱為「平民總理」。他能躋身中國政治核心，經常被認為是共產黨內部走向平等的象徵。批評者則質疑他在「八九」期間背叛過開明派領導人趙紫陽，認為他是替共產黨妝點門面的投機者。

九月十三日，溫家寶結束了廣東的巡視。當天晚上，幫助太石村民籌備選舉的廣東行動者郭飛雄被警方抓捕。

九月十四日，《南方都市報》頭版頭條報導溫家寶的廣東巡視，他發表講話稱：「東部沿海地區率先發展視野要寬、思路要新、起點要高。」艾曉明看著他站在廣州社區老人中開懷大笑的照片，心緒難平，動手寫下公開信《溫家寶總理，請救救太石村的村民》。

在信中，艾曉明力數村民們在鎮壓中的悲慘遭遇，列下每一個當時仍未釋放的村民的名字，她相信中央領導人是正直開明的，只是受到下級蒙蔽，她希望自己的發聲能讓溫家寶看到真相、過問此事。

不僅是艾曉明，當時中國大多數自由派知識分子都相信，中央正在逐步推進政治改革、實現法治和民主，而阻力來自蠅營狗苟、竊民自肥的下級官僚們，民間的責任是發出更大的聲音，給官僚增加欺上瞞下的難度，幫助中央落實政治改革的願望。他們常舉出「孫志剛事件」作為有力的例子——在《南方都市報》首先報導後，三名法學博士許志永、滕彪、俞江上書國家級立法機關「人大常委會」，收容遣送制度隨即被廢除。

劉曉波此時已三進三出監獄，他的公共表達也呈現相同的思路。在一封抗議教育官員封閉校園網路論壇的公開信中，劉曉波援引溫家寶關注網路民情的言論，語帶威嚇地向官員喊話：如果你的長官溫家寶某天想瞭解大學生的民意，卻因你的指令無法登錄校園論壇，你要如何向他解釋？

艾曉明發布給溫家寶的公開信後沒幾天，兩個陌生人敲開她的家門，自我介紹是國家通訊社「新華社」駐廣東的記者，希望就太石村的事採訪她。艾曉明感到欣喜：太石村鎮壓終於要引起體制內的關注了！

她趕緊將兩位元記者迎進門，他們果然問起她給溫家寶的公開信，又事無鉅細地向她請教太石村的情況。艾曉明坦率地談了自己的看法和瞭解到的情況。

送走兩位元記者，艾曉明又投入到自己忙碌的工作中，想著報導不久後就會在中央級媒體出現的。過了一段時間，她幾乎都要忘記這次的採訪，一位在報社工作的朋友卻神秘兮兮地找到她，拿出一份供政府內部參考的文件給她看。那份文件正是由那兩位元記者採寫，上面赫然有時任廣東省黨委宣傳部長朱小丹的批閱簽字，是作為官方指導文件下發各媒體周知的。文件將艾曉明描繪為太石村事件的幕後黑手，稱她為「所謂維權人士艾曉明」。

艾曉明驚呆了：你們就這樣欺騙上級的？她想起兩人還自稱是中大校友，想必只是為了套她的話。艾曉明胃裡一陣噁心，不願再看那份文件一眼。

太石村事件那段時間，艾曉明的學生黃海濤感到學校裡的氣氛緊張又詭異，他不時聽到傳言，說是員警要進學校來抓老師了！而艾曉明每天照常上課，指導他的論文，平靜得像暴風眼的寂靜中心。抓人的事終究沒有發生。

多年以後，艾曉明已經記不清那份文件到底是哪個部門下發的，是廣東省黨委？抑或新華社華南分社？她有點懊悔當時沒到把它拍下來或者複印一份，好做個歷史見證。「我太排斥那份文件了，」艾曉明說到它眉頭就擰了起來，她瞇起眼睛，嘴角斜向下撇，彷彿那份文件就放在她面前，讓她感到不適，「就好像有些人不願意看自己被劃成右派的文件一樣。」

「劃右派的文件」這個比喻相當精準，但很少民間人士在形容類似的遭遇時會用到這種詞彙，他們會說「構陷」、「汙名」、「譭謗」。但艾曉明時不時會蹦出這種「毛時代特色詞彙」，尤其在她情緒激動的時候。

二〇一五年中國「律師大抓捕」事件發生後，維權律師王宇不僅被抓，連她十六歲的兒子也被軟禁而無法出國讀書。這讓艾曉明感到激憤，她發聲說：「孩子你別怕，大姨我當年也是『黑五類』。」

艾曉明清楚地記得自己成為「黑五類」的那個時刻。那是一九六六年，她十三歲，爸爸是武漢一所中學的英語教師。那天艾曉明像往常一樣中午放學回家吃飯，她家就住在爸爸任教的中學後邊的宿舍樓裡。她才走近中學，就聽見高音喇叭呼著革命口號，還有「打倒艾仁寬」。艾曉明一抬頭，蒙了，教學樓上高高垂下大標語，大字報上全是父親的名字，還用紅墨水劃著大叉叉。

「我爸是壞人了？」她記得那天天氣很悶，悶得發昏，一絲風都沒有。「我爸是現行反革命加歷史反革命？」

兩個中學生擋住了她的去路，其中一個她認得，是爸爸班上的班幹部。那名中學生說：「艾曉明！妳爸是反革命，妳是少先隊員，要聽毛主席的話，要寫大字報揭發妳爸，和他劃清界線！」

艾曉明第二天就貼出了大字報，說爸爸常打罵她和弟弟，是軍閥作風，要堅決跟他劃清界線。在大字報上，她用的不是「我爸爸如何如何」，而是「艾仁寬如何如何」。直到現在，她都沒問過爸爸是否看到了這張大字報。

大字報貼了，但她不能明白這一切，她有時精神恍惚，腦子一團空白。

班主任找她談話，班主任問：「艾曉明，妳聽形勢廣播怎麼捂著耳朵？」

艾曉明：「我沒捂啊！」

班主任又問：「妳在作文本上寫了什麼？」

艾曉明：「就是作文啊！」

班主任：「妳是不是寫了艾仁寬好？」

艾曉明：「我沒有啊！」

班主任抽出了她的作文本，反過來，背面寫著「艾仁寬好」。鉛筆字跡歪歪扭扭，但能看得清清楚楚。十三歲的艾曉明又蒙了：「這是什麼時候寫的？真的不記得，要是記得我早就承認了。」

爸爸是好還是壞，艾曉明不明白，但她覺得這也沒什麼值得大驚小怪：就連毛主席的接班人劉少奇都是一個大壞蛋，身邊的原子彈無處不在，我爸是原子彈有什麼奇怪？好吧，他是，我不是。

艾曉明開始想方設法地證明自己站在黨的一邊。她去革命中心省委大樓下面看大字報，不看白紙的，那是批判和揭發，她只看紅紙的，一張一張地看，那是紅衛兵組織的招募啟事，她要看看有沒有組織招她這種出身的人。她已經把面試要跳的革命舞蹈練了一遍又一遍，但每一張紅紙上都寫著：歡迎出身於工人、貧下中農、革命軍人、革命幹部家庭的子弟報名參加我們組織。

沒有組織接受她這種出身：偽軍官。這意味著她的爸爸曾是國民黨軍人。

艾曉明問過媽媽，爸爸怎麼會參加國民黨？

國民黨是反動派，人人喊打。

媽媽說：「那時候打仗，妳外公送妳爸爸上軍校。」

艾曉明追問：「可是外公為什麼會認識爸爸？」

媽媽說：「哎呀，跟妳也說不清楚。」

艾曉明許多年以後才搞清楚是怎麼回事。她的外公是唐生智，這個名字有太多意義：他是雄踞湖南的軍閥，是國民黨的一級上將，是南京保衛戰的司令，是協助共產黨和平接手湖南的「革命將領」，是共產黨建政後的「民主人士」，是湖南省副省長，是文革時不肯檢舉別人的階下囚。

她的父親是唐生智在孤兒院裡領養的義子，說是義子，其實就是從小養大的部下，地位與真正的子女天差地別。偏偏唐家小姐愛上了這個出身低微的小子，唐生智一怒之下差點要槍斃這個女兒，甚至買好棺材放在廳堂中間。但後來這位真正的軍閥父親還是心軟，還是給女婿介紹前程。

這一切，少女艾曉明不得而知，父母告訴她：「外公跟我們沒關係。」艾曉明知道的只是，自己初中畢業時，幹部對她說：「唐生智的外孫女，不能升學。」

因為一個沒關係的名字，她不能上學。作為「黑五類」子女，艾曉明不得不生出一根敏感的神經，不知道哪一天自己會因此被剝奪什麼。她下鄉過了五年知青生活後，唐生智已在審查中去世，而她的父親被定性為「內部矛盾」，艾曉明終於得以入讀工農兵大學，這是文革期間特有的一種高度結合意識形態的進修教育。但一天她偶然聽說學校裡一名體育老師說她是唐生智的外孫女，艾曉明一下就警覺起來，對這個老師生出戒心，她擔憂著，「這個老師會不會哪天去揭發我？」

一九七八年，政治鬆綁，恢復考研，艾曉明本能地歡迎新的時代，她又能上學了，出身不用再填「偽軍官」，可以填「教員」，「黑五類」的身分好像就此勾銷，但這不代表她的不安全感能煙消雲散。

對比艾曉明和劉曉波的生平資料，很難不聯想：他們在文革中的不同境遇，是否導致了兩人在八〇年代截然相反的狀態？

劉曉波的父親是中共自主培養的第一批知識分子，深受政治信任，在五〇年代就曾被委派出國支援蒙古，雖然文革期間他的父母也難免要參與批鬥與被批鬥，但父母的無暇他顧，更讓劉曉波對那個年代留下了自由無限、釋放天性的印象，身為幹部子弟的他每天就是抽煙、打架和泡妞。進入百廢待興的八〇年代時，劉曉波是自信滿滿、橫衝直撞的，而艾曉明卻是珍惜自由但政治冷漠的。

——艾曉明說，她的政治激情早在少年時代就消耗光了。沒有親身經歷過那種處境的人，或許難以理解一個被排斥的人，為什麼能對排斥她的時代奉獻那麼多激情。但這對艾曉明來說，再熟悉不過。

她的整個少年時代都在致力於證明自己可以「根『黑』苗紅」。十三歲的她跟同學到北京「串聯」——文革時期全國學生到各地交流革命經驗的活動——只為親眼見一次毛澤東，在西郊機場，當那個看不清是不是毛的人站在敞篷車裡朝紅小兵們招手，她架在翻湧跳躍的人潮中幸福得幾乎要昏厥。一九七六年時她已經二十三歲了，但毛澤東去世的消息依然讓她哭腫眼睛，更刺破手指用血重寫了入黨申請書。

「我們不會思考權力者的過失，而努力地去擁抱它，用愛的語言向它示好，換得內心的安全。」艾曉明回想當時，這樣描述人們的普遍狀態，她現在把這種狀態叫做「斯德哥爾摩症候群」，青春期的她當然無從分辨。

然而那種激情消逝起來也快得難以置信。

一九七六年林彪外逃墜機，毛澤東去世，「四人幫」倒台，這些通常認為的文革結束標誌，並不能終結每個人心中的文革狀態，但它讓人疑惑與動搖：自己過去無比相信的東西，為什麼全都成了錯的？

艾曉明內心的文革終結於一九七七年。

那時她已經從工農兵大學畢業，被分配到一所礦山的中學任教，住在學校的單身宿舍裡。住她隔壁的胡老師平日裡喜歡拉手風琴，那是系裡的琴，艾曉明也借過來試著玩，她玩得不好，胡老師就教她。胡老師喜歡拉《如果在節日裡》，艾曉明猜，他或許是在思念遠方的妻子和一對雙胞胎女兒。她自己則喜歡拉《山楂樹》，「列車飛快地奔……山楂樹下的青年。」

打倒批鬥的事早沒蹤影，偏偏這時來了次調工資的機會，僧多粥少，領導一琢磨要怎麼把符合條件的人拽一個下來，便又拿起了批鬥的武器。領導選中了胡老師，先開大會批判，再鼓勵揭發。領導問，胡老師最近跟誰接觸，跟誰發洩了不滿情緒？

艾曉明的神經繃了起來，胡老師偏偏昨天晚上才在她屋裡拉了琴，跟她聊了天，偏偏胡老師說起自己夠資格調工資，算發洩了不滿情緒，偏偏她的屋子就在水池旁邊，來打水的人都能看見他們……

艾曉明越想越心裡發毛：會不會有人揭發我呢？誰會揭發我呢？她看見一個個同事的臉，她看誰誰都像正要揭發她。艾曉明終於是憋不住，她找到校長，說胡老師發洩了不滿情緒。

這次揭發的規則是「背對背」，理應是保密的。校長微笑著看著她，目光溫和，說請她在全校大會上發言，面向全校老師再揭發一次。艾曉明醒悟自己是上了賊船，「背對背」完了就是「面對面」，這是要胡老師怨就怨她，別把矛頭指向學校。

艾曉明當眾揭發完，大會散了，大家還是一樣熱情地跟她聊天，沒有人說她做了一件羞恥的事，彷彿她只是上了一堂示範課。而胡老師則被排除在群體之外，他再也不能教物理了，他被調去搬石頭。

艾曉明看見他陰沉的臉，看見他在食堂買菜，還差兩毛錢菜票，她把菜票主動遞上去，胡老師轉身就走了，菜留在了窗口，兩毛菜票留在了空中。

後來，胡老師的石頭還沒有搬完，艾曉明就考上了研究生，終於可以遠走高飛，她沒有向胡老師告別，但帶走了一塊石頭。這塊搬不起的石頭壓在她的心上，埋葬了她的文革歲月。

——

許多年裡，艾曉明許多次想到胡老師，一遍遍地問自己為什麼——她要親自去解開自己中了什麼咒。

《小說的智慧》中譯本終於在一九九一年出版，米蘭．昆德拉透過艾曉明的手將極權統治的魔咒寫成中文：

「一個人受到懲罰卻不知道受懲罰的原因。懲罰的荒謬性是如此地令人難以承受，以至於要尋求平靜，被懲罰者就必須為他的懲罰找到一個正當的理由：懲罰尋求罪過。」

「不僅判決的材料根本不可能找到，而且判決本身就不存在。要呼籲，要懇求寬恕，你必須被宣告有罪！被懲罰的人們乞求確認他們的罪！」

一九九三年，艾曉明翻閱媽媽在文革期間的學習班筆記，裡面寫著：「檢查我的小資產階級情調。那天看到辣椒被牛踩了爛在地裡，我到食堂向師傅要了一個小鐵桶，替伙房摘了點辣椒，交到伙房。第二天向師傅建議，辣椒用鹽涼拌吃。一個師傅說，妳愛吃妳自己買點去醃了吃，我一聽就拿了一角錢菜票給他，他給了我一些辣椒……我當時沒有認識到這是錯誤的，後來同事提出來，才認識這是不對的。因此馬上將涼拌的辣椒交到伙房去了……雖然是一碗辣椒，但卻是公與私的大問題，以後一定要在生活小節上注意……」

艾曉明感覺到腦子裡的血液越轉越快、越轉越快，形成一個漩渦，一道急流，急流衝擊著她，她感到暈眩，要倒下，要逃出，她推開筆記本，站到涼台上大口呼氣：懲罰尋求罪過。

她終於明白，媽媽為何在文革結束後突然發作了三十三年未犯的精神失常。那是一九七九年，他們聽說，政府將要為文革時草草入葬的唐生智補辦追悼會，媽媽一直在等通知，天天念叨著誰陪她去參加、怎麼訂票，一天卻傳來新聞廣播，悼詞重寫了，各界人士、親屬群眾六百餘人參加了追悼會，媽媽被遺忘了。

夜裡，媽媽絮絮叨叨，越說越亂，坐下又站起來，她突然打開門，跑下樓，艾曉明衝出去把她拽回家。媽媽自言自語著，又一個箭步衝出去，把鄰居家的門敲得咚咚響，艾曉明拉她，被推開，艾曉明氣極了，「啪」地搧了媽媽一個耳光。

艾曉明和爸爸把媽媽送去了精神科，但沒有忍心讓她接受強制治療，此後十多年，媽媽的狀況時好時壞，至去世未有痊癒。

媽媽在筆記本裡一遍一遍地寫著：

「我的父親，因為他一九四九年起義了，因而逃避了人民的清算。過去我因為舊的倫理觀念作怪，沒有把他看成反革命。」

「我是一個生在剝削階級家庭的舊知識分子。」

「我出生在一個官僚地主的封建大家庭。」

「經過同志們說明，認識到父親在解放前是犯下了滔天人罪的。」

艾曉明一直不懂，追悼會去不去有什麼重要，悼詞重寫不就行了。現在她明白了，追悼會不是給死人開的，是生者需要聽到，作為「唐生智的女兒」帶來的種種折辱煙消雲散了。而在這之前，媽媽需要以「唐生智的女兒」身分被通知到場：被懲罰的人們乞求確認他們的罪。

《小說的智慧》譯本完成後，艾曉明翻箱倒櫃地找出自已與家人文革時做的種種檢查筆記，又一點點地抽出自己和家人的記憶，寫成了長篇紀實作品《血統》。

艾曉明寫《血統》時，總是斷斷續續地做著噩夢，夢醒了，她坐在書桌前，久久無法從傷感中抽離，卻想不起來，那場夢裡，是誰傷害了她，她又傷害了誰。

她寫下自己見到毛主席的癲狂狀態。

她寫下自己貼了爸爸的大字報。

她寫下自己打了媽媽。

她寫下胡老師。

寫完他，她像對自己又像對胡老師說：

「我想了很多年，我離開礦山中學後上了六年研究生，又在大學工作了九年，我從這個問題開始起步：為什麼要整人？

有許多人、許多書、許多反省、許多逼人反省的事件……

漸漸地，我們有了不同的語彙：個性、人格、尊嚴、隱私、獨創性、自我、自由、法律。

驚回首，我們搬走了好大一堆石頭。」

昆德拉的《笑忘書》（*The Book of Laughter and Forgetting*）裡，主人公米瑞克說：「人與政權的鬥爭，就是記憶與遺忘的鬥爭。」

二〇一五年我在艾曉明家中採訪那幾天，她說起自己前一天偶然在網上看見一段「忠字舞」視頻，這是文革期間最盛行的集體舞蹈。

「這簡直是世界上最醜的舞！」她對著餐桌對面的我說，「這樣的！這樣的！」她把垂下的左臂從肘部斜向上屈起，右臂斜向上伸直，手心向上，兩手一起向上插，每插一下欲作弓步的右腳同時重重跺下，跺得桌下的地板砰砰響。這是表達敬仰毛澤東的動作。

「還有這樣的！這樣的！」她抬起右臂、手握空拳、屈在胸前，左臂伸得直直地插向斜下方，身體向右前方頓，每頓一下也同時在桌下跺腳，木地板又在砰砰響。這是表達前進和戰鬥的動作。沒有忘，是的，一點都忘不了。

六十二歲的她笑得眼睛鼻子都快皺到一起，那是有點尷尬又抑制不住的笑，都快笑出眼淚了。對這一切毫無體驗的我只好尷尬地陪著笑。

「我們小時候天天就跳這麼蠢的舞，現在是個正常人都不容易啊！」接下來幾天，艾曉明一再地說起那段視頻，重複這句：「現在是個正常人都不容易啊……」

女權主義

與艾曉明同齡的知識分子，許多都經歷過與她類似的走出文革激情、擁抱現代價值的轉變過程，但像她這樣直接投身到社會運動中的寥寥無幾。艾曉明在文革中的經歷，雖然讓她對受壓迫者有著直覺式的同理心，但過度的激情政治體驗，也讓她患上政治冷漠的後遺症。艾曉明需要一個橋樑，讓她重新走向與政治高度相關的公共參與。

一九九九年，她在位於美國田納西州的南方大學，遇到了這座橋樑——女權主義理論——這成為昆德拉以外，另一個影響她終身的思想資源。

在這之前四年，一九九五年，世界婦女大會在中國北京舉辦，作為配套的文化工程，國家主導出版女作家叢書，一些關於婦女與文學的研討會隨之出現，國內大學的性別研究和學科教育也正在起步。作為一種新鮮的學術方法，性別視角引起了艾曉明的興趣，這與她自身的女性身分不無關聯，她在出國之前就寫過一些女權觀點的文學批評文章。艾曉明得到赴南方大學訪學十個月的機會後，她打定主意，要重點瞭解女權主義課程的教學方法，以便回國開設性別與文學相關課程。

艾曉明在美國選聽了婦女研究概論，這個課程與文學並沒有直接關係，但它討論許多與女性日常生活相關的社會問題，比如性暴力、就業歧視、玻璃天花板等等。這種在美國相當基本的教學方法，對艾曉明來說簡直是「解放性的課程」，它給了她集中的機會去回顧自己作為女性的生命歷程，思考與性別相關的議題。艾曉明感到，自己多年來在學術圈的壓抑終於獲得了解釋。

美國校園還有琳瑯滿目的社會外展活動，每一周的活動都排得滿滿當當，從組織學生去宏都拉斯建房子，到形形色色的社區參與活動，還有邀請不同類型的樂團演出和電影放映。艾曉明對各種新鮮事都有興趣，她甚至到當地的監獄教犯人學習中文。田納西州位於美國寧靜溫暖的中南部，南方大學處在一個遠離城市的小社區，艾曉明有點遺憾沒有選擇紐約訪學，她想，在南方大學裡每發生一件事的時間，在紐約可能就要發生十件甚至五十件事。

美國帶給艾曉明的另一個重要影響，是讓她真正接觸到了互聯網。艾曉明跟負責輔導她的教授討論問題時，教授給她推薦各種資料，她問，去哪裡看？老師說，Google。她問，什麼是Google？老師就為她打開了網頁。艾曉明簡直瘋狂了：Google 上什麼都能找到！她想知道一個學科怎麼開課，幾分鐘就搜索到幾十份課程大綱。艾曉明回國後反覆推薦學生們使用 Google，當時 Google 在中國大陸還沒有被防火牆封鎖。從 Google 開始，學院知識分子艾曉明對接上了互聯網時代，通向公共介入的大門由此敞開。

艾曉明短短的十月訪學經歷，讓她傾心於美國高度與社會現實結合的教育模式，渴望將這種教學模式帶回國內，她給院系領導寫去言辭懇切的教學改革建議信。恰逢中大中文系正參與教育部的一級學科評選，要建立全面細分的教研科室系統，學歷資歷俱佳的艾曉明遂被定為新成立的比較文學與世界文學教研室負責人。

二〇〇三年，艾曉明又以教研室為基礎，建立了兼具 NGO 和校園社團性質的「性別教育論壇」，從此有了一展拳腳的平台。她最開始的不少公共參與行動，包括對孫志剛事件的介入，都是以這個平台的名義進行的。

在中國近三十年來社會變化的歷程中，一九九五年北京世婦大會的影響經常被低估。天安門事件後，中國一度遭到國際社會的封鎖，但鄧小平用南巡講話和其後推出的一系列外資引進政策，將球拋回給了以美國為首的國際陣營。短暫的猶豫之後，國際社會接下了球，九五世婦會就是中國重返國際舞台的標誌。

當時美國總統柯林頓的妻子希拉蕊在北京發表演講「婦女的權利是人權」，同時也拉開了美國政府對中政策轉向「全面接觸」的序幕。中國領導人江澤民在世婦會上首度確認「男女平等」為基本國策，隨後江澤民訪美與柯林頓訪中緊鑼密鼓地展開。

當時民主國家的政策制定者們相信，只要中國逐步經濟開放並融入世界，時間就會把它帶到他們的一邊。

在這一歷史時間點的二十年以後，二〇一五年，新任的中國領導人習近平藉著九五世婦會二十周年紀念，第一次在美國紐約的聯合國總部發表演講。儘管剛上任不久的他正身陷「律師大抓捕」和「NGO打壓」的國際責難，九五世婦會和婦女議題依然被中國政府視為在國際社會遮風擋雨的招牌。

當年在北京演講的希拉蕊，此時正在競選美國下一任總統，她在推特上對習近平的演講作出評價：無恥之尤。

但事情總有兩面，九五世婦會的歷史意義還遠不只存在於國際關係層面，它對中國民間也產生了深遠、但鮮為公眾所知的影響。

九〇年代初，中國政府為了籌辦作為世婦會配套活動的「非政府組織論壇」，不得不安排婦聯幹部和女性知識分子出國學習什麼是「NGO」，並且扶植一些諸如「中國女法官協會」之類的組織作為中國婦女NGO的對應物，以免出席論壇的中方組織太少，顯得「中華婦女聯合會」這個眾所周知的「官辦非政府組織」更加突兀。

到「非政府組織論壇」正式舉辦時，當局為了避免政治上的不確定性，臨時將它改到北京郊外的懷柔縣城進行。但這無損中國女學者和婦女幹部們的熱情，她們大多數人都是第一次看見遊行、義賣和各種創意展演活動，這向她們展現出與體制內婦女工作截然不同的圖景。她們形容這次論壇「五彩繽紛」，說自己「找到了組織」，事實上是她們發現了NGO這種新的工作方式。

這次論壇的成功舉辦，讓中國官方接納了「非政府組織」這個概念。此後，一大批受到啟發的體制內女性學者紛紛著手籌辦新的NGO，福特基金會、樂施會等一批樂於資助性別項目的國際基金會很快與她們敲定合作協定，於是世婦會連帶幫「境外資金」脫了敏。

這些轉變帶來的蝴蝶效應，在多年以後才會被展現出來。

女學者們辦起中國最早一批官方認可的NGO。中國資深的女記者、同時也是女權工作者的李思磐，總結出她們在官方與民間的夾縫中謹小慎微的工作方式：她們往往利用在體制內的身分和人脈，進行「進諫式」的政策和法律宣導；她們有時能一定程度地影響政策和相關領導的決策，但是這種影響通常不能聲張；她們通常要與地方婦聯合作，局部地改善婦女的處境，並讓這些成果成為政府和婦聯的政績，自己則隱居幕後。

但緊隨其後成長起來的NGO則不盡能複製她們的方式，比如艾曉明的性別教育論壇。身在廣州的艾曉明沒有多少政府人脈，卻享有南方市場化的媒體資源和相對寬鬆的政治空氣，她組織的女權社會運動常獲得媒體報導，容易引發公眾反響，同時她和她的機構也常受到媒體熱點的吸引，進而介入到公共事件中。

在北方，事情也不是一成不變的。個別資深的婦女機構逐漸擁抱網路和民間，並與二〇〇三年後北京崛起的權利宣導型ＮＧＯ相結合，在奧運會後培養出鋒芒日盛的「青年女權行動派」。

她們是不再具有體制內資源的年輕女孩，更樂於用個人街頭行為藝術與媒體報導、法律訴訟相結合的手段，開展吸引公眾眼球的社會運動。從手法上看，它是前一個時期北方與南方思路的結合體，「青年女權行動派」的成功也讓南北方的女權運動發生了均質化。

艾曉明訪學歸國兩年後，她接到一通電話，對方告訴她，自己是北京「反家暴網路」的負責人，這是一家在九五世婦會後應運而生的婦女ＮＧＯ，這家機構今年的工作任務之一，就是要排演中文版的《陰道獨白》（*The Vagina Monologues*）。對方說，自己在報紙上找了一圈，發現只有艾曉明寫過《陰道獨白》的劇評，於是聯絡她，問問是否有合作的可能。

在國際女權運動中，《陰道獨白》不僅是一個經典劇本，而且衍生出舉足輕重的 V-Day 運動，它鼓勵全球女權主義者在每年二月十四日這天演出此劇碼，作為反抗性別暴力的行動。艾曉明在美國期間才第一次觀看《陰道獨白》，那篇劇評就脫胎自她的觀劇體驗。

徵詢過學生們的意見後，艾曉明回覆反家暴網路——中山大學中文系師生決定接下演出《陰道獨白》中文版的任務。

公演本計畫在 V-day 前後進行，但不巧碰上二〇〇三年初的 SARS 流行，只得推至下半年。在兩百多天的排練與等待期中，性別教育論壇也以劇組師生為基礎正式成立。

獨立紀錄片導演胡杰，被邀請到中大拍攝《陰道獨白》中文首演的幕後故事。他用鏡頭記錄下，二〇〇三年十二月七日晚上七點半，中大中文系師生在三百多名觀眾面前上演《陰道獨白》，這是該劇在中國的首度中文公演，也成為性別教育論壇的第一個標誌性成就。

但在漫長的駐校拍攝期間，最讓胡杰印象深刻的不是排練也不是首演，而是他見證的另一件事：中大一名女生被殺害，拋屍湖中，艾曉明認為這是一起典型的約會謀殺案件，她立刻召集性別教育論壇的學生開會，商討如何回應這起針對女性的暴力事件。她們當場商定要為事件針對性地改編出一部話劇，兩、三天後，這部劇就在中大的小劇場上演了。這讓胡杰感到震撼，他從未見過一個高校老師能有如此的行動力。

演出當天，劇場內人擠著人，艾曉明走上舞台，就演出緣由發表一段演講。胡杰已經想不起來她具體說了什麼，但他清楚地記得那段話給自己的感受：「非常有力量，很有戰鬥性。」他舉起攝影機，把它拍進了自己與艾曉明共同完成的第一部紀錄片《白絲帶》。兩人之後長達六年的紀錄片合作，由此開始。

艾曉明說，她開設女權主義課程時本沒有打算非要去挑戰什麼，但也沒想過女權主義可以脫離社會現實而存在，是付諸實踐後她才發現現實中會有那麼多阻力和反對的聲音，「在你沒有亮明觀點之前是沒有人要來跟你打仗的。」

在二〇〇四年一場關於女權主義的教學研討會上，艾曉明正面闡述自己的教學理念：「我們教授女性主義，不是純粹的知識傳遞，而是面對不平等的事實，分析原因，推動改變……我的目標不是給中產階級輸送優雅好太太，而是培養人才去改造社會，改變處於比你更不利處境的人的命運。你要承擔這樣的社會責任，就得要理念清楚、信念堅定、百辯百勝。」

艾曉明與社會「辯」的開始是「黃靜案」。

不同於孫志剛事件最早是由媒體曝出，這個在湖南湘潭發生的女教師裸死宿舍事件，是第一個完全透過網路發酵的公共事件。湘潭警方認為黃靜是正常死亡，而黃靜的母親則認為是男子姜俊武強姦所致。網友一開始紛紛對此事義憤填膺，但隨著姜俊武與黃靜的情侶關係浮出水面，質疑轉向了黃靜的母親。

然而在艾曉明看來，這是非常明顯的「約會強姦」案件——姜俊武承認，在黃靜拒絕的情況下仍有性行為發生——艾曉明隨即在網上發表了她的分析，作為「約會強姦」這個概念在中國的首位提出者，她引來網友的種種質疑：男女朋友之間發生性行為不是很正常嗎，怎麼能說是強姦；妳是女權主義者所以有偏見；妳受了黃靜母親的蒙蔽。當然，警方更加不會把這個概念納入考量。

艾曉明此前為孫志剛事件發聲時，社會輿論是一面倒的支援，而這一次，她沒有想到一個性別議題會曝露出自己與公檢法和公眾有如此大的分歧。受到孫志剛事件的啟發，艾曉明自然地認為，更清晰地展現事實和道理，引發更深入的輿論討論，就能影響公眾的看法，推動官方改變不公。那麼，要用什麼方式去推動呢？艾曉明沒有選擇她最熟悉的文字，她選擇了紀錄片。

多年以後，她這樣分析文字與影像的抉擇：「我們大多數人都習慣將文字作為求知、表達的工具，但是在中國這種極權社會，宣傳術和洗腦術也是透過文字來實現的，它特別否定具象，否定人們的直觀體驗，而影像、紀錄片，它呈現的就是這些直觀、具體的東西。」

但在黃靜案當時，艾曉明想的只是，胡杰拍過一些歷史題材紀錄片，影響力很大，而且黃靜案的紀錄片以後可以用作女權主義課程的教學材料。於是她邀請胡杰一同前往湘潭拍攝，胡杰欣然應允。此前兩人的合作都是由胡杰負責拍攝，艾曉明參與剪輯，這一次的計畫也是如此。然而，這次合作在胡杰去姜俊武家做了一次採訪後就瀕臨崩潰。艾曉明的觀點在網路上是公開的，而這次採訪她為了避免尷尬沒有同去，姜俊武家人向胡杰控訴了黃靜母親種種糾纏和編造細節的行為，胡杰也開始懷疑，兩個戀人之間真的存在強姦嗎？

胡杰與艾曉明一同走在湘潭街頭，他比往常還要更沉默些，掙扎許久，胡杰終於開口說：我拍不下去了。

熙熙攘攘的街頭瞬間寂靜，突如其來的打擊讓艾曉明無所適從。但她知道自己不可能短時間改變胡杰的觀點，就像她無法一下子扭轉網友的觀點一樣。胡杰離開了，艾曉明一個人在街頭悵然徘徊，從來沒有獨立拍攝經驗的她陷入了絕境。

這時，街上的一群人引起了艾曉明的注意，他們圍站著，中間有一個人在唱民間戲曲，她聽不懂那方言咿呀，但那歌聲將她的思緒拽回了喧囂市井，她突然被這場景感動了——這就是人們千百年來唱的歌，這歌裡有一種對生命的願望，這種願望與黃靜想得到美好的愛情、黃靜的母親想得到美好的生活，是一脈相通的——艾曉明第一次對一個場景產生了共鳴，雞皮疙瘩傳遍她周身，她拿起攝影機，開始拍。

回到住處，艾曉明重看自己拍的鏡頭，她發現自己拍得非常好，她頓時有了信心：我對事件和場景有感覺。

有些什麼在艾曉明心裡甦醒——她本來就是喜歡影像的啊！她想起小時候，放露天電影是一種稀缺的福利，每到周末，她就要豎起耳朵收集各種風聲：今天晚上放不放電影？她總是寧可信其有，早早地在放電影的操場上擺好小板凳，如果傍晚下起雨，她就知道肯定沒有電影了，又悻悻地把板凳頂在頭上冒雨跑回家。

在美國訪學時，她幾乎每天都借兩、三盤錄影帶，她想著一定要趁這個機會把國外的好片子看個遍。她記得圖書館的錄影帶當天借當天還就不用花錢，她總是早上七點半就進圖書館，看到月亮高照才出來，但有時她看了一整天看影片卻又懊悔——又一天什麼書都沒有看。

胡杰在一番糾結後回來找到艾曉明，他覺得把一大堆素材交給一個沒有剪輯經驗的人是不負責任的，他告訴艾曉明，自己會協助完成黃靜案的拍攝，但如何編排完全由艾曉明決定。

最終，黃靜案拍成了《天堂花園》，分上、中、下三集，加上案件判決和後續討論，前後歷時三年完成，總長度達一百八十分鐘，記錄著案件在各個階段的真相追尋和辯論。艾曉明的博士生黃海濤曾參與為黃靜案發聲，他認為，這是對重大公共事件少有的、甚至僅有的社會性別視角記錄，極為珍貴。而胡杰至今對這個複雜事件沒能從中立角度做記錄感到可惜。

對艾曉明個人來說，《天堂花園》有著另一層特殊意義，這是她第一次親自拿起自己後來終身受用的行動和認知工具：攝影機。身為紀錄片菜鳥的艾曉明，從一開始就沒有胡杰那種「紀錄片導演應該像牆上的蒼蠅一樣去觀察」的觀念。她邀請黃靜母親到中大與師生討論案件、聯合女權學者和NGO給有關部門提意見，也出謀畫策讓中大法醫中心去給黃靜屍體做獨立鑑定，而且並不介意把自己和這些事都拍進紀錄片中。

當《天堂花園》在英國放映，觀眾用「參與式」這個詞彙來描述它。香港放映時，一位學者如此評價：「這是行動者的紀錄片。」

社運光譜

艾曉明第一次有明確的自覺，將紀錄片當成社會運動的手段，是在拍攝《關愛之家》和《中原紀事》這兩部關於河南愛滋病感染者的紀錄片期間。

二〇〇五年底，太石村事件和黃靜案都剛告一段落，艾曉明正打算鬆口氣，卻接到一個陌生電話。對方開口自我介紹，是個她並不熟悉的男記者，接著，這個人就滔滔不絕地講起自己剛發表的一篇深度報導，關於河北邢台的十多起輸血感染愛滋病事件。他一再強調這是個重大議題，充滿激情地說服艾曉明去拍攝這些故事。

太石村和黃靜案之後，許多人都注意到艾曉明的行動力，以及這個大學教授為公共事件吸引關注度的能力。給艾曉明打來這個電話的資深調查記者王克勤，就是其中一個。在他的強力推薦下，艾曉明將他的報導找來一看，立刻覺察到其中有著很強的故事性，她便又叫上胡杰奔赴河北。在艾曉明看來，女權理念本就與其他弱勢議題無法分割。

在邢台，艾曉明認識了九歲的女孩甜甜。甜甜頂一頭短碎髮，她原本烏黑發亮的長髮，是媽媽在臨死前親手剪掉的，因為媽媽擔心自己死後爸爸梳不好甜甜的辮子。媽媽死於愛滋病，那是她生甜甜時在醫院輸血染上的，吃母乳的甜甜也感染了病毒。艾曉明在邢台考察了一周，認識了許多這樣的「甜甜」。

艾曉明認定這個故事必須做下去，而且應該到愛滋病血液的源頭河南省去調查。就這樣，她追尋著這個議題，來到了中國社會運動的中心地帶。

「社會運動」這個詞，在歐美社會學和政治學中，指的是有組織地在現有政體下尋求特定社會改變的運動，是一種改良運動。

但在中國，「社會運動」這個詞經常被聯想為革命或文革式的大型群眾運動。因此在很長的時間裡，民間抗爭者們用「維權運動」來統稱自己所投身的事業，突出運動致力於「維護法定權利」的屬性，以便從言辭上降低引起官方反感的可能。此類「溫和化詞彙」在中國的民間比比皆是。「社會運動」這個說法，要到二〇一三年「維權運動」敏感化後，才被新一代青年行動者們廣泛採用。事實上，二十一世紀以來中國主要的民間運動，從未直接提出過改變執政黨的訴求，均屬於一般定義上的社會運動。因此為了符合更廣闊的語境，本書仍將以「社會運動」來指涉中國民間行動者們的努力。

在艾曉明關注到愛滋病議題時，中國最具影響力的愛滋感染者權利ＮＧＯ是「愛知行」，她自然要登門造訪。艾曉明敲開愛知行辦公室的門，負責人萬延海得知來者何人後，要求她在門外等一下。他轉回室內，暫停房間裡正在進行的工作坊，對參與者們說，請大家討論一下是否同意艾曉明的進入。

雖然艾曉明順利獲得了接納，但她對從未有過的待遇感到驚訝——她是大學教授，是具有主流身分的知識分子——通常艾曉明要參與一個民間活動，別人都是歡迎她還來不及。

與愛知行和萬延海正式接觸之後，艾曉明才逐漸明白這種「不同」源於何處。由於愛滋病議題在國際上廣受重視，長期從事該領域的萬延海早在上世紀九〇年代就對接上了國際的資金和知識資源，他也因此成為最早把國際ＮＧＯ的「社群賦權」、「意識提升」等手法引入中國社會運動的人。這些專業化工作手法對於艾曉明來說是新鮮事，但隨著逐步瞭解其中邏輯，她對這些手法越發感到認同。

愛知行不僅協助感染者抗爭，也為感染者和合作律師們開設愛滋病反歧視培訓，還承擔媒體聯絡之類的工作。透過愛知行的轉介，艾曉明得以跟蹤拍攝許多愛滋維權抗爭者。與行動者們的長期合作，讓她越來越明確地體會到，自己是在參與一場社會運動，擔任其中一名記錄者和傳播者的角色。

——

河南農村愛滋感染者的權利問題，乍看之下與政治敏感不沾邊，但它是中國極端的貧富懸殊和管治失能的交叉反映。在廣東省人均GDP近萬元的同時期，河南農村的人們以每八百毫升八十元人民幣的價格頻繁賣血，用以支付學費和納稅。血站為了節約成本，大量重複使用醫療耗材，收購的血液接著被賣進公立醫院。

河南愛滋病的大規模爆發被稱為「血禍」。因賣血和輸血感染愛滋病的人數之多，足以引起公眾恐慌，官方沒有公布過權威統計資料，不同學者和媒體的估計差距巨大，從數萬到百萬不等。然而從未有高級官員因血禍而被罷免或起訴，倒是有許多四處上訪索要賠償的感染者被送進了監獄和勞教所。

大規模災難的爆發，讓受害者獲取救濟的訴求猶如井噴般急遽增加，自然吸引來想改善社會問題的人。這場運動彙聚了當時中國民間運動所有主要元素：以萬延海和愛知行為代表的權利NGO，找來了以李和平、江天勇為代表的維權律師，以王克勤為代表的市場化媒體調查記者嗅到了新聞價值，還有高耀潔這樣長期堅持在該議題的知識分子，以及艾曉明這樣因各種契機加入的「外援」。

中國的民間抗爭者們經常被外界一概而論地理解為「民主鬥士」或「政治反對者」。他們中的絕大多數人確實希望中國能更加民主，但抗爭者在如何推動民主的問題上卻存在著持久的、難以調和的分歧，如果忽略這些分歧，就幾乎不可能理解中國的民間生態以及其中人的行為。

比如說，在愛知行這一個機構內部，就會存在策略上的歧見。工作人員胡佳會建議感染者們透過一場遊行吸引外國媒體的關注，來達到向地方政府索賠的目標；萬延海則認為組織遊行會帶來過大的風險，感染者們應該在律師或NGO的協助下與政府談判賠償。諸多類似的歧見讓胡佳最終另立門戶，但無論是胡佳還是萬延海的想法，在愛滋領域的其他NGO看來都過於激進。

介入河南愛滋病問題的律師李和平與江天勇，當時在維權律師中同樣被視為比較激進或「政治化」的一類。他們不迴避代理政治敏感案件，也不介意在代理過程中配以媒體發聲或社群行動來給官方施加壓力。

此類「政治化」維權律師的代表人物是高智晟，他代理了諸多法輪功案件。而與之對應的，則是主張「去政治化」的律師，他們強調律師應專注於法律程序內的辯護，而不是大量動用其他手段，他們也認為，不與官方公然對抗，更有助於當事人在案件中的利益，這一類的代表人物是老律師張思之，他曾在文革末期擔任「四人幫」的辯護律師。

法律學者許志永也經常與李和平等律師合作，他在孫志剛事件中因向體制上書而獲得公眾聲望，之後創立了法律援助NGO「公盟」，希望透過介入影響性案件來推動中國法治落實。乍看之下，許志永與胡佳、高智晟似乎應該是同一類人，但許的朋友透露，許志永為自己的機構定下了三條紅線：不碰法輪功案件，不碰西藏、新疆和台灣的統獨爭議，不碰天安門事件相關案件，以此避免像胡佳和高智晟那樣變成敏感人物。

中國社會運動者的不同觀念和策略，從溫和到激烈，組成了一個漫長的光譜，光譜上不同位置的人，隨著時間的推移，都各自走出了一條或短或長的道路。

艾曉明雖然親身參與到社會中，卻仍是政治觀念的遲鈍者。她對民間抗爭者內部的紛爭甚少關注，也幾乎不發表意見。我在採訪時多次想探出她當時在社運光譜上的位置，她卻一遍遍地糾正我：她完全不是一個具有政治家思維的人，她是一個學者、紀錄片導演，她參與運動其中，關心的只是問題、故事和人。

艾曉明的說法，得到了胡杰的印證。他說起自己跟艾曉明一起拍攝愛滋議題紀錄片時，他們來到河南遂平縣，見到愛滋感染者的抗爭領袖段軍，段軍在遂平縣建立「關愛之家」，收養了大約二十名愛滋孤兒。

艾曉明和胡杰採訪了段軍，拍攝了關愛之家裡的畫面，也捕捉到孩子們玩耍的鏡頭。胡杰覺得素材已經夠了，但不久後他聽說艾曉明又獨自去到關愛之家，她拍到段軍找了個女朋友，兩人打算不久後就結婚。艾曉明問女孩看上段軍什麼，女孩對著攝影機說不出話，只是低下頭害羞地笑。艾曉明再去到關愛之家時，女孩腫著眼睛對鏡頭說，父母不同意與他們結婚，她和段軍哭了一宿。艾曉明還拍了來關愛之家幫忙的比丘尼釋妙覺，她把剁碎的馬齒莧敷在愛滋病人潰爛的患處。

胡杰的語速因為激動而變快：「我覺得拍完的事，她又去！又採訪！又去！去了無數次！」他感慨說，艾曉明對紀錄片的結構和情感把握，得益於她的這種工作方式。

艾曉明斷斷續續拍了一年多，終於完成了《關愛之家》和《中原紀事》兩部紀錄片。《中原紀事》的最後一個畫面，是釋妙覺帶著感染者一起做祈禱，這位比丘尼念念有詞：世界和平、國泰民安、風調雨順、刀兵不起……

「我感動之至！」艾曉明說起拍下這個畫面的那一刻，聲音突然高了好幾度，「人們想要的東西就那麼多。」她眼睛裡閃著光：「這是一種中國人的魂魄，儘管這個魂魄現在是失魂落魄的狀態。」

黃海濤看著艾曉明在南方的學校和北方的農村之間來回奔波，有時也忍不住勸她多休息。艾曉明回答他說：我們這種在文革裡浪費了十年的人，總覺得要努力把時間補回來。

艾曉明對胡杰說的則更加豪壯：「如果我到要死的時候，往後一躺就死掉了。」胡杰解釋說，艾曉明的意思是不希望自己在床上病病歪歪地死去，她希望工作到最後一刻，往後一躺就死掉最好。

艾曉明不花時間琢磨政治，也沒興趣去評判別人的策略如何，她的行為建立於簡單的是非觀，就像一九八九年她只判斷學生要民主是對的，政府鎮壓是錯的。對激進者們的行動方式，艾曉明頗為讚賞，覺得他們「挺厲害」的。而被採訪到對時局的看法時，她也使用溫和知識分子的話語說：「溫家寶總理不是說要創造一種條件，讓人民批評監督政府嗎？我們做的就是這個工作。」當官方指責她的片子是搞對抗，艾曉明又回到最簡單的是非立場：我只跟你談愛滋病問題本身，只問這個片子有沒有說假話？

艾曉明的行事方式讓光譜的兩端都樂於與她合作。

至於像劉曉波這樣的政治人，是不可能自外於民間光譜的排布的。在二〇〇三年之後的社會運動升溫期，劉曉波保持著批評政權的異議者角色，但他的行動策略選在了光譜中相當溫和的位置。

劉曉波最常用的行動方式始終是針對當局撰寫各種公開信和建議書，並邀請他的朋友們連署。後來網路的出現大大地減少了他工作的繁瑣程度，在那沒有網路的時代，劉曉波要組織一封公開信，往往需要提前一個月開始籌備，而網路的普及讓他群發一個郵件就能徵集到數十到上百個簽名。劉曉波激情洋溢地讚美著互聯網給運動帶來的改變：「民間人權運動已經超越精英化階段，而走向平民化、普及化。」

劉曉波也有新的嘗試，他在二〇〇三年接任獨立中文筆會會長職務。此前這個組織雖具有國際筆會認可的會員身分，但主要由流亡的中國知識分子組成，而且鮮有活動。劉曉波的接任既有利於筆會向中國國內發展實質工作，也讓他個人在政治氣氛漸暖的時期獲得了最需要的活動平台。經營一個組織，對八〇年代那個狂傲好鬥的劉曉波恐怕是天方夜譚，但多年的邊緣生活，和持久的政治抱負，似乎磨去他的許多稜角。劉曉波對自己的團隊成員提出「與其高調宣言，不如踏實做事」這樣十足企業家式的勸誡。在他擔任會長的四年裡，筆會也的確勵精圖治，不僅日常工作上了軌道，國內的會員數量也大大增加。

許多人都將獨立中文筆會視作異議知識分子的大本營，甚至是在野黨的雛形，事實上這或許也符合它的本質，以及劉曉波的最終遠景。但劉曉波在會長任上公開宣稱的是截然相反的定位，他在就職說明中聲明：「本筆會不是政治組織，除了維護言論自由、創作自由和反對言論迫害、文字獄之外，再無任何政治性的目的與訴求。」

劉曉波期待的是能在筆會平台上破除異議與主流知識分子的壁壘，他任內兩屆筆會的「自由寫作獎」均授予能在中國市場公開出版的自由派暢銷作家，而非早已被封殺的異議作家。劉曉波也著意邀請主流知識分子加入筆會，只是應允者寥寥。

劉曉波的溫和態度自然招致筆會內部較為激進者的不滿，在他的第一個兩年任期裡，這種不滿尚屬潛流，但在二〇〇六年，爭議終於集中爆發，導火線是「天安門母親」丁子霖寫給維權律師高智晟的一封公開信。

丁子霖原是中國人民大學哲學系教授，一九八九年天安門事件當晚，她為保十七歲兒子蔣捷連的生命安全，苦苦抱住他勸誡，然而蔣捷連最終掙脫母親，將自己關進廁所，跳窗離開。丁子霖下一次見到兒子，他已躺在醫院的停屍間——子彈穿透了十七歲的胸膛。悲痛中的丁子霖逐漸結識其他天安門罹難者的家屬，最初他們只是相互告慰，後來開始尋訪更多的受難親屬，最終形成了抗爭團體「天安門母親」。這個團體自九〇年代以來，在中國民間始終有著舉足輕重的地位。

丁子霖的公開信針對的是當時進行得如火如荼的「維權絕食」活動。這個活動由高智晟發起，起因於他的合作者郭飛雄自太石村事件後持續遭到警方的人身限制甚至毆打，高智晟的律師事務所也因代理郭飛雄案而遭停業。高智晟於是發起行動，呼籲參與者公開接力絕食二十四到四十八小時，表達對官方暴力打壓的集體抗議。

集體絕食這種行動方式觸動了丁子霖敏感的神經，她聯想到，「八九」學生高調絕食之後面臨的就是鎮壓。她寫出公開信，表達對高智晟發起群眾運動的不認同，力陳維權政治化之不可取，要求他中止行動並回到法律程序的框架裡。

一石激起千層浪，丁子霖的公開信引發了民間對於「維權政治化」的辯論。高智晟很快回應丁子霖：並非我不願透過法律途徑抗爭，而是這個政權已經剝奪了我使用法律的權利。他接受香港媒體採訪時也正面表明對「維權政治化」的看法：中國的法治不健全，很多問題也並非法律問題，如果運動僅停留在法律層面，是盡不到維護公民權利的責任的。

部分高智晟的支持者認為丁子霖的公開信是來自於劉曉波的代筆，更多人則在反駁丁子霖的同時順帶表達對劉曉波的不滿，將兩人稱為「丁劉聯盟」。

「八九」流血收場，一直是劉曉波的心結。他一九九一年第一次出獄後，聽說了蔣捷連的故事，立刻趕往丁子霖家探望，哭倒在遇難少年的靈前。在這之後，劉曉波與丁子霖以及「天安門母親」，一直有著難捨難分的情感聯結，兩人在公共領域中也常密切合作。

劉曉波無意公開介入這場紛爭，只是私下給丁子霖去信告慰。但在事件發生一年多後，他藉老律師張思之的生日，撰文表達對張思之「去政治化」辯護策略的高度認可，事實上也沒有迴避自己在維權運動兩派之爭中的立場。

大多數經歷八〇年代的知識分子，也與劉曉波一樣持相似的溫和立場。或許是八〇年代體制的左右搖擺、八九年長安街上的鮮血，以及九〇年代的一系列開放政策，共同將他們的光譜位置限定在了期待官民互動帶來體制逐步轉變的溫和一端。

不過事實上，從二〇〇三「公民維權元年」到二〇〇八年奧運這段時間裡，即便光譜激進一端的抗爭者們，也很少是與官方完全勢不兩立、但求共產黨下台的。他們大多數人只是希望製造更大的壓力，迫使中共改變或內部分裂。胡佳在奧運前夕堅持對外批評中國人權狀況，其邏輯與「八九」學生在戈巴契夫訪華前夕的絕食不得不說有些類似，然而及至他因此被判刑三年半，胡佳卻令人意外地選擇了不上訴，他的理由是，不希望自己的案件轉移國際社會對即將開幕的奧運盛事的注意力。

——

北京奧運會前夕，劉曉波的外國記者朋友歐逸文去看望他，劉曉波向他談起自己對形勢的判斷說：「當今政權或許會變得較有自信，它或許會變得較溫和、有彈性、更開放。」

劉曉波的樂觀讓歐逸文感到錯愕，但其實在當時，整個中國民間都洋溢著一種要有所作為的積極氣氛。人們都覺得這是推動中國共產黨朝民主邁進一大步的好時機，只是光譜上不同位置的人會有不同的行動方式。

那段時間，劉曉波總是在飯桌上和朋友們熱情講解他的宏偉計畫：他正在組織一次新的連署，他相信它的影響力會超過以往的任何一次。劉曉波想像著，這將要是一九八九年以來最廣泛的民間聯合政治表達，集合中國最頗負名望的知識分子和抗爭者，他們要用克制的言辭提出修改憲法、啟動民主改革的願望，執政者若是明智，就應趁此開啟與民間互動和解的進程。

這一回，劉曉波的座上賓還有艾曉明。飯桌上，他們熱烈討論著應該給這份連署文件起什麼名字，是《人權宣言》？《人權憲章》？還是《零八人權憲章》呢？最初的文本上邊只打上著「政治文件」四個字。

座上賓最終一致決定，就對應捷克知識分子們當年的《七七憲章》，將文件定名為《零八憲章》，簡潔明快。劉曉波往大腿使勁一拍，說：「就這麼確定了！」

經過二十年，艾曉明與劉曉波這兩位博士生同學，終於坐在了一張桌子上討論同一個行動。

第二章
法治先鋒

非典型愛情

二〇〇三年春天，一種前所未見的致命傳染性疾病在中國爆發，它的症狀與肺炎類似，但又不同於一般的肺炎，在它正式被命名為「SARS」之前，人們就把它叫做「非典型肺炎」，簡稱「非典」。

非典爆發之初，中國政府習慣性地用隱瞞來應對，但官員們很快發現，這不僅會導致非典的國內傳播更加失控，而且會讓非典擴散為世界級的公共衛生危機，使中國面臨國際性的責難——自從二〇〇二年十二月，第一起非典病例在廣東的偏遠小城出現，到二〇〇三年四月，這種傳染病已在廣東和香港全面爆發，而且經香港傳播到全球數十個國家，就連北京也呈現爆發趨勢。中文區的人們把傳播非典病毒到一個未感染地區的患者叫做「毒王」，艾曉明因此撰文批評過其中的歧視意味。

非典全面爆發的二〇〇三年春天同時還是中國最高領導層五年一度的換屆時刻。三月底權力交接才正式完成，胡錦濤和溫家寶分別履任新的國家主席和總理；四月，中國的非典應對最受詬病的時期，包括胡錦濤和溫家寶在內的九名新任中國最高掌權者們——中共中央政治局常務委員——開了一次內部會議，中國的國家機器才像突然清醒過來，北京市隨即宣布停工停課，遏制非典疫情擴散。偌大的北京一時間靜如空城。遼寧女孩原珊珊停工在家，百無聊賴，就跟合租的女孩下樓去打羽毛球。原珊珊二十出頭，笑起來時眼睛彎彎的，露出整齊的牙齒，看起來健康又爽朗。住在樓上的男孩看見她，就生出了好感，卻害羞不敢主動去搭訕。

男孩在一家小公司工作，住的是老闆買下出租的房子，與老闆那年輕的律師兒子謝燕益合住。

謝燕益發現了男孩的小心思，決定幫男孩一把。他主動約原珊珊和她的室友一起打羽毛球，分組時讓男孩和原珊珊安排在一起，增加相處的機會。

四個年輕人在無所事事的日子裡很快就熟絡起來，謝燕益和男孩的房間裡有座乒乓球台，原珊珊和室友就經常去打，四個人也湊在一起做飯吃。很快地，謝燕益發現原珊珊對自己的室友不感興趣，但自己卻跟她越聊越好。原珊珊欣賞謝燕益有正義感又十分幽默，她喜歡當他的聽眾。兩人就這樣互生情愫，非典時期結束後繼續單獨相約吃飯，飯後久久地一起散步。

在這段曖昧時光的十三年後，原珊珊還清楚記得，有次他們去住處附近的駕校散步，被駕校的狗發現了，狗狂吠著追他們，他們拼命跑，她把鞋都跑丟了。往事猶在眼前，原珊珊忍不住大笑起來。她接著想起，謝燕益就把自己的鞋脫下來讓她穿，他光著腳送她回家。原珊珊的眼睛在十三年後仍然閃爍著甜蜜的感動。

然而，就在兩個年輕人眼看就要成為戀人的當口，謝燕益做了一個影響兩人終身的決定——起訴前任國家最高領導人江澤民。

中國人喜歡把新領導人剛上台的時期叫做「新政」。胡錦濤和溫家寶的履新，就被人們稱作「胡溫新政」。相比在民主國家，新領導人上台後往往要面臨一段被密集審視和民望下滑的時期，在中

國，「新政」這個用詞蘊含著正面的期待和溫情的鼓勵，人們希望新領導人能勵精圖治，糾正上一任的問題，帶來進一步的改革。

這種期待總是十分強烈，但又必須隱晦，以至於人們經常在新領導人的履歷中捕捉開明的基因。「胡溫」上台前夕，坊間總在談論胡錦濤是鄧小平隔代指定的接班人，這是因為鄧小平常被視為黨內開明務實派領導人的代表，而溫家寶的平民出身更理所當然地被視作能知民間疾苦的條件。在後來人們期待「習李新政」時，習近平和李克強的知青經歷，讓人們認為他們必定對文革有切膚之痛，不會開保守化的倒車。不過，習近平甫一上台，就到他曾下放的革命老區視察，還表達了對知青歲月的緬懷。知青的經歷如果對他有影響，似乎也與人們的猜測走了相反的方向。

如果哪一天人們不再用「新政」這個詞談論新的領導班子，往往意味著公眾對他們啟動改革的期待已然破滅。相比「習李新政」這個曇花一現的詞彙，前任「胡溫新政」的說法則被延用了數年之久。胡溫政府剛上台時的一些表現，確實鼓勵著人們對「新政」懷有期待，「抗擊非典」就是其中最重要的事例之一。

在二〇〇三年四月新任政治局常委們那次關鍵的會議之後，中國政府開始每天舉辦新聞發布會通報非典疫情。溫家寶出現在疫情嚴重的醫院探望醫護人員，他公開警告官員，瞞報疫情將面臨嚴重處分，北京市長和衛生部長隨即遭到免職。胡錦濤動用軍隊緊急在北京郊區小湯山擴建專門收治非典病人的醫院。中國政府開始全面與世界衛生組織合作，同一時期，國際專家也基本找到了治癒和控制非典的方法。一個月後，北京的單日新增病例降到了個位數；再一個月後，北京的最後幾名非典患者治癒出院。

中國從未真正有過合法的私有媒體，所有媒體和網站都受到中國官方的最終審查和控制。非典事件中，幾乎所有媒體都選擇了最「聰明」的報導角度：英雄式地講述政府和公務人員在「抗擊非典」中的表現，疫情的嚴重程度和發展過程則在背景中介紹。

對普通公眾來說，這些報導呈現的景象讓人信服——儘管政府的早期表現存在爭議，但後期許多雷厲風行的舉措確實前所未見。高級官員因失職而非貪腐下台的事件在一九九二年以來還從未發生過，每天的新聞發布會也一改政府對公共事件遮遮掩掩的形象，給人清新之感。

謝燕益也是因「抗擊非典」而對「胡溫新政」抱有期許的人之一，但與許多關心時政的人一樣，他知道到胡溫政府潛藏隱憂：在當年三月的全國人民代表大會上，兩屆政府理應全面交接，但原最高領導人江澤民仍以等額選舉的方式續任了國家軍委主席的職務，這意味著，國家的核心權力並未真正轉移到胡溫政府手中。

江澤民這位熱衷在外交場合表演自信風度的領導人，在任期內為中國引進了互聯網，也在國際開放上卓有成績，但在中國自由派人士眼中，他始終無法擺脫灰暗的形象。這首先因為江澤民是參與鎮壓學潮有功，才在「六四」後的權力真空中獲得強硬派信任，進而被破格提拔為中共總書記的；其次，鄧小平去世之後，江澤民逐漸全面掌握中央權力，緊接著就發生了轟動國際的「法輪功」鎮壓事件。這些因素都導致江澤民身上帶著繞不過去的威權陰影。

有一天夜裡，二十八歲的謝燕益躺在床上輾轉難眠，他擔憂江澤民會成為胡溫政府的僭主，改革的希望又要泡湯，但他只是個普通人，根本沒有影響政治的常規途徑。

在中國，與謝燕益有類似關懷的人並不罕見，在江主政的末期，中國的ＧＤＰ已經連續十年保持了7％以上的增長，城鎮家庭的人均收入比過去增加了兩倍，脫離了經濟焦慮的人們，對國家事務的興趣像活躍期的火山，不定時地爆發。

但這並非一九八九年後的中國政府所樂見，即便對一九九九年因中國使館遭北約轟炸而爆發的愛國民眾遊行，官方也從未釋放過鼓勵的信號。民主化的嘗試更是要遭到嚴厲打擊的，在一九九八年柯林頓訪華期間，一批行動者趁中國政府對普世價值有所承認之機，向官方部門申請組建「中國民主黨」。官方一開始態度曖昧，但柯林頓前腳離開中國，後腳員警就抓捕了近五十名企圖組黨者。許多人被判刑十年以上，這批組黨者的刑期加起來接近二百五十年。

年輕律師謝燕益躺在床上望著天花板：自己真的什麼也做不了嗎？他突然靈光一閃——這件事是不是可以起訴？這個想法完全驅散了睡意，他感到興奮，他覺得自己找到了一條路——政治問題法律化。

沒過幾天，謝燕益就忍不住向原珊珊描繪起自己的偉大計畫。

謝燕益：「我準備要去起訴江澤民！」

原珊珊：「啊？為什麼呀？」

謝燕益：「他搞等額選舉，這是違反憲法的，憲法規定了人民民主。」

原珊珊：「哦，那你就去吧。」

原珊珊確實沒覺得有什麼特別值得驚訝的，她比謝燕益還要年輕好幾歲，電視裡的政治和時事從來沒有引起過她的興趣，她的世界比面前這位躊躇滿志的律師要單純得多。不過，原珊珊信任謝燕益是個好律師，不合法的事情他要去起訴，那就是再正常不過的事。

謝燕益望著少女淡定的臉，無法不覺得有點好笑：「我可能會被失蹤、被死亡哦！」

原珊珊太熟悉謝燕益說這話時的神情，故作嚴肅又忍俊不禁，他每次添油加醋地講故事時就是這副模樣，她想，他一定是又在「講大片」了。

原珊珊捧場道：「你怎麼那麼搞笑啊！」

謝燕益順水推舟，跟原珊珊講起「青年律師起訴江澤民」這場大戲中可能出現的種種細節。

原珊珊邊聽邊笑：「沒有犯罪才不會出事呢，這都是電影裡才出現的情節，你就編吧。」

謝燕益當然沒天真到不知道起訴軍委主席是件危險的事，但這個想法揮之不去，即便他也知道很可能達不成任何結果。然而他好似在一片漆黑中終於看出一條可走的路來，它始終在那裡，誘惑著他踏出那一步。最終，他想出一句口號說服了自己：「一句真話頂一個世紀！」

「一句真話頂一個世紀！」這是一個政治抱負無處施展的青年站在世紀之交上的自我喊話，他要去做那個戳穿皇帝新裝的孩子。

下定決心後，謝燕益想起了原珊珊。

他約她見面。原珊珊看見謝燕益，她納悶他今天晚上怎麼那麼嚴肅，沒有一點平時風趣的樣子。謝燕益終於開口：「這段時間我跟妳講的『大片』，其實是真的。」

他擁抱她，在她耳邊說：「我們要分手了，我也不想分開，但是我前途未卜，我不能再拽著妳。」

原珊珊有點懵，這真的是真的嗎？她心裡打鼓，國家真的會這樣嗎？

但謝燕益的身體和話語裡都浸透了傷感，不可能是在開玩笑。

原珊珊的心揪了起來，她隱隱約約地感覺到，她觸碰了另一個世界的邊緣。

這晚之後，謝燕益開始遠離她。過去原珊珊幾乎每天都跟他見面吃飯，兩人恨不得有時間就膩在一起。而現在，每天只有一兩個電話，他會告訴她，「今天我寫好稿子了」、「今天我寄了起訴狀」。那是二〇〇三年十一月二十六日，謝燕益用掛號信寄出了起訴狀，為了能得到一個存根。起訴狀上援引著憲法，稱江澤民續任違反了「一切權力屬於人民」的條款。

十一月二十八日，謝燕益親自去到北京市第一中級法院。入冬的北京寒風正冽，他卻無法再感覺到冷，踏進立案庭門口一刻，許多念頭胡亂地穿過他的腦海——最壞就是秦城監獄或是人間蒸發吧。謝燕益把起訴狀遞進了窗口，他看見裡面的法官臉色一變，像不敢相信自己的眼睛。法官又確認了一遍謝燕益的訴求：要求江澤民辭去軍委主席職務，並向全國公民賠禮道歉。謝燕益答是。法官說要去請示領導，過了一會兒，三個法官一起來打量著他，再詢問了一遍他的意圖。

法官們不願收下謝燕益的訴狀，他們抱怨北京的法院那麼多，為什麼偏找上這兒。謝燕益回應說，因為軍委在他們的管轄地區辦公，他們要嘛立案，要嘛給他不予立案的裁定書。法官們說兩樣都不能給，謝燕益就拿出了他早已準備好的狠話：「如果不接受我的訴狀，我會採取其他措施，引起的一切後果要由你們擔責任。」法官們這才悻悻地收下訴狀，告訴謝燕益要在請示後答覆他。

謝燕益目的達成之後就回家上網，發了個帖子，公布自己起訴江澤民的消息。但他的帖子像一句喊向天空的誑語，沒有引起多少人的注意。

謝燕益接著給原珊珊打去最後一個電話：「我今天去起訴了。」電話沒有了，原珊珊發現自己開始忍不住地時常在窗邊張望，只為了想看見他從樓下走過。

在中級法院的起訴杳無音訊，謝燕益又去了一趟北京市高級法院。在這之後，「另一個世界」就正式在原珊珊面前慢慢展開。謝燕益家的門口出現了兩個陌生人，在門的兩邊站著，一天二十四小時，寸步不離，盯著，日復一日。

謝燕益的朋友和父母開始被調查，被叫去談話。原珊珊接到了老家的父母打來的電話，他們慌慌張張地以為她犯了什麼事。原來員警也去找了她的家人，問他們知不知道自己女兒在北京都在幹什麼，都跟什麼人來往。原珊珊感到害怕，她打電話給謝燕益，他卻冷淡地叫她別理員警就是了，還對她說以後別跟他聯繫。

傷心和惶恐籠罩著原珊珊，她感到那些「大片」都正在成真。她每天最想做的事就是趴在窗前，等著，等那個高高瘦瘦的身影經過，她害怕今天不看一眼，明天就再也見不到謝燕益了。原珊珊發現自己比想像中還要更愛這個男人，她意識到，他是自己生命中從來沒有出現過的一種人，謝燕益的付出和承擔，讓他變得更吸引人了。

不過，原珊珊也帶著怨氣——裝糊塗不就好了嗎？八〇年代出生的她想，自己跟這個男人大抵是結束了，儘管心裡還敬佩、留戀著他，但這是個太危險的人物。

—

不久之後，謝燕益的爸爸因為擔心公司會受到影響，把謝燕益趕出了住處，受到嚴密監控的謝燕益無法再容身於北京，只好回到老家河北高碑店。原珊珊很快聽說了這件事，她想像著謝燕益的落魄無依，心裡升起一種渴望：我要到他身邊去，除了我，就不會再有別人給他安慰和陪伴了。

這個時期的青年律師謝燕益，確實必然是孤獨的，組織律師推動案件的法律ＮＧＯ「公盟」還沒有成立，維權律師還沒有以一個群體的形象冒起，更不用說出現後來成員數百的人權律師團。維權能不能政治化的爭議都要三年以後才爆發，而謝燕益的抱負卻已經超前到想用法律來介入、解決高層政治問題。

原珊珊主動給謝燕益打去電話，告訴他自己要路過高碑店找朋友玩，想順便見見他，謝燕益沒有反對。原珊珊剛下火車，就看見來接她的謝燕益。他笑著，但變了好多，頭髮那麼長，是好久沒理了吧；他有點邋遢，看得出來精神萎靡好一陣了——他不再是過去那個意氣風發的律師了。

兩人在小城裡閒逛，謝燕益比過去還要熱情，甚至顯得激動。他摟著她，帶著她去吃去玩，誰也沒有再提原珊珊還要去找朋友的事。那天夜裡，兩人第一次發生了肌膚之親。

深夜，親密的氣氛中，原珊珊得知了更多謝燕益這段時間的遭遇。他的媽媽與爸爸離婚多年，媽媽在高碑店經營自己的律師事務所。謝燕益的媽媽是中國建立律師制度後的第一批律師，「黨性」極強，她也不容許謝燕益出沒在自己的事務所，他只得去與大哥同住。謝燕益在高碑店的舊日鐵哥們如今都是體制內的人，他回來以後沒有主動聯繫他們，他怕連累人家，人家也躲著他。謝燕益向原珊珊坦承自己在高碑店依然受到警方監視，原珊珊沒有聯想到自己的安危，反而擔心起謝燕益。她覺得他孤立無援，感到自己此刻成了他的精神支柱、他的救星，她知道他們是真的要在一起了。

原珊珊講這段故事時，我覺得自己像在聽愛情偶像劇。我無法想像一個二十出頭的女孩真的會帶著犧牲精神獻上自己的愛情和人生，我開始猜測當時的她是不是會把自己代入成某個小說或電影裡的女主角？我用不同的方式試探了兩三次，她否定我的想法後就接著講自己的故事，無法對我的插話產生任何共鳴，我於是明白她是真的沒有，少女時期的原珊珊並不是那種想把自己的生活過成浪漫小說的文藝女青年。

原珊珊和謝燕益正式成為戀人幾個月後，謝燕益找到一份法律顧問工作，兩人結束異地戀，搬到北京郊區的密雲縣，一同過起簡單甜蜜的小日子。

直到有一天，神秘人出現在原珊珊的生活裡。

那是國家的某個重要會議期間，原珊珊跟謝燕益下樓買菜，總有兩個人就在他們三五步之外跟著。她問謝燕益：「這些人是不是跟著你的？」這時男友才告訴她：「是的，已經好長時間了，之前他們都是給我打電話，叫我出門談話，我擔心會讓妳緊張，一直沒有告訴妳。」

謝燕益口中的「他們」，在民間有各種各樣的稱呼，最正經的簡稱是「國保」，取自他們隸屬的部門「國內安全保衛支隊」。這個部門是各級員警部門的一部分，負責「維護國家安全和政治穩定」，官方公開資料顯示它的工作內容包括：調查情報資訊、秘密力量建設、重點對象和陣地控制。「國保」由於跟「國寶」同音，也會被隱晦地稱為「熊貓」。有時抗爭者們還幽默地把這些時常跟蹤自己、找自己談話的人稱為「客服」。這些特殊的員警從不穿制服出現，也不會出示證件，只是偶爾找監控對象談話時會承認自己的身分。

謝燕益告訴原珊珊，一開始是高碑店的國保時不時打電話確認他的行蹤，如今密雲的國保已經接手了對他的監控。

後來，原珊珊逐漸掌握了規律，每當這些人出現在她的視野中，一定是北京又在開什麼會議，或者哪個地方又出現了不穩定事件——她的愛人被列在某個名單上，當國家處於不同程度的戒備狀態，她的愛人受監控程度也要相應調整——無論這些事情跟他有沒有聯繫。那種警方二十四小時盯守的狀態，被抗爭者們稱為「上崗」。每當「上崗」的時候，原珊珊就不想出門，她儘量讓謝燕益出門買菜，這些像影子一樣沉默的人讓她感到壓抑。

並不是所有人都能承受這樣的生活，曾經原珊珊覺得自己是謝燕益的精神支柱，而此刻謝燕益卻成了她的支撐。謝燕益儘量將這一切描繪成一場遊戲，讓年輕的原珊珊覺得這是在玩，自己與謝燕益組成的特工小分隊在跟國保周旋，就像電影《無間道》一樣。

其實謝燕益也很需要原珊珊，他總覺得孤單，如果她不在身邊，一切就變得無法忍受。他不喜歡回到家時見不到她，原珊珊隱約知道這源自於他的創傷和壓抑，她為此辭掉了工作。謝燕益的收入不穩定，兩人經常要餓肚子。原珊珊對那段日子的印象卻是最幸福的時光，熱戀中的人並不因貧窮而爭吵。這樣的日子裡，他們很快有了孩子，孩子出生，兩人才去領了結婚證。如果只是自己，原珊珊或許能藉著愛情去默默承受恐懼，然而涉及孩子的事曾讓她爆發。

一次原珊珊送孩子去幼稚園，她無法不注意到，身後不遠處一個男人一直跟著她。原珊珊感到心臟怦怦地跳，壓抑變成了厭惡、憤怒，怒火直衝她的腦門。當著孩子的面，原珊珊強忍著不發作，但送完孩子的回家路上，原珊珊掉頭堵住身後的國保，機關槍似地開始罵：「你是幹什麼的？」「你是不是跟著我？」「你憑什麼？」那個看起來比她和謝燕益都還要年輕的男人沉默著，面無表情，避開她灼灼的眼睛。

謝燕益後來勸她說：國保也是做一份工作，他們也是為了養家糊口，做了專制的末梢神經。但隨著孩子長大，第二個孩子又出生，原珊珊越來越想把這種沉默的威脅隔離在家門之外。然而她趕不走那些神秘人，也改變不了謝燕益，只能儘量讓自己逃避。神秘人又出現的日子，她的神經緊繃，他們有時是跟蹤，有時就站在自己家門外，要是謝燕益還在看新聞時針砭時弊，原珊珊就覺得連家這個小小的空間都要被危險氣息穿透。她對謝燕益吼：「別說了！」

謝燕益於是漸漸學會不在原珊珊面前談論政治，儘管他有時還是忍不住跟她分享一兩句自己在處理的案件。但到這個時期，謝燕益在家門之外也找到了志同道合的維權律師群體，他結識到越來越多像李和平、江天勇這樣有共同事業和理想的人。

家內外的二元世界就此誕生。

魚躍龍門

李和平是中國最早成名的維權律師之一。他在二〇〇五年底與許志永、高智晟、郭飛雄等十三位律師和法律工作者一同，被《亞洲周刊》評為「年度風雲人物」，在二〇〇八年獲得美國民主基金會的宗教民主自由獎，受到美國總統小布希的接見，同年還被授予歐洲律師公會人權獎。

李和平的臉龐白淨秀氣，個子不高，既不屬於他家鄉河南人那種黝黑質樸的中原人長相，也與人們對一個「勇猛」的維權律師的想像不符。他代理過最知名的案件，要數二〇〇五年維權者陳光誠因控訴山東臨沂的暴力墮胎問題而遭當地政府軟禁的事件，以及同年高智晟的律師事務所被強制關閉的聽證會上，李和平作為其辯護人對陣北京市司法局。

維權律師群體在國內外聲名鵲起，與「通過法治邁向民主」被作為一條中國轉型路徑寄予厚望有關。

一九九八年組黨者們被判處重刑，官方的態度表露無遺——直接的民主運動碰不得。於是民間開始了八仙過海式的路徑探索，想到要以法律為工具的也不只謝燕益一個人，像劉曉波那樣嘗試透過不斷地表達民間意志喚來官民互動也是其中一種。

不過相比謝燕益要將高層政治問題透過法律解決的奇招，大多數法律工作者們的打算是更為現實主義的——他們希望透過有知名度的個案製造壓力，迫使政府按照法律落實公民權利——中國法律規定過的公民權利並不少，從言論、集會、結社、宗教自由，到選舉權與被選舉權等等，如果都能實現，那麼距離民主也不太遠了。

律師等法律工作者在這條「通過法治邁向民主」的路徑上所作的努力，就是「維權運動」較為公認的狹義內涵。這條路徑獲得了廣泛的認同後，許多抗爭者都將自己從事的各色社會運動歸入「維權運動」的名下。本書中接下來提到的「維權運動」，使用的均是其狹義內涵。

王峭嶺認識李和平的時候，維權運動還遙遙無蹤。兩人是大學同班同學，但王峭嶺幾乎沒有注意過李和平，她本身長得比較高大，像大多數青春少女一樣，總在關注那些高大英俊的男孩子。誰會想到班上那個不起眼的瘦小男生，日後會成為國際知名的維權律師？

王峭嶺不喜歡法律，讀這個專業也是父親逼的。畢業後她到北京一家企業做銷售，當時男同事有許多都是矮個子，都既體貼老婆又會做飯，她那時才慢慢轉變了對矮個子男人的印象。

李和平畢業後在鄭州工作，有一次到北京參加培訓，他約了王峭嶺出來吃飯，說起自己想到北京工作，王峭嶺很自然地表示歡迎。這次重逢之後，李和平在跟自己最好的哥兒們聊天時說：「也許我能跟王峭嶺搞到一起。」這「搞到一起」是他家鄉對談戀愛的通俗說法。

王峭嶺絲毫沒有察覺這位男同學的小心思，在李和平又約她吃了兩頓飯之後依然沒有。她只注意到，有一次他們見面時，是快要到夏天的日子，李和平穿了一件白襯衫，一條淺色的西裝褲。她在打量著：他雖然長得不高，但好好穿一下還是挺精神的。

李和平帶著點小心機向她講起，自己雖然目前在期貨公司上班，但寫點跟期貨和法律相關的「小豆腐塊」，還在報紙上發表過。王峭嶺只是在想，他真是熱愛法律，自己讀了法律跟沒讀似的。

李和平終於跟她表白時，王峭嶺懵了：我們是好朋友怎麼能發展到這種地步呢？她的第一反應就是拒絕。

「好多律師的戀愛故事都特奇葩！」王峭嶺跟我講這個故事的時候，我們正在她家裡吃早餐，她把故事講到這就停住了，嚼一口包子，發出這句感慨。

這是二〇一六年夏天，她四十五歲，短髮燙了捲，染著偏紅的棕色，這是她這個年紀的中國城市女人為了掩蓋剛冒出的白髮常用的染色。她也有一點中年女子的發胖，但總是開朗地笑著，神采奕奕顯得年輕。

我順著她的話聊了幾句，又繞回來追問：「後來你怎麼接受李和平的呢？」她得意地笑起來：「這個事妳要寫的話要給我付版權費哦。」

王峭嶺斷然拒絕李和平後不久，跟自己的一個前同事吃飯，那個同事三十出頭，王峭嶺看著他就在想：男人三十出頭的時候看著挺有魅力的，還算年輕，但處事已顯成熟。

她一邊吃飯，一邊止不住浮想聯翩：李和平三十歲的時候啥樣子？估計會挺優秀的吧……

她有點後悔自己把李和平攆跑了——不能錯過優秀的人呀！

在那一頓飯的時間裡，王峭嶺做出決定——一會兒吃完飯就找他去！

李和平一個人在期貨公司裡值夜班，把腿高高地翹到椅子上，盯著一排大電腦螢幕。王峭嶺在走廊裡喊了一聲他的名字，他嚇了一跳。王峭嶺說，你過來，我有話跟你講。李和平戰戰兢兢地走出去。

「妳猜我會怎麼說？」王峭嶺盯著我，本來不大的眼睛被強忍著的笑意瞇成了一條縫，「我要怎麼扳回這一局呢？」

我們都停住了吃早飯的動作。

「不知道，快說，別吊了……」我喊道。

「我覺得行大於言，哈哈哈，我直接抱過去，親他！」

她話音還沒有落，我就叫了出來：「天哪！」

我確實沒想到一九七一年生的王峭嶺會對比她還大兩歲的李和平做出這樣的事。

「天哪！」我忍不住又喊了兩遍。

「如果沒有當年驚世駭俗的主動反撲，哪有今天李和平大律師老婆的這個身分哪，哈哈哈！」

其實在王峭嶺對我說出這句話的二〇一六年，做李和平的妻子已經是一件無比艱難的事。

——

其實我並沒有為王峭嶺的故事付版權費。

王峭嶺把自己的愛情故事和盤托出之前，為了吊足我的胃口，她特意說到：「我跟文足講這個故事，文足都笑噴了。」她說的是李文足，律師王全璋的妻子，一個特別漂亮的南方姑娘。王峭嶺接著說：「文足跟我講她的故事，我也笑噴了。」

她們交換愛情故事的做法給了我啟發，於是我給王峭嶺講了一個自己的戀愛故事，這個故事跟她、李和平還有李文足都有著微妙的關係。王峭嶺聽了驚奇不已：「原來我們還有這樣的緣分？」她當即決定這個故事就算我交過版權費了。

後來我又用我那故事去跟李文足換了她的故事，她跟王全璋的故事是這樣的：

李文足跟王全璋是網上認識的，第一次線下約會沒有給李文足留下什麼特別的印象。這次約會之後王全璋就去了美國培訓，兩人很久以後才第二次約會吃飯。

一見面，王全璋就「咚」地一聲將一個黑色塑膠袋磕在了桌上，裝垃圾的那種黑色塑膠袋，說四個字：「送給妳的。」

「這是什麼呀？」李文足把那坨塑膠袋拿起來打開，裡面是兩瓶伊莉莎白·雅頓的高級香水，是王全璋從美國帶回來的。

怎麼也不放在好一點的袋子裡……李文足心想著，調侃起他說：「你怎麼不送給我一瓶，這樣另一瓶還可以送給下一個女孩子。」

王全璋則動用起他山東人的粗獷說：「哎！就是妳了！」

李文足給我模仿著王全璋的語氣，自己忍不住就笑場了。

這就是他們彼此認定的過程。

我又聯想到原珊珊的故事，覺得王峭嶺的評論不無依據：好多律師的戀愛故事都特奇葩。

——

王峭嶺與李和平在一九九六年相戀，一年後的春節，李和平帶著王峭嶺回到河南農村的老家。李和平父母一看大兒子終於帶回來一個女孩，家裡剛好還有一頭沒殺的豬，當機立斷就把豬殺了，要給李和平辦婚禮。李和平的姐姐出了擺酒席的錢，王峭嶺就和他在村裡簡簡單單地成婚了。那天晚上，王峭嶺掀開婆家給他們設的婚床床單，下面直接鋪的就是稻草。

與李和平類似，許多中國最早一批的維權律師都出身於底層家庭，他們多數人最初進入律師行業時並非帶著維權願景，而只是個想成為律師的普通人。

在中國，普遍的社會觀念認為，對於窮苦孩子，考試是最公平的選拔方式。魚躍龍門，傳統上指的就是普通人家的孩子透過層層科舉躋身社會上流。而決定一個人有沒有資格當律師，也只需要一場考試。

這場司法考試通過率極低，因而獲得了「天下第一考」的名聲，但一次考過終身有效。通過司法考試，再找一家律師事務所實習一年，就能順理成章地拿到律師執業資格證，從此不僅能獲得專業精英的身分，還有了穩定的收入來源。這可以說是一場現代版的魚躍龍門。

律師資格證有「年檢」制度，即由司法機關逐年審批律師下一年的執業資格。這對於絕大多數律師都只是象徵性的，不時會有當局用年檢制度取消維權律師執業資格的案例，但很長時間以來基本只針對特別刺頭的維權律師。

希望通過司法考試魚躍龍門，後來卻成為維權律師的人當中，高智晟是最為傳奇的一個。

高智晟出生在陝北農村一個赤貧家庭的窯洞，家中有兄弟姐妹七人，他十一歲喪父，他的母親靠著無日無夜的勞作、親戚的接濟和讓孩子們上山採藥材，東拼西湊出孩子們的生活費和讀到初中的學費。高智晟初中畢業帶著弟弟到煤礦打工，遇上礦難九死一生，之後當兵三年，退伍後在新疆烏魯木齊賣菜。

當時塑膠袋還沒有普及，很多機關幹部都用單位訂的報紙包菜。有天一個人來買菜，把一張報紙撕開半邊包上菜走了，另一半報紙就扔在了高智晟攤邊上。高智晟把報紙撿起來看，那是半張《法制日報》，裡面有篇豆腐塊寫著：未來十年中國需要十五萬名律師，自學法律大專將是考取律師的最佳途徑。

高智晟的心怦怦直跳，他盤算著，拿到大專文憑需要考過十四門課程，如果每年考過一門，大不了十四年就能拿下。他去買了教材，賣菜也看，走路也看，搭公車一手拉著扶手、另一隻手也捧著看。自學的第一年，他報考了三門課程，全部考過。原本計畫考十四年的試，他兩年半就考了下來。

拿到大專文憑那天，別人跟家人、朋友一起去慶祝，高智晟很平靜，他知道自己還有司法考試這道鬼門關。他直奔書店，但等他翻看完那本《律師資格考試》的考試指南，他的背上已全是冒出的冷汗。

那是一九九四年，司法考試的通過率只有不到２％，通過者全是名牌大學的畢業生。高智晟深知對於自己這種正規教育只讀到初中的人，簡直是痴心妄想。他看了看考試教材的價錢，一百八十七元，這個數目對他來說算是一筆財產了，他站在書店裡猶豫許久，還是買走了那套書。

一年之後，他通過了司法考試。

高智晟自己對這段「魚躍龍門」的敘述，充滿年輕的底層奮鬥者常見的自卑與驕傲混雜的情緒，也記載著最終成功的極少數人必須具備的驚人倔強、決心和付出，他的故事就像一本會出現在北京市郊打工者集體宿舍裡的枕邊勵志讀物，只是這一本的主人公確有其人。

與高智晟有著類似傳奇經歷的是李和平的弟弟李春富。李和平考上大學那一年，貧窮的李家供不起兩個孩子讀書，十五歲的李春富知道自己是要被犧牲的那一個，他在床上躺了好幾天，終於接受命運南下打工。

在獨自闖蕩的日子裡，他幹過流水線，被拖欠過工資，睡過墳場，在一九九八年終於攢夠了一萬塊錢回家蓋房子。哥哥李和平卻跟他說，別蓋房子了，用這錢自學參加司法考試吧！

李春富受到了吸引，他有機會跟上過大學的哥哥回到同一個世界。他耗盡自己所有的積蓄，屢敗屢戰，考了六年，終於通過了司考。

他緊接著去參加了河南省的法官招募考試，順利通過。就在他要前去面試的當口，他又遇上了哥哥的好朋友江天勇，那是二〇〇五年，李和平和江天勇都已經成為廣受讚譽的維權律師。江天勇極力勸阻李春富考法官，向他描繪著中國律師的宏偉政治藍圖。李春富最終放棄了法官面試，跟著江天勇和哥哥李和平走上了同一條道路。

許多本來只是想改變自己命運的律師，後來卻成長為吃力不討好的維權律師。我作為一個記者，覺得自己大概能理解他們的心路歷程。我們的工作有一個共同點——直接跟個案打交道。

個案看起來雖小，但當你站在當事人的角度，從他的眼睛裡，看見他的悲哀，這種個體被摧毀的命運就難以再被當作一個繁榮背景下的雜音而忽略不計。何況他們的故事總是顯示著——這裡面肯定有什麼不對勁。

這些遭逢厄運的人，有時候只是因為多了一點思想，或者愛上了一個多了一點思想的人，這是政治犯和政治犯的家屬。但有的時候連這都沒有，他們只是在農村擁有一塊土地，那是他們僅有的財產，有一天被占去或者強拆了；或者他們只是為人父母，帶幾歲大的孩子去醫院打疫苗，孩子就連續高燒最終癱瘓了。

不論是律師或是記者，都能輕易地看出，在自己面前的不僅僅是一個人——他只是沒有自認倒楣又碰巧來到我面前的極少數——制度性的問題還在大量生產著這些只能憑運氣避免的悲劇。

許多維權律師都是從代理普通刑事案件開始走上抗爭道路的。李和平也是如此。與王峭嶺相戀後不久，他開始執業做律師，代理第一個刑事案件時，李和平能明顯感覺到那是「不一樣」的案件，僅僅是去瞭解案情，員警就擺出態度：這是個殺人犯，你還替他辯護？

李和平反覆地去案件的事發城市出差，每一次去前都要做許多準備工作。有一次，他在出差前一晚發現需要查一條司法解釋，那是還沒有互聯網的時代，幸好他有備無患記過一家法律書店老闆的電話，李和平只好深夜翻出號碼，賠著不是央求老闆出來開門，讓他買急需的資料。

許多人都會以為，律師的主要辯護工作應該發生在法庭上，但在代理這個案件時，李和平意識到，現實往往恰恰相反。他在會見當事人時發現，對方曾遭到刑訊逼供，在這種情況下等到開庭，對當事人來說是極其痛苦的，而且會給案件帶來很多不確定性。李和平就開始一遍遍地去執法監督部門反映問題，部門負責人不見他，他就去守著，居然真的讓他守到了。

最終，這個案件還沒到開庭階段，李和平的當事人就被取保候審，一年後嫌疑也無聲無息地撤銷了。這位年輕律師的執拗由此受到鼓勵，李和平開始相信，一個律師能不能把案件辦成，不在於名氣和經驗，憑的就是用心和努力。

——

二〇〇一年，李和平在北京的律師業務正開展得順風順水。他閒暇時上網衝浪，偶然讀到一首寫給農民與農家子弟的長詩：

兄弟啊城裡的一切都不屬於你
姐妹啊離開你依戀的城市不必心碎
因為你們的戶口有農民二字
就註定你們要回到既愛又恨的農村
就像你們的祖祖輩輩
你們給城市修好了寬敞的馬路和摩登的大廈
你們給城市帶來了市場的繁榮和生活的實惠
可為什麼你們卻一無所有

除了屈辱和勞累？

李和平不是一個感性的人，但一行行地讀著這首詩，他的眼淚止不住地掉下來。詩的題目叫《農民——我的親人》，李和平迫不及待地搜索它的作者，卻發現此人正在獄中。

那是轟動一時的「新青年學會案」，詩的作者叫楊子立。這個比李和平還小兩歲的年輕人，在互聯網剛興起時就開設了個人網站，記錄自己的所思所想。這可以說是中國最早的表達自由化思想的個人網站之一。

楊子立還與另外六個並不熟識的網友成立「新青年學會」，想著可以一起讀讀書、討論對時事的看法。但他們剛開始聚會不久，就遭到了國家安全局的抓捕，理由是「煽動顛覆國家政權」。

六名網友中，有一個名叫李宇宙，他沒有被捕。楊子立等人被抓一年之後，他在網上發出匿名帖子坦承：自己是國安局派駐在大學裡的線人，曾彙報過新青年學會的聚會內容，但他並不認為其他人所說所做有什麼違法之處，得知楊子立等人被捕後，他不堪忍受內心的折磨，因此發帖公開此事。帖子一經發布，李宇宙逃亡國外。

新青年學會案是發生在中國互聯網用戶身上的第一起因言獲罪的案件，再加上峰迴路轉的劇情，讓此案備受矚目。但到李和平得知這個案件時，楊子立還沒能找到合適的代理律師，於是李和平自告奮勇承擔起這個責任，這是他代理的第一個政治敏感案件。

第一次會見楊子立時，李和平看著自己這位河南老鄉，沒忍住又流出淚來。他想到，兩人都是從農村走出來的大學生，只有經歷過的人才知道那有多艱辛，楊子立寫下的不平之鳴，他每一句都深有體會。但當自己大學畢業想著怎麼賺錢改善生活的時候，楊子立卻選擇了為農村人的命運吶喊，如今，他穿著犯人的馬甲，自己則在鐵窗外做他的律師。想到這裡，李和平心裡浮現出一句話：如果楊子立要坐牢的話，那就是替我去坐的。

新青年學會案在二〇〇一年第一次開庭時，有兩位被捕學會成員選擇了配合官方，指證楊子立等另外四人有罪。但李宇宙的揭露打亂了案件的進程，第一次和第二次開庭之間，整整延宕了兩年。在這兩年時間裡，李和平成功說服曾配合官方的兩名成員重新作證，但法庭沒有允許兩人出庭。

最終，楊子立被判處八年徒刑。

小湯山

新青年學會案的結局駭人聽聞，但隨著胡溫政府上台，孫志剛等幾個沸沸揚揚的公共事件也不見有嚴重的打壓，民間逐漸相信如此「下狠手」的案件很難再發生，有人便開始試探新政府是否願意拋棄前任留下的政治包袱，高智晟就是其中一個。

二〇〇五年十月，高智晟發表給胡錦濤和溫家寶的公開信，信這樣開頭：「基於對兩位長者基本人性的善意信任，我決定將我看到的真實以公開信的形式通報於兩位。」接著，高智晟羅列出他在代理案件時收集到的大量法輪功信徒遭受的酷刑的證人證詞，他呼籲新政府立刻制止這些迫害。

法輪功原本屬於九〇年代中國流行的健身方式「氣功」中的一種，不過它除了規定練習動作以外，還附帶一些簡單的精神道德要求，以及對創始者李洪志順服崇拜的氣息，它更像一種宗教。然而中國法律認可的宗教只有五個：佛教、道教、基督教、天主教和伊斯蘭教，即便信仰這五個宗教也得到官方控制下的場所進行宗教活動，才算真正「合法」。

法輪功為身心健康給出統一的簡單方案，對於在現代化衝擊下正感到空虛失措的中國人非常有吸引力。它的信徒很快遍布全國，據稱有數百萬之眾。當媒體上出現對法輪功的質疑聲音，如此龐大的群體難免要做出反彈，他們的和平抗議從一開始針對特定的媒體，進展到要求國家的肯定。

當數以千計的信眾在一九九九年四月突然極有秩序地出現在北京街頭，領導人一開始接下了他們的請願書，但也意識到如此有號召力的社會單位不能任其存在。三個月後，政府下令禁止法輪功，隨後宣布其為「邪教」。各地針對修煉者的抓捕演變得越來越暴力，親歷者的敘述經常包括對生殖器的毆打和電擊，甚至有人在拘押的過程中死亡。

高智晟發出公開信兩天後，他家的樓道裡、社區裡出現了大量的年輕陌生男子，樓道口也二十四小時圍停許多車輛，不僅僅他本人被尾隨，他十二歲的女兒每天上下學也有人貼身跟蹤。

於是高智晟發出了第二封致胡溫的公開信，歷數對自己的監控。在信的最後高智晟說，他相信這些監控絕不是在胡溫的同意下實施的。這些公開信是否曾被胡錦濤和溫家寶看到，外界無從知曉，但高智晟的控訴的確在國內外輿論中引起巨大的迴響，對他本人的監控則有增無減。

一個月後，北京司法局通知高智晟，他的律師事務所被停業整頓一年，理由是他們為非本所的律師出具代理手續。當時高智晟的律所正在代理因太石村事件被捕的郭飛雄的案件，但他們為本所律師出具的手續，在他們和唐荊陵本人都毫不知情的情況下，被神秘地加上了唐荊陵的名字。

在律師事務所停業的聽證會上，李和平作為高智晟的代理律師向司法局做了抗辯，但結果並沒有因此改變。高智晟隨即宣布自己退出中國共產黨，從此他的路越走越決絕。

——

王峭嶺無法不注意到，自己家門口開始二十四小時坐著幾個陌生男人。她記不清他們是在二〇〇五或是二〇〇六年的哪一天出現的，但她清楚地記得那一刻自己的感受——驚慌、厭惡、受到威脅——像所有遭遇「上崗」的人一樣。

不過當王峭嶺看到這些年輕人在北京夏天近四十度的悶熱樓道裡坐得汗流浹背，或是大冬天裹著廉價的軍大衣蜷在自帶的椅子上瑟瑟發抖，她又覺得他們做份工作也不容易。

這些人的身分很難界定。隨著那幾年需要監控的對象劇增，真正有編制的員警和國保越來越少親自幹這種體力活，許多城市裡沒有固定職業的本地人被臨時雇傭來監視李和平、謝燕益這樣的「不安定分子」，人數根據城市所處的戒備級別隨時調整。他們比較正式的名稱是「輔警」，意思是「輔助員警工作的人」。

李和平最敬佩的維權律師是高智晟，隨著他與高智晟的合作越來越頻繁，又同樣代理許多敏感案件——尤其是法輪功案件之後，李和平和他的家庭也開始面臨與高智晟類似的遭遇。

李和平在二〇〇七年參與的一個法輪功案件中，首次援引憲法提出了「政府無權定義邪教」的抗辯，這一抗辯理由後來成為法輪功辯護的經典，該案也是中國律師為法輪功修煉者做無罪辯護的首個案例。庭上法官對他的抗辯無所適從，只好說：「李和平這個人思想有問題。」

二〇〇一年李和平接下楊子立的案件時，王峭嶺對他說：「你做的這件事符合我心目中英雄的形象。」但到二〇〇五、二〇〇六年時，王峭嶺已經不再希望自己的丈夫代理政治敏感的案件，這種轉變與許多連環因素有關。

王峭嶺在生下第一個孩子後患上產後抑鬱症，然而她的丈夫不僅是一位忙碌的維權律師，也是一個中國傳統的大男人主義者，李和平沒有時間也沒有耐心理解自己的妻子怎麼突然變得陰晴不定、充滿抱怨。他心情好時就哄哄她，心情不好時就用發脾氣來回應妻子的負面情緒。發完脾氣兩人就陷入冷戰，男人想著女人的情緒過一會兒就會好的，女人的心裡卻已種下傷痛。

王峭嶺無法從丈夫身上獲得溫暖，她的基督教朋友則越來越多地帶給她安慰，教會同工守護她的病榻，牧師給予她精神上的幫助。王峭嶺因此開始信教，信仰逐漸成為她生活的重心和支撐。

中國的基督徒社群長期在無神論執政黨的陰影下戰戰兢兢，普遍發展出一種名義為「政教分離」的、不問世事的文化。這種文化日積月累地影響著王峭嶺，加上家門外的監視者帶來的壓抑，她越來越希望自己的家庭能遠離政治。

然而，對沉浸在維權運動中的李和平，妻子的勸阻只能是耳旁風。每次王峭嶺叫他別再接敏感案件，她要嘛得到敷衍的回答：「好好好，以後少接點。」要嘛直接被截住話頭，扔來一句：「妳不懂！」與許多維權律師的家庭一樣，王峭嶺與李和平嫌隙漸深，在一個屋子裡，各自忙碌地活在自己的世界。

對於無法擺脫的監控，王峭嶺的理解是，丈夫代理的是政治敏感案件，國家自然要有一些管控。王峭嶺成長在軍隊家庭，後來她常自嘲是官方教育的「標準件」：遇到什麼不明白的事，相信黨和國家。

李和平顯然不這麼認為，他三不五時會忍不住發作。一次李和平開車載著王峭嶺和孩子出門，等紅燈時他突然打開車門下車，王峭嶺不明所以，卻看見李和平走向後面監控國保的車，對著車窗就破口大罵起來。這樣的行為讓王峭嶺感到震驚又反感，她責備李和平總在製造無意義的衝突。

王峭嶺因為有內心的合理化，很長時間裡她並沒有對監控感到無法忍受，只是像生活中其他不順心的事一樣覺得厭煩。負責監控的國保有時也會對他們示好，李和平要開車送孩子上學，國保會說：「李哥李哥，就別開車了，我們送你。」李和平和兒子就一同坐警車到學校，兒子年紀小只覺得有趣，他的同學還問他，你們家誰是做員警的？

這種情況在二〇〇七年九月二十九日發生了轉折。

那一天，王峭嶺照常給李和平打電話，問他是否回家吃晚飯，她本以為他會照常說不回來，沒想到李和平說回來吃，她就煮了他喜歡的米飯炒菜等他。等到六點半，兒子問，爸爸怎麼還不回來？王峭嶺回答：「你爸一直信譽不好。」等到七點，李和平還沒回來，王峭嶺就決定不再等，和兒子一起吃了晚飯。

這對於她的家庭來說是常事，李和平總有各種事要忙，以至於兒子做了總結：如果爸爸說「馬上回來了」，意思就是兩小時內回來；如果爸爸說「等一會兒就回來」，那就是要等到後半夜；如果爸爸說「你們別等了」，那就是今天見不到爸爸了，爸爸要凌晨三點才會回來。

那天晚上，到了睡覺的點，李和平還沒有回家。王峭嶺並沒有擔心丈夫的安危，那段時間員警正上著崗，有員警跟著能出什麼事？她就自己先去睡了。

第二天早晨，王峭嶺醒來，李和平已經躺在她身邊，那是一個周日，她急急忙忙起床梳洗要去做禮拜。王峭嶺臨出門前，李和平從被窩裡坐起來，對她說：「妳看看我。」她看著他，他臉上有些青紫。王峭嶺問：「怎麼了？」李和平說：「被打了。」王峭嶺有些懵，她無法理解是怎麼回事，看著李和平也不像有多嚴重，她安慰兩句就出了門。

兩人之後再沒有正面談過這件事。

王峭嶺看了李和平發布在網上的聲明，才得知那個深夜他經歷了什麼：下午五點半，李和平就離開了辦公室，熟悉的員警跟在他後面走進了停車場。李和平剛注意到他的車旁邊停著兩輛沒有牌照的車，他就被人從後面戴上黑頭套，塞進無牌車裡。車開了很久，停車後他被押著向下走了一段樓梯，頭套被扯掉，李和平看見自己身處一個黑暗的房間，他推測那是一個地下室。一群陌生男人圍繞他站著，其中一個人發出命令，要求他脫衣服，李和平不肯，那群人就一擁而上，對他一頓亂揍，他的衣服被強行扒掉，只剩下一條內褲。

接下來，那群人拔著李和平的頭髮，搧他的耳光，用腳踹他，用礦泉水瓶砸他的頭。最讓李和平恐怖的一幕是，他們拿出了啪啪直響的電棍。李和平被電棍捅得滿地打滾，那群人就看著他笑。他們告訴他，要嘛帶著老婆孩子滾出北京，要嘛不要再摻合事情。

這個地獄般的過程一直持續到凌晨一點鐘，李和平終於又被戴上黑頭套塞進車裡。車又開了很長一段時間，李和平才被扔下車，他發現自己身處市郊小湯山的樹林裡，就是非典時期胡溫政府動用軍力建專用醫院的那個小湯山。

李和平走了很遠，才找到公路攔到了回家的車。第二天，李和平在朋友的說服下去報了案，做了傷情檢查，他的頭皮一片片的紅腫，身上電擊的痕跡明顯。

這件事緊接著就是「十一國慶」長假，王峭嶺在想，應該帶一家人出去散散心。

她問李和平：「我們去北戴河好不好？」

那是離北京最近的海灘。

李和平沉默著，像沒有聽到。

王峭嶺就開始查酒店，問他：「我們住這個酒店好不好？」

李和平沉默。

「住家庭旅館也不錯呀？」

李和平還是沉默。

王峭嶺只好說：「那算了吧。」李和平終於開口：「還是去吧。」

李和平在北戴河也是長久地沉默。王峭嶺帶著孩子在沙灘上玩，他就面朝大海坐著，眼神裡都是虛空。過了半個小時，他反應過來自己沒有帶手機，馬上要回酒店拿，他要看看網友對自己剛發的聲明有什麼反應。王峭嶺想，你都被打了怎麼還不老老實實的？

但這件事對王峭嶺並非沒有衝擊。事情整整一周之後，她在社區裡遇到自己的片區派出所員警，這人每次找他們談話總是客客氣氣的。但那一刻，王峭嶺突然感覺心臟一陣劇烈地絞痛，胃裡的噁心翻江倒海，她在社區長椅上坐了許久才緩過來。她意識到，丈夫被打給自己帶來的驚恐終於發作，她過去一直那麼相信員警是保護他們的人。

這是王峭嶺和李和平最需要彼此的時刻，但隔膜早已固化，兩個人都獨自在黑暗中承受著痛苦。

———

李和平被帶到小黑屋毆打的當晚，在北京另一個暗無天日的房間裡，高智晟已經被用相似但更極端的方式折磨九天了。他早已失去對時間的感知，警棍電擊每天狂風驟雨般地落下，讓高智晟頻繁地陷入昏迷狀態。在進來第三天的時候，他還在勉強保持對時間的計算，同時他聽到有人一直在呻吟，高智晟嘗試分辨那聲音，卻發現是自己的喉嚨裡發出的，他努力制止自己呻吟，然而徒勞無功。李和平的遭遇，似乎是綁架者們在對付高智晟過程中，順便演繹的小插曲。

在一年之前的二〇〇六年八月，高智晟還沒能等到自己律師事務所的停業處分被解除，就因「煽動顛覆國家政權罪」被逮捕。在等待審訊期間，高智晟得知警方不僅切斷了他的妻子和一雙兒女所有的生活資金，而且他在獄中所作的抵抗，都會對應成為對他家人的折磨——高智晟在獄中絕食，他的家人就被斷水斷炊。

在對家人的不忍與愧疚之中，高智晟選擇了妥協，他寫下悔罪書和不再參與維權的承諾，換得徒刑三年、緩刑五年的判決。這種「認罪換緩刑」的交易，在中國對政治犯的處理中十分常見，如此一來，既達到了消除抗爭者行動力的實際效果，又能避免判處實刑會導致的國際人權壓力。二〇〇六年十二月，他被放出看守所，回到一家人在嚴密軟禁中相依為命的生活。

高智晟的悔罪書一經官方公布，就造成了民間輿論的分裂，有人表示諒解，也有人對比高智晟之前的決絕與高調，認為他言行不一。與此同時，高智晟的退讓並沒有為他一家人換來平靜的生活，他不被允許自行找工作，女兒因升學屢遭阻撓而被迫失學。他與家人不僅從未脫離過全天候監控，每逢各種會議還會被驅離北京，由警方陪同出行，少則一周、多則兩月。民間把這種狀況叫做「被旅遊」，高智晟則稱它為「旅囚」。

為一家四口的生計所迫，高智晟接受了一份由警方引介的私人企業法律顧問工作。負責監控的便裝員警每天陪同他上下班，高智晟工作時他們就在辦公室外的大廳等著。一天高智晟走進公司電梯，門剛關上，電梯裡的兩位女士就開口了：「高律師，我們找你好久了。」

她們是長期在北京的上訪者，即赴京控訴地方行政問題的人，高智晟執業時幫助過許多這樣的人。兩人告訴高智晟，為了能跟他說上話，她們觀察他每天的行程規律已經一段時間，終於發現在電梯裡交談最為可行。她們煞費苦心只為問高智晟一個問題：「有什麼我們可以幫忙的嗎？」

在很難說是由於官方的得勢不饒人，抑或民間質疑帶來的壓力，高智晟很快就決定動用兩位女士的幫助。二〇〇七年九月八日，高智晟的一則聲明出現在海外網站，他在聲明中否認自己有罪，宣布悔罪書中的所有內容都不是他的真實意志，並且曝光了警方對他家人實施的種種傷害。九月二十日，一場聲援高智晟的新聞發布會在美國國會大樓舉辦，會上發表了高智晟致美國國會議員的公開信，他在公開信中呼籲美國就中國人權問題抵制北京奧運會。九月二十一日，高智晟被戴上黑頭套押進了小黑屋。

在這之後，高智晟的生活在被抓、被打、軟禁和被旅遊之中循環。對於外界而言，他形同失蹤，他經歷了什麼，在很長時間裡不為人知。李和平是在這期間跟高智晟通過話的少數人之一，短暫的交談讓李和平覺得他並不自由，像是有人在身邊阻止他多說。李和平猜想，是官方想緩和輿論壓力才讓高智晟跟外界通話的。那個電話在幾天後就再也打不通。然而高智晟那熟悉的聲音在李和平的腦海迴響了許久。

高智晟的家人陪著他飽經磨難，二〇〇九年一月，高智晟終於忍痛做出決定——讓妻子帶著兩個孩子偷渡美國，自己負責引開監控員警的注意力。他的妻子和兒女成功抵達美國並獲得政治庇護之後，高智晟的文章《黑夜、黑頭套、黑幫綁架》才在網路上出現。文章講述著他在二〇〇七年九月二十一日當晚，以及其後被關押的五十餘天裡的遭遇，其中諸如牙籤捅生殖器等酷刑細節過於聳人聽聞，以至於一度有人認為高智晟所寫並非真事，直到後來有其他抗爭者也遭遇類似的高烈度酷刑，他的控訴才逐漸不再有人懷疑。

高智晟斷斷續續的失蹤終結於二〇一一年底，新華社在他的緩刑期行將屆滿時，發出一則英文短訊，稱其因違反規定而被取消緩刑，收押監獄。他的家人在隨後收到一通電話：高智晟在偏遠的新疆沙雅監獄開始了他的三年刑期。

李和平被打的事件，讓王峭嶺得出結論：丈夫是激怒了員警，如果他不接這些得罪人的案子，如果他平時不製造衝突，人家就不會報復他。李和平與王峭嶺的看法正好相反，他在家中對政府罵咧咧，認為共產黨已經在打壓中曝露了本質。王峭嶺越來越無法忍受李和平這種必將帶來危險的觀點。兩人一度鬧到婚姻崩潰的邊緣，但傳統的基督教信仰不支持王峭嶺離婚或記恨自己的丈夫，她只好在無意識中開始遷怒那些把丈夫「帶壞」的律師朋友們。

自從那次李和平深夜未歸是遭到綁架之後，只要他過了晚上十一點還沒回家，王峭嶺就會開始焦慮，如果給他電話卻很久沒接，王峭嶺就不可抑制地會往最壞的事情上想。等到李和平接起電話，她就開始哭，罵他，罵很難聽的髒話。李和平仍然無法理解妻子的心情，覺得自己不過是聊得太晚就在朋友處住下了，反而覺得她小題大做不可理喻。

王峭嶺有一次實在找不到李和平，就給夫妻倆最好的朋友江天勇打電話。江天勇一接電話，王峭嶺就哭了出來，訴說著她的驚慌。而江天勇的第一反應卻是：壞了，電話有監聽，要是員警知道王峭嶺這麼脆弱就完了。他情急之下對王峭嶺吼：「妳至於那麼恐懼嗎？」王峭嶺原本就已經處於歇斯底里的狀態，她當場被江天勇吼得情緒決堤，此後三年都不願跟江天勇說話，也不讓江天勇到家裡來。如果江天勇來找李和平，他們只能站在李和平家樓下說話。

讓王峭嶺與李和平爆發最嚴重一次爭吵的人是高智晟。

那一天，李和平又被「上崗」了，李和平惡作劇似地趁輔警還沒來，拿起門口他們坐的椅子，搭電梯把椅子扔到了樓上十多層。輔警找不到椅子，就來敲王峭嶺的家門，對她說：「嫂子，跟您借把椅子。」王峭嶺無名火起，吼道：「不給！你們上十幾樓找去吧！」

王峭嶺關上門就開始數落李和平的「幼稚園行為」，數落還不足以發洩她的憤懣，王峭嶺喊到：「我鄙視高智晟！你們這些人我都鄙視！」

王峭嶺從來沒見過高智晟，但她想當然地認為這個李和平常常掛在嘴邊的名字能刺激到他。這三個字的確瞬間刺中了李和平內心最深的傷痛，那是二〇〇九年，高智晟行蹤成謎、吉凶難測的日子。但王峭嶺不知道這一層。

「啪」地一聲，王峭嶺被摑了一個耳光，她驚呆了，這是結婚十多年來丈夫第一次動手打自己。

王峭嶺感到壯懷激烈，她盯著李和平氣紅的眼睛：「我就是鄙視高智晟！」

「啪」又是一個重重的耳光。

「我就是鄙視高智晟！」

又一個耳光。

「我鄙視高智晟！」

李和平好像不忍心再打她的臉了，他開始狠狠打她的屁股。

兩個人就這樣，一個人說一句，另一個人打一下，一直打到李和平再沒有力氣。

王峭嶺氣憤地收拾行李，準備去朋友家住。然而，當她拖著行李走過家中的走廊，快要到門口的時候，她聽見一句話：「妳去跟他道歉。」王峭嶺覺得自己是聽到了神的聲音，她停住了腳步。

王峭嶺強行平復著自己怒火，轉換成犧牲者的特有的平靜心情，走回去對李和平說：「神讓我跟你道歉，對不起，我侮辱了你的價值觀。」

李和平悶悶地像沒有反應，王峭嶺就繼續對他說「對不起」，李和平終於看著她的臉說出一句：「我都把妳打腫了。」但沒有道歉，王峭嶺默默在心中選擇了相信他一定是心疼後悔的。

在這件事的第二天，王峭嶺獨自坐在家中，越回想越委屈，眼淚快要流出來的一刻，她又聽到了神的聲音：「我將讓他在人的面前為我做見證。」王峭嶺一瞬間感到寬慰了，她這樣解讀神的旨意：祂將用李和平向世人展現，上帝透過一個女人所能彰顯的榮耀和能力。

在我採訪王峭嶺的二〇一五年，不得不說，她當年聽到的這句話像是一語成讖，李和平後來的遭遇，成就了王峭嶺。

平衡

李和平那幾年在維權運動中的左衝右突，讓他參與創辦的律師事務所終於在二〇〇九年處在了懸崖邊緣，包括李和平、江天勇、李春富在內的七名律師都沒能通過年檢。事務所的其他合夥人在壓力之下做了自保的決定，他們聯合將李和平開除出了合夥人的行列，江天勇的執業資格被註銷，更多該所的維權律師則各散東西。李和平在該所的執業資格雖然得以保留，但由於所方在開具代理手續方面的刁難，李和平實質上失去了直接代理敏感案件的可能。

這次律所中的「政變」對李和平的打擊很大，他難以接受一同篳路藍縷開創事業的夥伴就這樣背棄了自己。他忿忿不平，自己明明做的是對的事，而且他們不也對維權運動表示過支持嗎？

與此同時，幾年維權運動下來，律師們勝少負多，無論陳光誠案、太石村案、法輪功案、高智晟案，他們赴湯蹈火，結局往往仍舊慘烈。這一切都消噬著李和平的銳氣。

在很長一段時間裡，李和平就在家裡無所事事地頹廢著，他不是看看書，就是胡亂地玩玩股票。李和平在炒股上是徹底的外行，他自己不懂得怎麼開設股票帳戶，就催著王峭嶺去開戶，然後拿著她的帳戶進行買賣，用的是他自己在被開除出合夥人時拿到的二十萬人民幣對價。他逐漸在股票市場裡把那點錢賠得所剩無幾，王峭嶺倒是並不在意，只要他不出去做危險的案件，在家裡有點事折騰也好。

在這段寂寥的時間裡，夫妻倆的關係也得以緩和。王峭嶺二〇〇〇年生下孩子後就再沒有固定工作，她用大量的時間在教會裡幫忙。李和平在外面忙碌那幾年，回到家裡也會抱怨王峭嶺一分錢不賺，催促她找份工作。但後來有做保險銷售的朋友想讓李和平動員王峭嶺跟自己去推銷保險，李和平卻對對方說：「你們都以為我在家裡是主心骨，但其實我們家庭和家族所有的擔子都是王峭嶺在擔，所以她樂意做什麼，就隨她。」

當這位朋友把李和平的話又轉述給王峭嶺，她感到欣慰，但並不驚訝，類似的小故事她已經聽得不少。李和平在家中雖然諸多抱怨，甚至對她說：「妳就像條大狼狗，把我身邊所有的朋友都咬走了。」但每當飯局上有人背著王峭嶺抱怨李和平有個虎妻，李和平就會嚴肅起來，不允許別人說她半句不好。這些事都會陸陸續續再傳回王峭嶺的耳朵裡，也使她緩和了怨氣。他們的婚姻裡，有著一種非常中式傳統的含蓄平衡。

二〇一〇年，李和平與王峭嶺的小女兒李佳美出生，她有著跟父親一個模子刻出來的小鼻子、

小眼睛和瓜子臉，李和平非常疼愛她。王峭嶺也鄭重地跟李和平談：「如果你要繼續做危險的案子，那麼出了事就得全家人陪你一起承擔；如果你謹慎一些，我們全家就能一起平平安安過日子。」

李和平聽勸了，到他二〇一三年「重出江湖」的時候，他沒有再直接介入政治敏感案件，而是致力於酷刑調查和民決團制度的推廣。李和平透過承接NGO專案的方式開展這些工作，此類法治相關的項目在中國基本不可能有國內基金會資助，他的項目經費來自歐盟背景的基金會。與大部分在官方話語中薰陶成長的中國人一樣，王峭嶺能直觀地感覺到「境外資金」帶有的危險意味，但李和平明確地給她吃了定心丸：無論是境外資金資助本身，還是他們做的事情，都沒有違法之虞。

李和平為自己的團隊租下辦公室，同時歡迎維權律師們來聊天或出差暫住，李和平把它定位為「律師會所」，憑藉他在圈中的名氣和資深地位，這個會所似快成為律師們的集散地。

李和平這段時間的狀態與過去完全不同，他不再義憤填膺地咒罵官方，而是有條不紊地專注於自己的專案工作。李和平舊日的維權律師朋友們對他的轉變頗不適應，許多人對他的「保守化」不太滿意，其中一個就是他從中學開始的好哥兒們江天勇。

此時江天勇已經被視作「激進派」律師的代表，他與另外兩個律師共同發起了「中國人權律師團」。這個註定不受官方歡迎的律師團總是選擇迎難而上的策略，明知律師紛紛收到警告不能加入，它堅持做公開招募還公布成員名單，沒想到在成立第一年就有超過兩百名律師加入，後來更迅速增加至三百多人，謝燕益也是其中一員。

李和平、高智晟等前期的維權律師，雖然受挫，但確實一定程度上撐開了恐懼之幕，新一代的維權律師如雨後春筍般出現。李和平按照他的預約，在第二百名加入了人權律師團。這個律師團總以長長的律師名單發布聲明、參與連署，一時間風頭無兩。

李和平和江天勇這一對好友，在法治路徑上的分叉口，一個與ＮＧＯ的調研宣導手法相結合，走向了政策制度推動；另一個與知識分子的共識聯盟手法相結合，走向了政治壓力團體的雛形。

李和平並不在意朋友們說他「保守」，他對自己在推廣的民決團制度心馳神往。一次他在外奔波數日後回到家，王峭嶺期待夫妻倆可以溫馨地拉拉家常，李和平卻在臨睡前還想跟她講講民決團是怎麼回事。

民決團也叫做陪審團，李和平對王峭嶺說，「陪審團」是個典型的翻譯錯誤，他滔滔不絕：如果中國能引入陪審團制度，就能在程序上大大推動司法的公正和獨立，同時也能為政府緩衝司法糾紛帶來的社會不穩定因素。

王峭嶺聽著這些，她心裡的反應跟大多數普通的中國人是類似的：政府怎麼可能願意放棄對法院的控制權呢？但中國的許多法律精英，尤其是學院派精英，都有著與李和平類似的憧憬：透過改進程序正義實現法治。這是「通過法治邁向民主」的路徑想像中相當重要的一條支流。

王峭嶺儘管對民決團在中國的前途並不樂觀，但她喜歡眼前這種狀態的李和平，他像回到了剛剛當律師時，對自己的事業洋溢著激情，而且這一次帶著更加具體的制度性思考，她並不想打擾李和平這種既像孩童又像思想家的狀態。何況，結婚這麼多年，他們夫妻倆終於又能在一起聊聊彼此的所思所想，王峭嶺珍惜著這久違的時光。

第三章

公民社會

元年

二〇〇八年五月下旬，四十三歲的寇延丁連日出差後回到山東小城泰安的家中，她讀高中的兒子晚上十點半剛自習回來，她就端上葷素搭配的夜宵，還調好了溫度適中偏燙的洗腳水，再拿出電腦，讓他一邊玩著電腦、燙著腳，一邊吃著夜宵。

寇延丁自從四年前到北京從事ＮＧＯ工作以來，跟兒子聚少離多，她已經離婚多年，兒子在家中都是自己照顧自己。他明年就要高考了，寇延丁之前答應過兒子，他高考前一年她哪也不跑，就在家裡照顧他的起居飲食。山東是中國高考競爭最激烈的地區之一，許多父母都早早圍著孩子團團轉了。

「兒子，地震了，死不少人，好幾萬。」看著他吃得正香，寇延丁終於開口聊起不久前發生的地震。

「大哥，拜託！妳就別操那份心。那是寶哥濤哥的事兒。」十八歲的兒子從小跟媽媽像朋友一樣相處，說話一點不拘謹。「寶哥濤哥」指的是時任總理溫家寶和國家主席胡錦濤。「伺候好兒子才是正事。」他跟好久沒見的媽媽撒嬌，要一個削了皮的蘋果，他其實平時吃蘋果從來不削皮。

「今天在路上碰見個朋友，她開口就問我怎麼沒去汶川。」寇延丁把削好的蘋果遞給兒子，自顧自地繼續說。

「主要是妳活得忒奇葩了，這種事兒直接想到妳。」兒子回應。

「其實我早想清楚了，緊急救援階段我是不會去的。」寇延丁說。

「就是，哥去還差不多，妳那破身子骨兒不夠添亂的，還有各種死人、各種哭，憑妳那破心理素質，不等救人自己就掛了。」兒子跟她說話常自稱「哥」，貧她已經是兩人的溝通習慣了。

「這回那麼多人因震致殘，受災最重的都是農村，農村裡最慘的，是那些受了傷的孩子。他們眼下治療康復，將來融入社會，都是問題。」作為一個殘障者服務機構的負責人，寇延丁執著地到達要說的主題：去救人的民間機構是資源錯配，要靠軍隊和專業救援隊，民間機構該幹別的，比如受傷的孩子……

「打住，又來了。要不說妳智商低呢。那也都該歸濤哥寶哥，是政府該幹的。拿人錢財就得替人消災，老百姓交稅買的就是這貨。」

寇延丁知道兒子說的是「應該」，但不是「現實」，政府不會管這些枝節問題。她明白這樣下去是說服不了兒子的，於是開始講一個故事：還記得咱倆一塊看的那個美國電影裡有個巴頓將軍？有記者採訪巴頓，問他為什麼要去非洲，他說，我可不想當我老到不能動，把孫子抱在膝頭給他講故事，講到第二次世界大戰的時候，孫子問我「當時你在幹什麼呢？」我無話可說，只好把孫子從左邊的大腿移到右邊，然後又從右邊移到左邊。我得這麼回答他「當年，你爺爺我，和狗娘養的邱吉爾還有王八羔子艾森豪一起，在他媽撒哈拉沙漠幹了一票大的！」

故事剛講兩句，寇延丁就後悔了，這個巴頓的故事，她已經是第三次跟兒子講起。每次講完之後，她說的話都一樣：「兒啊，這對我的人生是一個機會，而且，估計這一輩子，這樣的機會，再不會有第二次。」

她上次用這個故事時兒子就數落過她：「每一回，只要妳打算背信棄義，單方面撕毀合同，就會講那個拙劣的巴頓的故事。」

寇延丁的確答應過兒子，他高考那年天塌下來她也不往外跑。但天沒塌，地震了。既然已經開了頭，寇延丁只好硬著頭皮往下講，掙扎著把巴頓的故事講完，她趕緊轉換話題：「水涼了，腳再泡會感冒，要不加點兒熱水？」

兒子把兩腳從盆裡拔出來，直接紮進拖鞋，把寇延丁急忙遞過來的擦腳巾晾在空中，拖著一地的水腳印就往房間走。走到門口，他頭也不回，說了一句話：「實在想去，哥不攔妳。可妳不能一個月都不回來一次。」

寇延丁看著他的背影，一米八幾的大男孩，只有六十公斤重，瘦得讓人心疼。

兩周之後，她就到了四川。

那是「五一二」四川汶川大地震，芮氏震級八點二，震度高達十一度，造成近七萬人死亡，三十七萬人受傷，是中共執政以來破壞力最大的地震，也是唐山大地震後傷亡最慘重的一次。

地震發生時，奧運會還有三個月就要在北京開幕，奧運火炬在巴黎遭遇搶奪的事件剛發生在兩個月之前，中國民眾的社會參與意願和愛國熱情空前高漲。中國主要基金會收到的民眾捐贈超過百億，全國募集的物資超過了一九九六至二〇〇七年的救災捐贈總和。

中國民間組織的能量透過汶川地震首次集中展現。根據官方的不完全統計，奔赴一線的ＮＧＯ

有三百多個，全國幾乎所有的ＮＧＯ都不同程度地參與到救助工作中，介入的志工有三百萬人左右。二〇〇八年後來因此被諸多學者和ＮＧＯ從業者定義為「中國公民社會元年」。

——

這種能量當然不是鴻福天降，像寇延丁這樣的ＮＧＯ工作者，已經為這一刻默默積累了許多年。

寇延丁於二〇〇四年到北京時，背包裡裝的是家鄉殘障藝術家的作品，她希望為自己心目中的這些寶貝找宣傳、找買家。她找了官方背景的中國殘疾人聯合會，找了國家電視台和報紙，找了政府和企業，甚至去了文藝品跳蚤市場，都沒有找到她需要的門路。終於有人建議她，找ＮＧＯ試試？

「什麼是ＮＧＯ？」寇延丁在朋友的指引下走進一條胡同，一間四合院裡面駐守著兩家剛成立的ＮＧＯ：一家做盲人廣播站，一家是做社區矯正和志工服務的。儘管不是十分能滿足她的需求，但寇延丁突然意識到，政府和市場之間，還有一種能把事辦成的方式。這種方式到底怎麼做她不懂，於是她來到國營大書店和路邊書攤，把所有提到「公益」、「民間」和「殘疾」的出版物一網打盡，拖著兩個大箱子回了山東。

寇延丁最終沒能從這兩箱子文字中找到ＮＧＯ的真諦，但這不妨礙她先給自己定個ＮＧＯ頭銜，她決定自己隸屬於「手牽手文化交流中心」，並開始以這個中心的名義找各種官方機構或

NGO合作，儘管這個中心很長時間裡除了她就沒別人，儘管這個中心到二〇〇八年才在泰安正式註冊。

寇延丁同時在想，如何能名正言順地迅速打入NGO圈子？曾給報紙和雜誌投過許多稿件的她想到：寫一本關於NGO的書。

憑著這個寫作計畫，寇延丁得以結識和採訪了許多人。比如「香港樂施會」昆明辦公室的老A，她由此得知，作為最早進入中國的境外基金會之一，樂施會一開始被圈定在唯一開放境外NGO資助的雲南省，九五年世婦會之後才得在全國多地開展工作；比如廣州某機構的老B，他的機構在樂施會的鼓勵下參與二〇〇三年的非典防疫工作，開了民間NGO參與重大公共事件的先河；又比如小A和小B，一個是打工妹、一個是小白領，兩人都透過世婦會後第一批成立的婦女公益組織開啟NGO生涯。

在寇延丁早期結識的這批人中，對她的人生影響最大的當屬梁曉燕。梁曉燕是中國最早成立的NGO「自然之友」的四個創始人之一。當時是一九九三年，中國剛因成功申辦九五世婦會而接納NGO這個概念。

梁曉燕更富傳奇色彩的經歷被定格在《天安門》這部全世界最知名的「八九學潮」紀錄片中，當時她是北京外國語大學的老師，坦克進城的深夜她到廣場上去尋回自己的學生，因而見證了坦克軋死兩個學生的一幕，她透過紀錄片向世界作出了歷史性的證言。梁曉燕在學潮後的清查中不曾隱瞞自己對鎮壓的譴責，她主動宣布脫黨，因而失去教職，從此開始在民間探索自己的道路。

梁曉燕從事ＮＧＯ之後，行事低調，很少接受採訪，儘管我跟她在各種場合聊過許多，但她每次都會在一開頭就提醒我這次交流是私人的，她深知中國ＮＧＯ薄弱的生態經不起官方的狐疑打量。

梁曉燕擔任過許多機構的各種職位，在結識寇延丁時，她是「天下溪教育諮詢中心」的理事，以這個機構的名義定期在北京的咖啡館辦ＮＧＯ分享活動。這幾乎必然會吸引到寇延丁這種如饑似渴的初來乍到者，兩人因此相識。

同一時期，寇延丁正籌畫在國家圖書館辦殘障美術家作品展，她原本想拉中國殘聯做主辦方，對方卻像防賊一樣防著她這個來路不明的民間同行，她又拉婦聯主辦，殘聯卻又似乎爭風吃醋想做唯一的主辦方，一山難容二虎，最後一拍兩散。寇延丁抱著一絲希望求助於梁曉燕，天下溪沒有二話就擔了主辦。

後來寇延丁想出版殘障美術家的畫冊，聯繫到一家天主教背景的德國基金會，該基金會不僅提供了資助，還在寇延丁提交成果時對她說，「非常感謝你們的工作」。寇延丁走出基金會辦公室的門，眼淚就掉了下來，從來沒有一個資助方對她說過「感謝」。

國內同行是雪中送炭的自家人，國外基金會是支持工作的朋友，國內官方機構只要不阻撓就很好了。寇延丁在跌跌撞撞中學會的「ＮＧＯ關係格局」，也是許多中國ＮＧＯ工作者的必修課程。

梁曉燕在二〇〇五年創辦關注公民社會的季刊《民間》，並擔任主編，這本雜誌名義上是中山大學公民社會研究中心的內部刊物，實際上打著出版的擦邊球。寇延丁「寫一本關於ＮＧＯ的書」

的計畫，與《民間》一拍即合，她被梁曉燕納為通訊員，進而得以用《民間》的名義四處採訪。寇延丁後來出版的書也由梁曉燕擔任策劃編輯，兩人逐漸成為終身的諍友。

透過梁曉燕，寇延丁也被天安門事件後逸出體制的自由派知識分子們視作半個「自己人」，雖然她寫的書有時會因為缺乏更縱深的社會政治思考，而被他們調侃為「好人好事故事集」。但她的文字的確補充了關於民間 NGO 的記述空白，提示著在社會最微觀層面的星星之火，因而被定義為瞭解中國公民社會生態的入門著作。

多年以後，審訊寇延丁的員警一再要求她解釋：她作為一個高中畢業的小城下崗女工，如何能跟那麼多中國知名公共知識分子都有所交集？其實寇延丁很早就開始自嘲是一隻「蝙蝠」，既不像獸也不是鳥，既不像完全的草根行動者，也不真正屬於知識精英。

下崗女工

她本來就應該是一個作家。

但她的作家夢，在高中文理分科那一年，被當語文老師的媽媽打斷了：「作家？老舍吳晗趙樹理，哪一個作家能有好下場？」媽媽列舉的三個作家都死於文革，除了第一個是拒辱自殺，後兩個都是被迫害致死。

寇延丁讀高中時，文革已經結束好幾年了。但媽媽心裡的恐懼沒有結束，一如文革時她恐懼地只讓女兒讀《毛澤東選集》，生怕女兒在外面說出一句別的書裡的什麼話，給家庭引來滅頂之災。媽媽無論如何也不允許她念文科，寇延丁於是用高考落榜報復了媽媽的專橫。

那一年寇延丁十七歲，選擇去當兵，她長得高大，雖然略顯清瘦，但有著山東人典型的健壯身軀和爽朗臉龐，心則是一顆文藝敏感的心。在寂寞軍營裡，青春少艾的女兵憑著對愛情的期待和想像，在日記簿裡寫下一首首浪漫憂傷的詩篇。

三年後退伍，寇延丁被發配回到父親所在的泰安市畜牧局，成了機關裡的小小打字員。這一年她二十歲，依然青春少艾，卻發現自己的生活已經進入了無限迴圈，領導每隔一段時間就會交給她一份報告，她的任務是用打字機將鉛字打上蠟紙，然後油印，寄給永遠相同的上級部門。領導的報告遣詞造句也永遠相同，她曾經多印二十份備用，後來卻發現這個方法行不通，因為報告裡的產量數字永遠在悄悄地小小地增長。

在人心思變的九〇年代，辭職經商之風還沒能從南方沿海刮進寇延丁所在的北方小城，她能嘗試的改變只是從政府機關申請調職到下屬的國有企業，也就是申請去養雞場當會計，不顧小城裡信仰鐵飯碗的同事們多少次勸她：「死也要死在機關裡」。

寇延丁沒想到的是，自己沒能跟上時代的改變。一九九六年，她發現自己的直屬領導在帳目中造假貪汙，她興奮自得——別人都沒發現卻被我發現了，保護國有資產免於流失大功一件。寇延丁想也沒想就向上級機關舉報了此事，她不知道的是，九〇年代的腐敗已經從八〇年代的遮遮掩掩變成了公開的潛規則，甚至被默許為市場化改革的潤滑劑。像她這樣打破默契的人是不會有好下場的。很快，她因「工作表現不好」被「下崗」了。

「下崗」在那個年代是一個相當流行的中國特色詞彙，現在的說法中最相近的應該是「休無薪假」，但這個無薪假特指在國有企業的市場化改革中，原本擁有「鐵飯碗」的國企職工一休就不會結束的無薪假。

中國政府在「改革開放」後的很長時間裡，依然喜歡用「五年計畫」這種富有計畫經濟色彩的方式設置自己的經濟主題和目標，一九五三年開始、一九五七年結束的「第一個五年計畫」就製造了著名的中國「大躍進」。到了國企改革最雷厲風行的「第九個五年計畫」，也就是一九九六年到二〇〇一年間，為了讓國有經濟甩掉曾經的共產主義承諾所造成的負擔，全國的公有制企業職工被「下崗」了超過四千八百萬人，比當時的韓國總人口還多，「九五計畫」的操盤手、時任總理朱鎔基因此獲得了「經濟沙皇」的綽號。

龐大的實質失業人口，一度成為中國政策研究者公認的社會穩定隱患，在二〇〇二年大慶油田下崗工人爆發大規模遊行後，《洛杉磯時報》記者用「定時炸彈」來比喻中國的失業問題。但與此同時，中國市場化改革帶來大量的非正式就業空間，比如計程車司機、保安、小攤販甚至低價性工作者，製造了寬闊的緩衝地帶，如今十幾年過去，當年的下崗工人大多已過退休年齡，能開始領退休金了，定時炸彈並沒有爆炸。

但寇延丁本來不應成為下崗大軍中的一員，國企改革的重災區是東北重工業基地和資源壟斷型企業中的低技術工人，年齡介於四十到五十歲之間，而不是像她這樣才剛到三十歲，已經透過自學考試獲得大專文憑的員工。她本來屬於國企改革最有可能變成分一杯羹的那類管理者，但似乎要在「改革開放」後的體制內安身立命，能夠看懂並遵守潛規則，是比年紀和學歷更關鍵的競爭力。

在下崗後的半年裡，寇延丁在憋屈中猶豫著，她應該去向領導認錯道歉，祈求重回體制懷抱，還是走向她人生中從未觸碰過的那個體制外的世界？同一時期，寇延丁苦心經營八年的婚姻也告破碎。失業失婚，人生的兩大支柱瞬間坍塌，她奮力挽救著自己的心智不要在雙重衝擊下崩潰。

這時，父親敲開了她的家門，進行兩人第一次、也是唯一一次的父女談話。

父親跟她講了這樣一個故事：中共建政伊始，百廢待興，二十歲的他作為濟南師範專業學校最優秀的學生被招入濟南市共青團委員會，這看起來是一條通向高級幹部職位的康莊大道。一年後，他的老校長去團委辦事，卻在傳達室，也就是收發信件的接待處，見到了愛徒，於是問他做傳達多久了？這位年青才俊回答，一直在這裡，並且再三強調自己沒有任何不滿情緒。老校長辦完了自己的事，臨走時對團委書記提了一句，愛徒似乎不是當領導的料，能否帶回去專心做學問？老校長好意的一句話，把年輕的他捲成了鋪天蓋地的大批判的核心：革命工作有沒有高低貴賤，論大學生做傳達的該與不該……

父親語重心長，寇延丁卻覺得自己在付出此生最大的克制和耐心，那天父親的最後一段話，每一個字都像粗鹽粒一樣擊在她已經飽受折磨的心上：「親爸爸不會害妳。我知道在這事上妳一點兒都沒有錯，但妳必須真心實意向組織承認錯誤，好好表現爭取諒解。妳的人生還長，孩子還小，一輩子還要生活。」

寇延丁晃神了，她覺得父親解開了一個她一直以來的謎團：父親身體極好，唯一有嚴重的腰椎間盤突出，是早年修水庫時他大冬天扛著麻袋跳進冰水落下的病根，為什麼他要做這樣瘋狂的事呢？談話中父親一字都沒有提及此事，但寇延丁覺得自己找到了答案：表白的需要，這一個從來沒有機會在組織面前好好做的謙卑表白，他要用一生來表白，要在退休六年後依然向自己的女兒表白。

父親走後，寇延丁第一次在心裡默默發誓：我不能讓自己活在這樣的恐懼之中，我寧死也不要把這樣的恐懼傳給我的孩子。這一年，她兒子六歲。

寇延丁接受了下崗的現實，接下來的問題是，她一個人帶著孩子要靠什麼謀生。

北方小城裡，誰跟誰好像都沾親帶故，住在一片的人都在同一個體制內單位上班，熟人社會裡最忌諱的就是「與眾不同」，寇延丁跟她的同輩人一樣在這個規則裡生活了三十多年，但一個被生活逼到絕境的母親管不了這麼多，她做一切可能的事。

寇延丁懵懵懂懂地做時裝設計參加比賽，到電視台問有沒有節目需要臨時的編導，她拾起年少時心愛的文字，只是這次她在成為作家之前，要靠投稿給兒子掙到伙食費。被生活的壓力和鄰居的目光壓得喘不過氣的時候，她就寫日記，寫下來，然後忘記。寫日記是她讓自己活下來的方式，從當兵時開始就沒有斷過。她給自己的每個日記本都編上號，進入震後的四川時，她的日記本編到一四七號，離開四川時已經超過二百號。

接下來的事大概是「天無絕人之路」的最佳詮釋，她的服裝設計在比賽中獲得三等獎，她製作的電視片被中央電視台播放，她投稿的散文在數一數二的期刊《人民文學》獲優秀獎。一年下來，寇延丁算一算她零零散散的收入，竟然比自己過去的同事還要高一點。

做自由職業者的壓力是手不能停，手停、錢糧也會停。拍電視片和寫文章都需要不斷找題材，寇延丁沒辦法離開年幼的兒子去浪跡天涯，只能從自己身邊找故事。她想起了一九九三年自己到養雞場工作的第一天，給她留下最深印象的並不是工作環境的變化，而是一個女同事。這個沒有對她說一句話的女同事長得太漂亮了，細眉明眸與當時大紅大紫的女星劉曉慶有幾分相像。寇延丁忍不住盯著她看，但對方微笑著保持沉默。另一個同事插話解決了尷尬：「她是個小啞巴。」寇延丁受到震撼，這是她在生活中注意到的第一個殘障者。

根據二〇〇六年的全國性抽樣調查，中國的殘障人口有八千三百多萬，遍及七千多萬個家庭，二點六億人口。但在中國社會中，殘障者跟其他弱勢群體一樣，一般是隱身的，不管在城市還是鄉村，公共場所裡基本看不見殘障者，以至於許多早期到歐美旅遊的中國人會將「外國的殘疾人真多」

作為中外差異介紹給自己的朋友。

寇延丁在注意到這個不說話的女同事之後，才想起自己的身邊並不是第一次出現殘障者，她的前同事有個患腦癱的兒子，如果這跟她關係較遠的話，她的父親還有個盲人弟弟，這個弟弟娶了有智力障礙的妻子，她父親一家兄弟姐妹都要分擔照顧這個小叔的責任。

中國大多數的殘障者都跟寇延丁的小叔一樣，基本只生活在自己的家中。中國的公共生活對殘障者向來不友好，直到二〇〇八年奧運前夕，全國各地才開始在人行道上鋪設盲道，由於市政施工者的不專業和形式主義，那段時間經常有網友拍攝盲道直接撞上牆或掉進坑的搞笑圖片在網上傳播。

為了瞭解殘障者的生活，寇延丁順著自己的女同事開始瞭解她的家庭。原來女同事並不是啞巴，她只是因失聰而難以發音，她的弟弟也跟她一樣，他們如果接受適當的訓練是可以說話的。女同事的弟弟不僅是出色的運動員和廚師，還對刻瓷藝術掌握精湛。寇延丁把對女同事一家的採訪寫成文章，發表在期刊《中國殘疾人》上。

寇延丁不久後又注意到另一位山東殘障藝術家田曉明，這位藝術家製作的剪紙長度打破了金氏世界紀錄，寇延丁想到她的作品只要稍加宣傳，說不定能賣一、兩百萬元。田曉明對寇延丁的想法給予了半調侃半鼓勵的回應：「如果妳能把我的作品賣出那麼多錢，我只要其中十幾萬買一套房，其他都歸妳了。」寇延丁將計就計順著往下說：「那我們可以用剩下的錢成立一個基金，幫助其他的殘障美術家推廣作品。」這就成了後來「手牽手」的機構藍圖。

這類美好的暢想往往在很多人生命中都會出現不止一次，但很少真正被付諸實行，對寇延丁也是如此。她本來很可能一邊照顧孩子、一邊寫寫稿子就熬到退休，偏偏體制不願意成全她平順的後半生，二〇〇四年她遭遇了國有企業的進一步改革，她的下崗方式「留職停薪」不允許再在國企內部存在，如果她不重回崗位就必須辭職。寇延丁也想過不管什麼自尊，為了孩子的穩定生活回去上班，但她嘗試後才發現這個國有養雞場根本不打算讓她回去。

就像中國經濟市場化進程中的許多底層者一樣，寇延丁被體制徹底拋棄，只好到社會上去闖蕩一把，這才有了她二〇〇四年背著一包殘障美術家作品到北京去找門路的一幕。

中國強勢的國家機器，曾經用盡一切方式將社會控制到最底端，此刻卻為了市場化必需的效率和自由，不得不放鬆自己的末梢神經。原本標準化的人像工業揚塵一樣，被國家機器排放到自由的空間裡，演繹成各種各樣的社會角色，無論國家對最後的成品喜歡或是不喜歡。

NGO裂變

寇延丁把自己演繹成了一個NGO工作者。儘管在此前的近四十年人生裡，她聽都沒有聽說過這個詞，但她把自己劃進這個分類的原因，與其他更早受到NGO這個概念吸引的人是一致的：想做政府和企業都不會做的事。

這個願望是如此模糊，以致人們想要透過NGO實現的事業，以及實現事業的手法，都千差萬別。總體而言，寇延丁是帶著一個非常直接的目的——「推廣殘障美術家作品」進入NGO領域的，至於NGO背後的公民社會理念，以及公民社會理念背後的民主政治傾向，她很大程度上是之後習得的。而寇延丁的好友梁曉燕，則明顯在探索中國NGO道路的最初，已經具有民主化的政治立場和社會想像，她從事不同類型的NGO都是在為實現自己理想中的社會而努力。

在寇延丁加入到中國NGO事業中時，民間最炙手可熱的NGO負責人是許志永。這個憑藉孫志剛事件「三博士上書」成名的北京大學法學博士，此時已經當選北京市海淀區人大代表，同時是北京郵電大學的講師。他常被人們作為「胡溫新政」將接納民間改革聲音的論據。

在導致孫志剛死亡的「收容遣送制度」被廢除後，許志永與「三博士上書」中的另外兩博士滕彪和俞江，一同創立了「陽光憲道社會科學研究中心」。當時NGO要受官方認可需要掛靠官方主管單位並透過民政部門註冊，「陽光憲道」和許多難以邁過這種門檻的NGO一樣，選擇透過公司註冊以獲得自己的法人地位。大量非營利組織註冊為企業，這也可以說是中國NGO領域的一大特色。

陽光憲道的主旨從一開始就定為「公民參與社會改良」，這個政治願景明確的宏大主旨，招徠了同樣對公共參與懷有抱負的年輕人，當時在讀北大經濟學碩士的郭玉閃和李英強就是其中兩個。

陽光憲道成立後介入的第一個議題是二〇〇三年底的基層人大代表選舉。「人大代表」即中國各級別「人民代表大會」的代表委員，人民代表大會經常被簡稱「人大」，是憲法規定的各行政級別的最高權力機關和立法部門。然而中國政策的實際決策權長期由平行於各級政府的黨務委員會把持，因此人大經常被諷刺為「橡皮圖章」，而且人大一年只開會兩周，其餘時間立法工作由人大常務委員會主持，該委員會的成員一般與政府負責人高度重合。儘管如此，由於法律規定最基層的縣鄉級人大代表要由民眾普選產生，基層人大選舉一直被民間視作一個可爭取的政治參與入口。

許志永就是在二〇〇三年的基層選舉中第一次當選人大代表，但陽光憲道的工作與他的個人競選關係不大。在青年學生郭玉閃的主導下，陽光憲道在北京大學內部發起對大學生選舉知識的調查，邀請學者進行關於選舉制度的研討會，並發出改善選舉制度的建議信。這一系列調查、研討、呼籲的工作，在中國NGO領域通常被統稱為「政策宣導」，後來成為郭玉閃NGO工作手法的底色。陽光憲道的內部格局也從此奠定：許志永是機構的外聯代表，往往也是機構工作方向的制定者，而郭玉閃則是機構內部具體工作協調的核心人物。

接下來兩年，郭玉閃和許志永配合默契，大小公共事件陽光憲道幾乎無一不與：被普遍認為是孫志剛事件秋後算帳的南方都市報案，與土地利益有關的北京動物園搬遷事件，北大BBS「一塔湖圖」被關閉事件，上訪者被非法拘禁黑監獄事件等等。

無法忽視的活躍度難免招致打壓，陽光憲道的公司註冊在二〇〇五年三月被工商部門撤銷，對於正在興頭上的許志永和郭玉閃，機構被註銷算不上什麼重要打擊，他們緊接著與其他法律工作者一同創立了新機構「公盟」。

新機構帶來新氣象，如果說陽光憲道時期機構的工作還是以政策宣導為主，公盟成立的時期，正是中國的維權運動成型並快速發展的時期，公盟作為法律ＮＧＯ，很順當地承擔起整合各方面資源的平台角色，不少維權律師漸漸聚集在公盟平台討論案件，機構的「運動」色彩越來越重。

二〇〇五年底《亞洲周刊》將維權律師群體評選為年度風雲人物時，十四名律師在列，張星水、滕彪、許志永均為公盟創始人，浦志強為公盟理事，陳光誠為公盟支援對象，公盟在維權運動中的核心位置可見一斑。

在公盟越來越運動化的同時，郭玉閃保持著另一種願望，他希望更具體、專業地討論政策和制度問題，而不是周而復始地介入各種案件。二〇〇七年，他與李英強一同創立「傳知行社會經濟研究中心」，機構定位是「智庫」，招募有志於做獨立研究的年輕人，對稅收制度、計程車管制、社會轉型、三峽工程等或大或小的議題作出調研報告，並在研究的基礎上舉辦相關研討會，可以說從事的是政策宣導工作。

至於研究品質如何，傳知行的研究員們坦率地說，他們的專業水準不見得比得上公立大學裡的一流研究者，但貴在一種獨立的視角。

除了研究，傳知行也想兼顧青年培養的工作，他們協助高校社團開辦自由主義傾向的講座，邀請許多不受體制歡迎的學者主講，並將講座內容整理成冊，私下印刷並免費發放。

傳知行在工作中時不時嘗試用去政治化的方式去觸碰政治的底線，他們組織的小規模半公開講座，有一次的內容是邀請劉曉波來主講悲劇文學。劉曉波不能在國內公開發言，這是官方和民間心照不宣的政治規則，傳知行希望透過一個與政治毫不相干的題目，幫助劉曉波突破在民間活動的禁忌。但這個良苦用心並沒能換得官方睜一隻眼閉一隻眼的待遇，劉曉波在講座當天被國保攔截在自家樓下，講座被迫取消。

然而對郭玉閃的搭檔李英強來說，傳知行的工作還是讓他感到太「虛」了。許多年後，李英強接受我的採訪時反問：「即便研究出政策出了什麼問題又如何？玉閃每一年的計程車制度報告都談壟斷，但有什麼用？人人都知道問題是政府壟斷牌照，但它不改變，你有什麼辦法？」他從桌面上拿起了自己的手機，舉在胸前，手機隨著他的強調語氣伸出來又收回去：「有時問題的解決仰賴於技術的突破，比如現在有了 Uber，計程車壟斷瞬間被打破，我每次出門都專門叫 Uber，就不坐計程車。」他在「就」字上狠狠加重了語氣。

在與學長郭玉閃共同創立傳知行後不久，李英強決定轉向中國鄉村，去做改善青少年基礎教育的工作。他與村鎮中小學合作，在空教室裡開設圖書室，希望為教育資源匱乏地區的青少年挑選和傳遞更優質的讀物，也組織相應的課外活動。他把機構命名為「立人鄉村圖書館」。

郭玉閃對好兄弟的離開感到受傷，但依然決定支持李英強，李英強在自己的家鄉湖北蘄春縣青石鎮開始的第一家圖書館，就是傳知行資助成立的，被命名為「傳知行立人圖書館」。李英強原本在傳知行領的一份微薄工資，一直沒有被停掉。

在鄉村工作四年後，二〇一一年，李英強將自己的教育理念擴展到城市大學生，他開設了新業務「立人大學」，事實上是面向大學生的冬令營和夏令營，師資仍然是不太受體制待見的學者，但著重加入了大學生們互動交流的元素。李英強的目標是促使有自由傾向的大學生形成一個社群。無論是立人圖書館還是立人大學，李英強的機構總體而言從事的是意識提升工作。

公盟、傳知行、立人，這三個機構雖然實際工作內容差異頗大，但由於它們的創始者在多年社會參與中的政治立場不可謂不鮮明，機構工作都也體現著他們對轉型路徑的想像，因而三個機構都長期被視作中國公民社會的重要樣本，媒體報導和知識分子討論不絕。

同一時期影響力較大的NGO還有萬延海創立的愛知行。愛知行在工作手法上是宣導和運動的混合，它既會持續發出關於中國愛滋病的調查報告，孜孜不倦地對政府部門提出倡議，也會協助愛滋病感染者們集體上訪索賠，並聯繫外媒報導製造國際壓力。

但愛知行遠不如公盟等機構受媒體和知識分子矚目，原因可能在於它是專門議題機構，雖然它除了愛滋病也關注其他疾病歧視議題，但不傾向於介入社會上的熱點公共事件。主事者萬延海也很少發表自己對一般性政治議題的看法，不像許志永、郭玉閃等人帶有顯著的公共知識分子色彩。

另一個重要的專門議題機構是「益仁平」，它一開始主要關注B肝歧視議題，後來擴展到性別、殘障、戶籍等各種歧視議題。創始人陸軍是透過與愛知行合作而進入NGO領域的，他成立了自己的機構後，工作手法與愛知行拉開了一定距離。如果說愛知行更側重於運動，益仁平則基本立足於宣導，反覆使用反歧視訴訟和寄連署建議信的方式引起國內媒體的關注。陸軍奉行「高調做事，低調做機構」的原則，即使益仁平推動的訴訟和宣導累計獲得國內媒體報導一千多次，但絕大多數報導都只凸顯來自受歧視社群的當事人，不會提及背後還有NGO的支持。

比益仁平還要低調的是陸軍本人，他合作的維權律師頗多，但律師們在討論熱門案件時他基本不參與，他解釋說自己不懂反歧視領域以外的事，聽聽就好。

—

在中國NGO圈子內部，人們經常用「溫和」或是「激進」來談論不同NGO的屬性，一般來說，「激進」意味著危險，「溫和」則象徵安全。但這種話語經常讓人感到困惑，比如李英強的立人機構從工作內容看來是非常溫和的，但NGO圈子內部還是把它視作比益仁平更危險的機構。在我採訪了NGO群體好幾年、自己也到NGO工作過之後，我才發現圈內人心照不宣的衡量一個NGO是否危險的準繩，其實是它與政權的對抗程度，而對抗程度又需要從兩個維度來理解，一個是政治理念，一個是工作手法。

在工作手法方面，這五個機構的對抗強度由強到弱應該是：公盟、愛知行、益仁平、傳知行、立人；在政治理念上，順序則變成了：公盟、傳知行、立人、愛知行、益仁平，因為愛知行和益仁平作為專門議題機構只是表現出對具體政策的不同意，而另外三個機構與當局則有著意識形態上的分立。兩相綜合，立人的風險被認為比起益仁平不相上下、甚至更大，就不難理解了。

至於寇延丁，她個人雖然因書寫公民社會紀實而帶上了一點自由派立場的色彩，但她主持的殘障美術推廣NGO，不僅在工作中儘量與官方部門達成合作，在理念上也謹守自己的議題，避免直接批評官方，而且將自己的工作描述為對官方政策的善意補充。

像寇延丁的「手牽手」這類機構是中國NGO的主流，它們為保障工作的可持續性而選擇完全地「去對抗性」。這類NGO常自稱為「服務型NGO」，以示自己與公盟、益仁平、立人等「權利型NGO」或稱「宣導型NGO」相區別，即便公盟等NGO其實也是在為相應群體提供服務。

對中國民間來說，NGO這個概念是舶來品，中國NGO最早的一批資金也來自境外的基金會，因此選擇用NGO承載自己事業的中國行動者，一直都存在與國外專業化NGO標準的對接問題。

郭玉閃與李英強從大學本科開始就是師兄弟，郭玉閃剛考上北大碩士的那年夏天，李英強去北京找他玩，二十四歲的郭玉閃就對比他小兩歲的李英強說，想要在北京弄個平台，把兄弟們都找到一起來。

郭玉閃對這個平台的想像是「竹林七賢」式的。當時從北大西門往外走一點，有一個小院子，本來是個酒吧，倒閉了，郭玉閃一度想把它盤下來，或許再開個酒吧，又或許不開，他想像著一群兄弟以它為根據地，一起住，一起做點事情，至於具體做什麼，倒不是很重要。

六年之後，郭玉閃對兄弟平台的執念沒有變成酒吧，而變成了傳知行：一群兄弟——傳知行在成立七年後才有第一個正式的女助理研究員——誰想要在這個平台上研究點什麼，就研究點什麼。李英強想要研究稅收，就研究稅收；另一個人想要拍紀錄片，就拍紀錄片；還有一個人對農村醫療感興趣，就研究農村醫療。

郭玉閃的任務是給各個人想做的事找錢。他一開始就對境內基金會不抱希望，因而把目標放在境外的資助。他首先在大大小小的基金會英文網站上找資料，瞭解各種基金會的資助方向，如果覺得對方可能會對傳知行的研究感興趣，他就給對方寫郵件，偶爾能獲得一些見面機會，在見面時他就要使出三寸不爛之舌，用傳知行的理念打動對方。

郭玉閃不會開車，他的妻子潘海霞在好幾年裡負責用小破QQ車載著他，在堵塞嚴重的北京城裡四處去跟專案方見面。那個過程漫長而艱難，大多數有中國專案的境外基金會更傾向於資助行動類的專案，像公盟和益仁平那種。

在李英強看來，郭玉閃做的這些事，他是做不來的。他說，在中國做NGO需要的就是人員工資，其他的場地費、差旅住宿費等都可以想別的辦法壓縮。他認為理想的方式是，資助者願意相信他這個人，認同他要做的事，然後給一筆錢，讓他用這筆錢生活並把事情做了，就算有了交代。

然而國外基金會的資助方式正好相反，事務性開支更容易通過審批，而人員往往只有微薄的勞動補貼。郭玉閃的挑戰則在於，要按基金會的邏輯設計專案，把資助拿到，再想辦法調配專案裡的各種費用，使得不論有或沒有專案資助的工作人員都有基本一致的工資。

在資助方的專案制與自己想像的兄弟平台之間，郭玉閃持續充當著轉換器，年復一年，他忍受枯燥，也一定程度上犧牲著自己對研究的熱情和理想。「我原本想要做個學者。」郭玉閃經常對朋友這樣說，李英強則喜歡戳穿他，「玉閃是個天生的組織者，雖然他總是以為自己該做個學者，或者專心低調地做點什麼事。」

與傳知行的文人色彩濃重、因人設事不同，陸軍從創辦益仁平伊始，就認為機構是為專案服務的，專案是為議題服務的，而議題是為社群服務的。這顯然更符合國際基金會的期待。

陸軍對機構工作手法的選擇非常實用主義，他注重表現行動的建設性，著力於獲得主流媒體的報導。對於負面新聞無法報導、正面新聞總是告缺的體制內都市媒體，益仁平提供的諸如「B肝人學生找工作」、「律師學者寄建議信」等非敏感話題，一度頗受歡迎，也確實推進了不少地方政策法規的細節修改和進步。

益仁平的工作風生水起，項目範圍不久就擴展到六、七種反歧視議題。在機構內部，每一個議題設有相對獨立的工作組，其上有機構的理事會和一些功能性委員會，比如在機構內發生一次性騷擾投訴後就成立了「反性騷擾委員會」。

陸軍還有意識地不要一家獨大，這其中既有中國不允許民間組織跨地區運作的硬性原因，也是安全的需要，還有方便管理和多元化的專業性考量。在益仁平成立兩年後，多個機構員工、志工和合作者，在益仁平的支持下，開始在不同城市創立工作方法類似的反歧視機構，一般情況下獨立管理和發展，但與益仁平保持一定的聯動。

這些機構組成它們工作人員口中的「大益仁平共同體」，共同體全盛時期約有百名參與者。能做到益仁平這種規模的非官方NGO在中國恐怕絕無僅有，民間NGO員工超過十人的比例都很低，小規模NGO的負責人往往也不會感到有設置專業管理結構的必要。

夢想美麗

在胡溫政府執政的頭幾年，中國不同類型的NGO工作者之間的分野並不明顯，他們並不介意參與到同一個行動當中。

二〇〇五年夏天，盲人維權者陳光誠為阻止山東臨沂官方的暴力強制絕育行為，來到北京尋求公盟的幫助，郭玉閃和滕彪隨即赴臨沂調查和提供法律援助，李和平、江天勇等律師也趕往當地協助受害者提起法律訴訟。

陳光誠的北京求援成功讓臨沂的強制絕育事件引發了國內網路和國外媒體的關注，他本人卻很快遭到了地方當局的報復。當年九月，陳光誠從北京被山東警方跨省抓走，隨後長期被軟禁在臨沂東師古村的家中。

許志永因此前往東師古村「闖關」探望陳光誠，希望引起外界對陳光誠遭遇的關注，他沒能成功見到陳光誠，卻遭到了看守者的集體毆打，之後更被山東警方開車送回北京。許志永的歷險記引發網路譁然，更多網友開始前仆後繼前往東師古村「挨打」。

當時四十八歲的梁曉燕身兼多個服務型 NGO 的職位，她看到網友奔赴東師古村的消息也動了心。她在跟寇延丁聊天時提起自己打算去看陳光誠，寇延丁立刻就說想一起去，一方面她對殘障人的事情自然關心，另一方面她提出自己是山東人，講著方言走進村不容易讓人起疑。梁曉燕稍稍考慮一下就同意了。

寇延丁和梁曉燕乘坐夕發朝至的火車奔赴臨沂，那天清晨，火車還沒有到達，兩人就早早起身了，她們在緊張著，不知道幾個小時後會是怎樣的情形。兩人還沒進到村莊，路上遇到的村民就告訴她們，進村的幾個路口已全都有當地幹部把守，她們只好按村民的指引走田間小路進村。不久後，她們又接到村民的電話說那條路也被堵死，只得再換一條路。兩人兜兜轉轉來到一戶農家，幾個村民圍著她們訴說陳光誠的苦況，說他期盼著聲援者的到來。

在座有陳光誠的親戚，提起當天正好是陳光誠女兒出生百日。寇延丁沉默了一下，摸出自己早年離家時母親向當地信仰的泰山老母求來的護身符，交給陳光誠的親戚，請他帶給陳光誠，縫到女兒襁褓中祈求平安。所有村民都站起來向寇延丁連聲道謝，在當地，祈求泰山老母的庇佑，是非常重要的風俗。

陳光誠的親戚先行離開，梁曉燕和寇延丁稍作停留又按照村民的指點上路。終於看到陳光誠家的院子時，她們同時看見大約二十個男人散坐在院門前。男人們看到這兩個年紀不小的女人靠近，愣了一陣沒有馬上阻擋，當她們快要走到院子時，男人們才圍了上來。他們張開手臂把她們往後推，兩方拉扯起來。

這時，陳光誠聽到動靜衝出了家門，一群人就當著寇延丁和梁曉燕的面將陳光誠團團圍住，拳打腳踢。寇延丁和梁曉燕大喊：「不許動手！」梁曉燕對阻擋的男人們說：「我們不見陳光誠，你們讓他妻子抱著孩子來，讓我們看一眼，我們馬上就走。」恰在此時，陳光誠的妻子抱著孩子也出了院門，卻被攔在寇延丁和梁曉燕面前，孩子的母親聲嘶力竭叫喊起來，另一邊陳光誠已經蜷在地上還在挨打。

混亂當中，陳光誠的弟媳婦從他妻子的手中接過孩子，朝寇延丁和梁曉燕跑來。在大人們此起彼伏的推搡和叫喊聲中，那個小小的嬰兒沒有哭，睜著亮亮的眼睛看著兩位素未謀面的阿姨。寇延丁低頭親吻孩子，看到那個泰山老母的護身符已經縫在了孩子的衣服上，她的眼淚一下子就湧了出來。

寇延丁和梁曉燕決定離開，在她們轉身一刻，陳光誠仍蜷在地上，毆打還在繼續。兩人被驅趕著往村口走，看見迎面來了輛廂型車，裡面坐著四個女人。梁曉燕明白過來，因為她們是女人，男人們剛剛已經是客氣的，緊急調了女人來對付她們。兩人當作沒看見，繼續快步向外走，總算平安離開。

寇延丁和梁曉燕是那段時間唯一成功見到了陳光誠的聲援者。不久之後的二〇〇六年三月十一日，陳光誠從家中被臨沂警方帶走；三個月後，他的家人收到陳光誠的刑事拘留通知書；八月，陳光誠被判處有期徒刑四年三個月。

當時李英強在主辦校園雜誌《大風》，持續報導著臨沂和陳光誠事件的發展，寇延丁與梁曉燕探訪陳光誠的故事就登載在《大風》上。到二〇一〇年李英強和寇延丁偶然在北京的咖啡館第一次碰面，兩個人都感歎著：「久仰，久仰。」

然而，當環境的壓力增大，不同類型的NGO工作者之間原本密切交融的關係，也會悄然改變。

五一二汶川地震之後，寇延丁來到四川。她的機構剛剛成功註冊，從「手牽手」改叫山東「泰安愛藝文化發展中心」，她知道自己的團隊勢單力薄，只能做小而精的工作。寇延丁放棄了災情最嚴重的汶川和北川兩縣，它們離省會成都市較近，而且已經備受矚目，她選擇紮根四川最北部的貧困縣、第三重災區青川。

寇延丁第一步要做的是採集受傷孩子的資料。許多孩子們的家住在青川山區，偏遠又分散，她和團隊成員只能徒步進山探訪。運氣好的時候，一天能完成一個孩子的一次家訪，有的時候則需要兩天往返。青川多雨，路況又差，一年中能夠家訪的日子只有一半。她們對一個孩子至少需要做兩次家訪，平均投入四天。寇延丁團隊這樣陸續採集到超過四百個因震致殘的孩子的資料。

即使採集到資訊，要能留在青川開展工作一點都不容易。這裡位處三省交界，有十個少數民族混居，地方政府對NGO的「政治可靠性」充滿疑慮，攔過億救災資源的非官方基金會都被拒之門外。雪上加霜的是，寇延丁做的因震受傷孩子援助工作，沙及五一二地震中的頭號敏感問題——豆腐渣工程校舍倒塌。

地震發生時正是學校的上課時間，但這不足以解釋中小學生的嚴重死傷情況——在震中的汶川北川之外，有近七千所學校倒塌——許多家長在第一時間趕到學校，只看到校舍已成瓦礫，斷裂的牆體裡本該是鋼筋，他們看見的卻是四川盛產的竹子。家長們很難不想到是施工中的貪汙導致了校舍頃刻坍塌，哪怕晚幾分鐘，自己的孩子都有可能倖免於難。悲痛無處發洩的家長們，在廢墟般的城市裡遊行，抗議校舍的豆腐渣工程。現場員警卻放話說，法院不會受理他們的訴訟請求。

四川當地的異議人士黃琦因為協助遇難學生的家長抗爭，以及在網路上撰文揭露校舍豆腐渣工程，很快地遭到警方逮捕。媒體記者多次追問官方倒塌校舍和遇難學生資料也徒勞無功。知名藝術家、博客作者艾未未的工作室決定啟動遇難學生名單的網路收集活動，但他的工作室志工隨即發現，網路上只能找到家長們自發上傳的零星資訊，打電話給四川各相關部門查詢則無一例外地遭到拒絕。

四川作家譚作人到倒塌學校實地調查後，發出了民間啟動調查的倡議。艾未未也發起「公民調查」活動，招募志工親赴災區，直接從家長處獲取遇難學生的資訊。公民調查活動前後共派出四批志工，收集到五千一百九十四名遇難學生的個人資訊。

一系列的民間行動挑動了官方的敏感神經，四川各地區政府像逮小偷一樣不斷抓捕艾未未的志工，沒收他們記錄的資料，刪除他們相機裡的資料，然後派車把他們遣返成都，或是直接扔在高速公路邊。

——

寇延丁為了能留在青川，決定與艾未未的志工保持距離，當有網友聯繫她希望獲得受傷學生的資訊，她也選擇了拒絕。但這還沒能讓她免於當地學校的拒斥和警方的騷擾。寇延丁主動聯繫有關部門，希望獲得合作和認可，卻也遭遇各種理由的踢皮球。

一位四川當地的基層幹部提點她說：「我知道你們是做社會服務事業的，但妳也要理解我們工作的難度，既然是公安局的同志對你們不放心，你們不妨試試主動跟他們接觸？」

寇延丁受到啟發，決定找警方「自投羅網」。在中國除了最基層的員警駐點叫做派出所，更高級別的警察局的官方名稱都叫做「公安局」，即「公共安全保障局」。寇延丁走進青川公安局，找到一個警員就介紹自己的機構和工作，然後說自己遇到了困難，要尋求幫助。警員把她引導到青川的國家安全保衛大隊的辦公地，那是一排臨時板房，在各種政府工作還百廢待興時就搭建起來。

這是寇延丁第一次跟國保打交道。她一進板房，就看見桌上有一張Ａ４紙，正是自己的身分證影本，一個女警員趕快走過來把那張紙捂住拿走。她的一本書也在桌子上，那是她寫殘障人故事的作品集《夢想美麗》，是她去一個死傷孩子特別多的學校探訪時送給校長的。寇延丁明白，這說明當地學校已經跟警方密切合作，警方正在調查她。

寇延丁腦子裡飛速地想著要如何打破僵局，她注意到現場有一個人，一看就像管事的領導，他的態度並不推託，沒有把話封死。寇延丁就當著所有警員的面向他把話挑明：「你們不是不放心嗎？你看，我這書就是一個證據，地震是二〇〇八年的事，艾未未做調查是二〇〇九年的事，我的書是二〇〇五年出的，我對殘障人的關注是一九九三年開始的，我來就是給受傷的孩子做事情的，你們不用擔心。」

寇延丁的話說完，這個領導模樣的人就顧左右而言他，提出她應該找政府部門開個介紹信來，寇延丁答應著就離開了，第一次接觸相安無事。

後來寇延丁瞭解到跟她對話的這個人是青川公安局副局長，姓劉；到她第二次再去公安局，她就直接找這個副局長，她一邊說明自己是有註冊的獨立法人機構，不需要開介紹信，一邊試著用其他話題跟他聊天，聊天中她得知這個副局長跟她是同年當兵。

寇延丁就開始轉入「自己人」模式：「劉局長，咱們當兵的人不說暗話，關於我們，該問的你們都問了，我們該說的都說了。你是當兵的，我也是當兵的，我是總參三部的兵——您該明白總參三部是什麼地方。」

「總參三部」，即中國解放軍總參謀部下屬的技術偵察部，是中國軍方情報部門的三個組成部分之一。寇延丁點到即止地把「總參三部」放下：「這個呢，我們就不說了，現在我就是寫書的、做公益的，那對我來說什麼最重要？」

她並沒有想讓副局長回答，就接著說：「江湖信用、朋友圈子最重要。」寇延丁向副局長解釋，自己現在是拿著全世界朋友捐的錢，要來青川給因震受傷的孩子治病，如果沒把事辦好，她這一輩子在朋友面前就抬不起頭來。

「如果想給自己找個藉口的話，最容易的辦法是什麼呀？」寇延丁的嘴角笑了起來，是那種成年人都能看出她並不少在說笑的笑法，「我就說是遇到了青川警方的阻撓。」

這時候寇延丁話鋒一轉，批評起副局長的一個下屬，她提到警方第一次去騷擾機構時帶頭的張警官：「張警官作為一位執法警官卻喝得醉醺醺的，滿嘴罵罵咧咧，像樣嗎？如果我把那個如實公布出去，青川警方顏面何存？」

寇延丁再次一轉話鋒，亮出了自己的底線：「你只要讓我把這件事做得下去，我怎麼著都可以委屈求全；你要是讓我做不下去，非得讓我碎個瓶子踢個響的話，我讓它全世界都是玻璃碴子！」撂下狠話，寇延丁趕緊又說了幾句軟話，就告辭了。

從那以後，寇延丁每次進青川，都先給副局長發個簡訊：「劉局長，我快到青川了，有沒有時間一起喝杯茶？」副局長從來不回，但她的機構「愛藝」如果再遇到警方的騷擾，寇延丁就上公安局「找劉局長」。幾來幾往，愛藝磕磕絆絆，算是在青川站住了腳跟。地震受傷兒童這個高度敏感的議題能在災區做下來，在中國民間機構中是唯一一家。

偌大的中國有不少類似的、難得的機構和難得的專案，它們的存在構成公民社會的亮點，但每一個的經驗幾乎都是獨闢蹊徑、無法複製。

愛藝在青川披荊斬棘的二〇〇九年，寇延丁的一個朋友幫她註冊了一個推特帳號——當時推特還不必「翻牆」。她的帳號開通後，維權運動中的先鋒人物滕彪馬上向自己的過萬粉絲推薦了她，提到她二〇〇五年曾經與梁曉燕一起探望陳光誠。滕彪的推薦把寇延丁嚇著了，她立刻想到愛藝稀薄的工作空間，腦中浮現出自己向劉局長拍過胸脯的保證：「我跟艾未未不同，艾未未會在網上曝光遇難學生名單；警方可以隨便上網搜索，絕對找不到我的一個博客。」

從此寇延丁再沒有用過推特。不僅是推特，她也不用Facebook，不開博客和微博，一切都為了保證愛藝在青川的事業能夠進行下去。

另一邊廂，最早曝光豆腐渣校舍問題的黃琦和譚作人，分別被判處三年和五年徒刑。

區隔不僅僅在服務型NGO工作者和抗爭運動者之間産生，抗爭行動可能帶來的嚴酷代價，也沉重得讓曾是好搭檔的抗爭者們歧見叢生。二〇〇五年陳光誠遭到的軟禁，以他被判刑四年三個月告終，郭玉閃對此事耿耿於懷，認為聲援過程中參與者將對抗草率升級，讓事件失去轉圜餘地。

奧運落幕的二〇〇九年，發生了廣受關注的「鄧玉嬌事件」。鄧玉嬌是湖北巴東一家賓館的女服務員，一名政府官員到賓館消費時強迫她提供性服務，她在反抗無效的情況下用小刀殺死了對方。事發後，鄧玉嬌家屬透過網友「超級低俗屠夫」吳淦聯繫到公盟，希望得到律師援助。

當時郭玉閃已經創立自己的機構傳知行，但仍在公盟擔任重要角色，在他的引薦下，律師夏霖趕往巴東代理此案。然而，夏霖到達巴東後公開否認自己是公盟的律師，公盟也無法透過夏霖獲得案件的資訊，當時仍與夏霖保持著溝通的是郭玉閃。

公盟的許志永一方認為，鄧玉嬌事件應該儘量公開化，而傳知行的郭玉閃、夏霖一方認為，公盟的高調介入會使案件過度敏感化。一時間，雙方關係緊張而微妙，在其他民間行動者看來，這是許志永與郭玉閃之間，激進與溫和的分歧第一次顯山露水。

鄧玉嬌事件後不久，公盟、傳知行和益仁平紛紛遭遇各種政府部門的上門「檢查」，但只有許志永和公盟的一名出納人員最終被警方以偷稅漏稅的名義拘留。

公盟的註冊身分是公司，因此即使沒有營利行為，也被稅務部門要求對收到的資助繳納所得稅。其實在許志永被拘留時，公盟已經補繳了所得稅，但稅務部門仍按法律規定的最高標準要求公盟繳納罰款，需要繳納的總金額高達一百四十多萬；而如果不能儘快繳納，許志永將面臨七年的徒刑。公盟的案例，後來讓許多以公司註冊的NGO引以為戒，不僅在專案申請時會專門列出稅務支出預算，一些機構還聘請專業會計處理稅務問題。

許志永被拘留一個多月後，公盟依靠支持者的捐助繳納了罰款，他得以獲釋，但公盟機構被取締。許志永撰文講述了事件的前因後果，但郭玉閃認為他在說辭中將責任推卸給出納人員，道義有失，因此宣布退出公盟。當時的孰是孰非眾說紛紜，但時過境遷之後，不少民間行動者更傾向於將兩人的分道揚鑣理解為路線分歧。

公盟在稅案中的遭遇，很快在愛知行身上重演。萬延海數過，在二〇一〇年開頭的幾個月裡，到機構騷擾施壓的政府部門就有十多個。稅務部門一開始只要求審查愛知行二〇〇八到二〇〇九年的帳目，隨後擴展到機構成立以來的十六年。萬延海算了一筆帳，如果稅務部門用處罰公盟的手段對付愛知行，他將要面臨數倍於許志永的罰款和刑期。多方考量之後，萬延海選擇了流亡美國。公盟和愛知行，這兩個在政治理念和工作手法上與官方對抗性最強的ＮＧＯ，最早遭遇強力打擊。ＮＧＯ圈子內部總結的風險定律，似乎得到了驗證。

第三條道路

二〇一二年，寇延丁出版新書《可操作的民主》，講述一位留美學者將「羅伯特議事規則」帶到鄉村中，幫助農民學習民主地開會決策的真實故事。寇延丁花了相當長的時間跟蹤和記錄這場茶壺裡的風暴，她非常迷戀這個小故事展現的理念：不管大環境如何，一群人可以靠共同的修練實現民主自治的生活。

這個理念和這本書的書名一樣，十分能打動此時的體制外精英們，在那幾年，許多運動式的抗爭都遭遇挫敗，一批抗爭者身陷囹圄，民主依舊遙不可及。此時民間的活躍者們需要這樣一種可能，一種溫和的、向下向內的、相對安全的行動可能。《可操作的民主》成為寇延丁獲獎最多的作品。

需要這種可能的，不只是八〇年代以來的「老運動員」們，也包括了正在大批成長起來的新一代知識青年。

從一九九九年開始，為了不讓大量低學歷年輕人湧入就業市場，與下崗工人形成惡性競爭，中國政府決定全國的大學必須擴大招生。一九九九年夏天的高校招生開始之前，教育部官員們決定這一年的新生應該增長21%，但這沒能達到他們領導的期待，於是官員們花了不到兩周時間把招生增幅又擴大了一倍多。當年中國高校吸納的新生比前一年增長了47.4%，達到一百六十萬人。接下來的幾年裡，每年招生人數增幅都在20%左右，直到官員們決定招生的增長應該減緩的二〇〇八年。正在中國高校接受教育的年輕人總數超過了兩千萬。

在八〇年代，能接受大學教育，意味著一個年輕人已經預訂了社會精英的身分。然而在二十一世紀初期，人數暴增的大學生們還沒來得及調整對未來的期待，就發現自己要嘛接受住在大城市邊緣的廉價板隔間裡，領著微薄的工資，每天擠兩個小時公車上下班，要嘛就得失業。

普遍的落差感讓這些年輕人產生苦悶、焦慮，以及改變的願望——這種願望可能指向自己，也可能指向社會，還有可能是期待先改變自己進而改變社會。

一時間，各式各樣的青年培訓課程門庭若市，學英語的、練習演講的、集體旅遊增長見聞的，不一而足。李英強的立人大學和益仁平的青年培訓營，都開辦於這樣的背景。

立人大學許諾提供在公立大學失落的通識教育，又混合著公共意識的培養，隱隱約約是通向公共知識分子的第一步。益仁平的青年培訓營，則在進行基礎性的反歧視意識提升之外，更注重與行動的聯結，參與者的未來指向更多是溫和的社會運動者。除了培訓，到各類NGO中當志工，也成為青年人增加自我價值感的熱門方式。

青年人的加入給不同類型的NGO都帶來衝擊和變化。

相較益仁平的培訓營行事低調，立人大學公開招生和宣傳，在青年人中有著頗高的知名度。因此，它甫開辦就引起了官方的警惕，之後每年受到的驅逐和施壓越加嚴厲。立人大學的敏感度很快導致立人圖書館在鄉村的生存空間緊縮，多個場地提供方在當地官方施壓下中止了與圖書館的合作。

李英強於是找到老搭檔郭玉閃商討如何應對危機。向來對青年培養有興趣的郭玉閃決定接下立人大學這個招牌，幫助立人圖書館實現風險剝離，他接著在北京租下公寓，開辦青年空間，作為原本只是寒暑假開辦的立人大學的常設業務——在較高風險級別的NGO遭到重創之後，較低風險的NGO仍需不斷調整自己的業務範圍和光譜位置。

傳知行本身也迎來越來越多高學歷的年輕研究員加入。這個兄弟平台從創立時就沒有明確的管理架構和考評機制，只憑個人自覺來維持工作效率。草創之初這套還行得通，但到這個烏托邦機構裡安置了十多人時，成員缺乏競爭動力，就出現了人懶於事的問題，一些該交的研究報告遲遲交不上來，或者交上來了品質不如預期。郭玉閃在苦口婆心催督工作無果後，開始考慮朝專案制和專業化的方向改革傳知行。

至於益仁平方面，通過培訓聯結的年輕人迅速成為權利宣導工作中的明星臉孔，他們設想出嶄新的行動方式，比如徒步數千公里到北京去送建議信，要求B肝藥物納入醫保；或者借用「占領華爾街」的熱度，舉行「占領男廁所」，要求提高女性公共廁位的比例。這些被年輕人們稱為「行為藝術」的宣導方式在吸引媒體報導方面收效顯著，又似乎沒有傳統社會運動的對抗性風險，陸軍樂見其成。益仁平原本單純的宣導工作方式，因青年人的創造力增添了一層社會運動的色彩。

寇延丁為愛藝精心挑選的志工也多是年輕人。她首先委託幾個知名的自由化博客主發布資訊廣納報名者，又經過數輪嚴格的甄選，最後留下的志工都具有高度的自我意識和參與熱情。這些志工要做的是，每兩、三個人與一個青川因震受傷孩子配對，每個月給這個孩子寫信，連續三年，陪伴孩子度過滿布荊棘的青春期。

除了陪伴孩子，寇延丁還希望愛藝的志工群體能實現自己對公益團隊的理想模型：一個平等參與、民主決策的像「永動機」一樣的自組織。

當志工團隊逐步建立並運轉起來，一切都像她所期待那樣發展：團隊形成了不同的功能小組，篩選和培訓新人的任務也主要由志工自行完成，參與者認同度高漲，經常有正式或非正式的交流聚餐，此時的寇延丁與志工們正處於蜜月期。

當志工開始對愛藝初始設計的團隊運轉方案提出質疑時，寇延丁覺得時機終於成熟了，她找上她在《可操作的民主》中寫到的那位留美學者，給志工們做「羅伯特議事規則」培訓。她想，如此一來志工們就能夠運用民主規則自行討論，形成決策機制，進而成為真正自主持續運轉的組織。

但她的願望與羅伯特規則一同一敗塗地，志工們並不打算擔負如此重的營運責任，他們覺得自組織是她的理想，不是他們的。寇延丁與志工們進入了曠日廢時的辯論期，其中你來我往的摩擦逐漸讓雙方難以共事。最終，志工自組織並沒有形成，寇延丁也不再擔任主導者，而是志工中的一名強者浮出水面，成為雙方都認可的組織負責人。這種結果不得不讓人想起，許多專制國家在民主轉型過程中都出現過的強人政治局面。

寇延丁隨後帶領機構的一線團隊撤出四川，志工團隊仍留在四川發展。愛藝作為在山東註冊的機構，在官方的規定中是不允許跨省運轉的，為了避免志工團隊因此遭遇刁難，寇延丁索性註銷了機構，回到一種自由公民社會活動家的狀態。

愛藝志工團隊的發展雖然不同於她的預期，但新團隊的成型和工作品質仍讓寇延丁引以為傲，至於沒有實現的理想，或許需要新一輪的學習和努力才能達成。

出生在二十世紀八〇、九〇年代的年輕人，經常被簡稱為「八零後」、「九零後」，從他們開始認識社會時，市場化和全球化已經是無需辯論的大背景，他們沒有感知過體制躊躇脆弱的驚險一

瞬，也沒有目睹過坦克開上天安門廣場那震撼的一幕。體制在他們的視野裡始終是一個僵化但強大的現實存在，因此他們既無從想像如何直接推動它的性質轉變，也沒有要與體制對抗的情感基礎，他們沒有傷痛鐫刻的恐懼，但也延續著上一輩人已經內化的自我審查。他們需要的「改變」方案是微觀具體的、低門檻的。

「公民社會」這個詞，在這些年輕的八零、九零後白領和大學生中迅速流行起來，它語義模糊，可以涵蓋光譜廣闊的民間組織實踐，從益仁平的溫和社會運動，到立人大學的意識提升教育，到傳知行的民間組織專業化，再到寇延丁傾心的公益團體自治，都能納入其中。

然而，這個詞在中國話語場上的使用，不同於它在英文中指代一切民間公共參與團體的原始含義，一般不包括異議知識分子的政治表達聯盟，通常也將維權運動中常見的集體抗爭行為排除在外。

「公民社會」的說法有點像一把新的保護傘，當「維權運動」這把傘變得過於敏感之後，一部分人撐起另一把色調更溫和的傘，用於安放自己的社會理想。

與「維權運動」流行時的狀況類似，這把傘被撐起來以後，形形色色社會運動的參與者都喜歡將自己的行動歸諸「公民社會」的籠罩下，例如「公民社會」這個詞在《零八憲章》中提到一次，但劉曉波此前幾乎沒有在文章中用過這個詞彙。

儘管語意模糊，但總體而言「公民社會」所指代的民間轉型努力，區別與其他更為激進的社會運動，指向這樣一種想像：透過去政治化的、低對抗性的、微小的社會發育和行動，積累社會能量，漸進地迫使當局走向民主政治——有社會評論者將之歸納為革命和改良之間的「第三條道路」。

「第三條道路」的理想雖好，但也有社會運動者質疑，一味強調去政治化和去對抗性，是否會使公民社會的努力偏離推動轉型的初衷。

維權律師滕彪就在一場寇延丁的分享活動中，當眾向她提出類似的問題：凡是自組織就好嗎？吃喝玩樂的自組織也有意義嗎？寇延丁當時沒有機會回應滕彪，但她不吐不快，後來專門在寫書時提及這一幕，她寫下自己的正式回應：將意義只理解為抗爭，是在用敵人的邏輯與敵人做鬥爭。

不過寇延丁自己也剛剛在愛藝志工身上遭遇挫折，她知道實踐總沒有理論那麼順當，要在中國走通「第三條道路」是前無古人。

發育公民社會的工作到底應該怎麼做？寇延丁想到，她可以再用寫一本書的方式去解答。至於書寫的對象，她自然把目光投向已經實現民主轉型的台灣，還有以法治社會著稱的香港，它們的公民社會都已經有數十年的發展。正好告別了機構的羈絆，寇延丁連續申請了多個香港和台灣高校的訪問學者計畫，開啟她邊走邊邊問的旅程。

第四章

互聯網運動

一刀兩斷

二〇〇八年七月一日，中國共產黨建黨紀念日，距離北京奧運會開幕還有一個月，大多數中國人都沉浸在歡欣期待的氣氛中。

上午不到十點，八零後北京青年楊佳，拿著八個自製的汽油瓶，走近上海市閘北公安分局。他身材不高，剛過一百七十公分，但因為熱愛戶外運動而黝黑壯實，一張國字臉，普通的長相在人流潮中很難被注意一眼。

楊佳在公安局大樓旁邊的警車停放處投擲了兩罐汽油瓶，但顯然他的技術不太過關，兩罐汽油瓶並沒有燃著，他又轉到公安局正門，投出了五罐汽油瓶，這一次，汽油瓶熊熊燃燒起來。公安局門口的保安立刻衝向他，楊佳朝保安扔出最後一罐汽油瓶，衝進了公安局。他裝備齊全，右手拿著一把幾十公分長的鋒利剔骨刀，左手是一罐催淚瓦斯，頭戴防毒面具，腰上的挎包裡還有榔頭和登山杖。他在首層襲擊四名警員，然後為逃避追捕衝上九層樓，在九、十、十一層刺傷三名警員，最終在二十一層被七名警員用辦公椅聯手制服。

在公安局大樓裡上班的警員大多是文職，並不配槍，他們將楊佳銬在辦公室裡。楊佳沒有說一句話，他喘著粗氣，雙眼通紅，大腦仍沉浸在激情中，喉嚨裡發出「呵呵」的低吼聲，別人的鮮血浸溼了他白色T恤的左半部。當第一名特警趕到，用槍指向楊佳額頭時，他終於開口：「你開槍把我打死吧，我已經夠本了。」

楊佳的刀法只有一種，他用刀對準員警的胸腹部或者頸部動脈，猛然插入，然後用力上挑，這會使人在五到二十秒內因失血過多死亡。六名員警最終搶救無效身亡。

楊佳與上海員警的「仇」源自前一年的十月，楊佳到上海遊玩，租了一輛無牌無證自行車，當員警攔下他盤查，楊佳反應激動，他不斷說著：「你為什麼就攔住我一個？你為什麼要當著這麼多人的面查我的證件、限制我的人身自由？」

爭執在路口持續了四十分鐘，之後楊佳被帶到派出所，在派出所發生的事不得而知，楊佳稱自己遭到七、八個員警的毆打，上海市公安局在殺警案後的新聞發布會中否認這種說法，但沒有公布監控錄影。

楊佳在這起聳動事件中本該是一個窮凶惡極的悍徒形象，但他的所作所為被警方公布後，網上卻出現稱楊佳為「抗暴英雄」的聲音。網友授予他「刀客」名號，為他寫出「武林列傳」：「性剛烈如楊佳者，不懼死而懼受辱，一朝受辱，必流血百步，伏屍數人。」

人們找到了這位現實中陰鬱的刀客的網路ＩＤ：「非常地妖」，在網上他是個爽朗單純的少年，喜歡鼓搗校友聚會，期待結識美女。媒體進一步挖掘出楊佳另一次被員警打掉牙齒的經歷，以及他母親王靜梅因官司不公、上訪八年未果的故事。許許多多在現實中壓抑，只能在匿名的網路空間有所釋放的網友，在楊佳身上看見了自己的影子。

網路輿論的反應遠遠出乎警方的意料，更讓喪生警員的親屬極為痛苦。當時中央電視台正在進行新聞時政欄目改革，作為先鋒試點的《新聞　１＋１》找來名嘴白岩松討論楊佳事件，白岩松雖然堅持對贊許之聲採取批判立場，但也承認網民是將具體的警員代成了整個國家員警部門，贊許是長期處在警權粗暴不公陰影下的反彈現象。

白岩松在新聞節目中強調警權不公的現象正在改善，但關心楊佳案的人很快發現，員警的做法比想像中還要誇張。楊佳的媽媽王靜梅在案件發生後即告失蹤，三個月後家人才知道她被關進了精神病院。直到奧運和楊佳二審都結束，王靜梅終於被警方安排出院看望楊佳。

與兒子匆匆一面，王靜梅被員警告知，她可以回家寫資料為楊佳申訴，「妳兒子還等著妳去救他呢。」員警沒有告訴她的是，楊佳的死刑已被核准，這是母子倆此生最後一面。這位母親回到家的第三天，她二十八歲的兒子被注射死刑。

楊佳行刑的前一天深夜，王靜梅面對來通知她的員警，反覆說著一句話：「我還有話要說！我還有沒有機會說話？」她的遭遇後來被一位中國導演改編成電影，片名就叫《我還有話要說》，影片獲得國際獎項，導演卻遭上海警方施壓，從此流亡。

王荔蕻與王靜梅都姓王，都生於一九五五年，都在北京長大、工作、退休，同樣有個八零後的兒子。她和王靜梅不是親戚，也素未謀面，但如此多的共通點讓王荔蕻在網上聽說王靜梅時便多了一份牽掛。

五十多歲的王荔蕻有些微胖，中等身材看起來還挺健康結實，戴著小小的橢圓眼鏡，頭髮剪得短短的，說起話來帶一點北京本地人常見的什麼都不在乎的「混不吝」氣質。她一直透過網路關心著楊佳案的進展，因此注意到網友「老虎廟」的博客，老虎廟與王靜梅住在同一社區，不時會更新王靜梅受到警方監控的情況。

王荔蕻隨手翻看老虎廟的博客，發現到他還為天安門廣場周邊無家可歸的流民建立了公益收容站「流民公房」。王荔蕻想起，自己之前包租給外來務工者的地下室剛剛關閉，留下許多舊傢俱，她就按博客裡的聯繫方式打電話給老虎廟，請他來看看有沒有可以捐給流民公房的。

老虎廟應約前往，但發現這些傢俱體積太大不合用。流民公房屋窄人多，流民們一般都貼著牆邊睡在地鋪上。送老虎廟離開時，王荔蕻鼓起勇氣問起王靜梅。老虎廟心裡一抖，他想：這個女的有心機，她可能是想問楊佳的事，但假借流民捐助的事把我叫來。

老虎廟是一個以報導自己身邊的新聞見長的博客主，以前沒怎麼參與過社會運動，對員警的監控和打壓並沒有太多概念，他雖然對王荔蕻的好奇心有所疑慮，但他平時只要有機會就會跟別人講講楊佳的事，更何況現在有人主動問起。老虎廟就簡單講了講王靜梅的狀況，還加上了自己的觀點。

王荔蕻當即表達自己的憤慨，她笑起來十分和藹的圓臉瞬間嚴肅，一副要跟人幹架的模樣。老虎廟心想，這女人還挺正義，心理距離一下就拉近了，他邀請王荔蕻參加每周六網友看望流民的活動，她一口答應下來。從此，王荔蕻背著雙肩包、穿著旅遊鞋，一副專業社會工作者的形象，就時常出現在流民公房裡。

老虎廟在接受境外媒體採訪時，經常強調自己收容的是流民，不是訪民，但記者轉頭還是會把被收容者稱為「訪民」而寫進報導裡。老虎廟對此老大不樂意，但他也知道這更符合事實，天安門廣場附近的流民絕大多數是長期上訪無果的人，他是為了避免員警的騷擾和驅逐才特意使用「流民」這個詞。

「訪民」是極富中國特色的群體，中國的各種行政單位都設有「信訪」部門，堅持不懈到上級信訪部門投訴下級行政問題的人就被稱作訪民，楊佳的媽媽王靜梅也屬於其中一員，他們的行為叫做「上訪」。理論上，上級部門接到訪民投訴後要責令下級改正。

信訪制度的傳統可以追溯到魏晉時期創設的「擊鼓鳴冤」，即民眾遭遇不公時，可以捶響設在各級行政部門外的「登聞鼓」，要求行政長官主持公道。但「擊鼓鳴冤」的制度基礎是古代的行政長官同時主管司法斷案，因此在現代中國設立司法部門後，信訪制度顯得格格不入，經常被質疑是司法不獨立的體現和封建人治的殘留。

不過，比起「擊鼓鳴冤」的邏輯是透過鼓聲昭告不公，安安靜靜的信訪更像一個永無止境的消音過程，但顯然訪民們仍認為向上級部門投訴是比向同級法院訴訟更有效的解決方式。

上訪到最高級別就是到北京，因此北京的信訪部門每天都要接待數以千計來自全國各地攜帶大事小事的訪民，訪民在北京南站附近的廉價聚居地被稱為「上訪村」。許志永二〇〇五年曾駐紮在上訪村調查研究，他看到每天從這裡開出的 20 路公車幾乎成為訪民專車，他們要乘坐這輛車去天安門附近換乘前往各個國家機關的公車。

上訪能多大程度地解決問題暫且不論，但它確實能影響到下級政府的政績，因此各地政府都派員到北京對本地訪民展開圍追堵截，這成為各省駐北京辦事處的主要職能。龐大的訪民群體滯留北京也讓首都警方倍感壓力，因此北京員警也經常一車車地將一些稍顯不遜的訪民抓到城郊特定地點短暫關押，再通知各地政府人員把訪民接走遣返，這些特定地點就成為著名的「黑監獄」所在地，而曝光黑監獄就是公盟的主要工作之一。

每當北京迎來大會大節，訪民就首當其衝成為要被趕走的群體。北京首次承辦奧運會當然更是重大事件，王荔蕻經營的地下室就是因為北京要驅逐流動人口而被迫關閉，大批訪民則因回鄉路又遠又貴，就露宿在天安門廣場附近。那段時間網路上留下許多照片展現這樣的朱門內外兩重天：奧運的宏偉工事修建得如火如荼，拆遷的斷牆邊則窩著一排訪民裹在軍大衣裡瑟瑟發抖。

老虎廟的流民公房並不是王荔蕻人生中與訪民第一次交會之處，她過去與訪民的距離也曾近在咫尺，就在北京市人大的信訪辦公室，只是那時她坐在辦公室裡面，訪民在接待窗口外面。

王荔蕻年輕時在北京市人大的常委會辦公室做行政工作，她的好朋友則在人大信訪辦，中午休息時她就去朋友辦公室吃飯聊天。她的朋友每天都要收到大量訪民遞交的文件資料，朋友看著那些訪民都髒兮兮的，就覺得那些文件也很髒，於是專門申請公費買了一個消毒櫃，所有的資料都先放在裡面消毒才拿出來看。

朋友也把文件資料拿給王荔蕻看，在她的印象中，那些資料有些寫得前言不搭後語，有些就是口號「我冤啊」之類。朋友還會跟她討論，妳說這個資料裡這個事到底是真是假？如果是真的，也太離奇了吧？

北京市人大辦公樓的對面就是北京市黨委所在地，不時有訪民在黨委堵門、集體上訪，王荔蕻上下班看到，心裡也對那亂哄哄一大夥人甚是無感。

然而在近二十年後，王荔蕻參與到流民公房，才知道北京城裡有如此龐大的訪民群體日夜流浪。她在這座城市生活了大半輩子，過去這數以萬計的人就如同隱形一般，現在，她能如數家珍地講起這些訪民的善良故事：某人整日乞討為生，但一天在天安門廣場撿了一個錢包，裡面有一萬塊錢，他就拿著錢包在那問：「誰的？誰的錢包？」還有個老太太平時在廣場賣小國旗，她撿到東西，就去交給員警。

王荔蕻過去覺得不可置信的事，如今就發生在自己面前：訪民李淑蓮被當地政府截訪抓回後，在羈押中死亡，屍體滿是傷痕，她讀人民大學的女兒李寧申訴無門，裸體跪在天安門廣場中央。王荔蕻只好帶著李寧四處找人幫忙討公道。

一天，王荔蕻陪著老虎廟來到一位捐助者家，取給流民公房的東西。她知道這是一位有點特殊的捐助者，他的孩子剛去世幾個月，他是楊佳的父親楊福生。楊福生與王靜梅離異多年，但在她失蹤期間，王靜梅和楊佳的狀況都是他在跟進。

在楊福生家中，王荔蕻和老虎廟用他的手機去電慰問王靜梅。王荔蕻聽出電話那頭的她在壓抑著哭泣。王荔蕻希望自己能做點什麼，她提出在王靜梅方便的時去拜訪。王靜梅說現在不方便，言談中王荔蕻明白她身邊還有監視，就說自己等她的電話。

等到一天王靜梅真的打來電話，說可以去她家，王荔蕻卻猶豫了。

她明白與這個女人走到一起意味著什麼。王荔蕻是一個「紅二代」，她的父親是作為解放軍軍官跟著中共進入北京城的，她從小在部隊大院長大，她的玩伴也都是紅二代。在接到王靜梅這個電話時，王荔蕻的舊日玩伴許多已是政府、員警系統中的領導，她明白這是一群什麼樣的人。

多年以後王荔蕻這樣向我描述她當時的顧慮：「我出身的這個集團，他們是無法無天的。對於他們來講，這個江山是我們打下來的，這就是維護政權的最基本理由。為了維護政權，他們不會覺得法律什麼的是需要考慮的。」

見一面總不會有多大問題，王荔蕻這樣想著就還是去了。王靜梅向她講述自己被關進精神病院的前前後後，一遍遍地念叨：「他們根本就不允許我說話！根本就沒準備聽我說話！即使我說了他們也當沒聽見！」

王荔蕻猜到王靜梅會顯得憔悴，但沒想到那麼憔悴，淚溝深深地刻在這個同齡人的臉上。王荔蕻自己也是一個男孩的母親，她與這個剛剛失去兒子的母親抱頭痛哭。

要不要為王靜梅的遭遇發聲？王荔蕻感覺到一張恐懼的網籠罩了自己，她想過很多很多：一旦走出這一步，我就不再是人民群眾中的一個，我會變成體制的敵對者；離開體制這麼多年，老朋友在各種事上還是願意幫我的忙，但如果我因抗爭被抓，他們不敢也不會吭一聲，他們不可能同情體制的對立面……那如果不發聲呢？王靜梅的兒子死了，她自己被精神病，又不敢發聲，那麼這件事就算了嗎？

「不能算！」想到這裡，王荔蕻作出了決定。她將對王靜梅的採訪全文發布在網上，從此跨過了做體制的朋友抑或敵人的楚河漢界。

推特黨

王荔蕻覺得舒坦，覺得自己終於踏在了一直想走的路上，在找到這條路之前，她已經在荒野裡遊蕩了二十年。

她的遊蕩開始於一九八九年。

學生宣布絕食抗議後，北京出現過各行各業市民遊行聲援學生的浪潮，許多黨政軍機關都有積極分子打著單位的旗號組織同事參與，王荔蕻就是市人大公務員們的帶頭人。

北京宣布戒嚴後，她跟同事們下班就騎著自行車去堵軍車，她們掏出自己的工作證，對著士兵們進行馬拉松式的演說：「我們是機關幹部，你們跟學生的年紀差不多，你們出來當兵，是為了保衛國家，學生是為了國家有一個更好的前途，為了民主自由，你們不能朝他們開槍……」年輕的士兵們面無表情地坐在軍用卡車裡，市民們遞來的水果、餃子都不敢接。

王荔蕻從小就聽慣了父輩們對各種不順心的人和事都用的口頭禪「拉出去斃了」，她能想像打下江山的中共初代領導人可能使用怎樣的手段。

但從小父親也教育她：「人人為我，我為人人。」

「如果人人不為我怎麼辦？」她問父親。

「那就先從妳自己做起。」父親回答。

這種正直的共產黨人形象、軍民魚水情的信念，同樣構成她對中共初代建政者的期待。當時北京街頭烏泱泱的都是支持學生的普通人，王荔蕻相信這就是民心的展現，極端的鎮壓是可以被足夠強大的民心阻止的。

直到槍聲擊碎了信念。部隊大院裡的退休老軍官在院門口破口大罵：「媽的，老子們打天下是為了勞苦大眾打天下，你們他媽的現在對老百姓開槍？！」

六月四日，王荔蕻去了離天安門最近的復興醫院，蓋著白布的屍體滿地放著，有的長，有的很短，一看就是孩子。

六月五日是周一，王荔蕻騎著自行車去上班，裝甲車還停在長安街上，黑洞洞的槍眼就看著她，而她不敢回看。又過兩天，她騎車經過兒童醫院，看見一個屍體躺在街上，他濃眉大眼，眼睛睜得圓圓的，眉毛以上全沒了，腦漿噴了一地，腿上還有一個槍眼，完整得像車床鉉出來的。附近的人說，他拿鐵管裝鞭炮去嚇唬站崗的戒嚴軍人，軍人追出來，遠處一槍打中腿，他被撂倒在地，軍人慢慢走過來，近距離對著眉毛又一槍，腦殼就飛了。

北京市人大的辦公樓在長安街上，槍聲零零落落了一個月，對王荔蕻的清查也持續了差不多的時間，但這是多此一舉，她已經認定「不能再吃共產黨的飯」。她很快辭職，以承包轉租地下室為生。

市場化浪潮襲來的時候，許多人紛紛離開體制的港灣到商海裡浮沉，這就是九〇年代的「下海潮」。王荔蕻想證明自己離開體制能混得更好，也加入其中，她去山西販過煤，去山東推銷過電力設備，到黑龍江跑過螺紋鋼指標，賣過保險，當過話劇經理，都沒能發成財。

相比那些能成功撈一把的人，她的生意頭腦和身段顯然不夠靈活。那些拉關係的飯局上觥籌交錯，行賄、拿指標、官商勾結不絕於耳，她每每晃神，對著「一切向錢看」的一桌人，她有種時空錯置的疏離感：「我怎麼跟這些人混在一起？」

曾經她也是個文藝青年，初中時最喜歡巴爾札克、托爾斯泰和普希金，被那種悲憫人類命運的情懷所打動，到陝北「插隊」時也想著要廣闊天地大有作為，但下鄉又回城，結婚、生子、當公務員。王荔蕻說自己「斷了」，她沒有艾曉明、劉曉波的幸運能重返校園，是那種典型的被文革打斷的知青人生。

然而，庸常的生活裡總有些事會猝不及防地出現，提醒著王荔蕻，她心裡還有些放不下的東西。

一九九幾年的一天，王荔蘋早晨出門鍛鍊，她一出社區就看見，一個盲人拿著盲杖在過馬路，他瘦瘦高高，穿白襯衣，戴著墨鏡，但能看出來長得清秀帥氣。那是一個沒有紅綠燈的路口，過往的車轟轟地開過，沒有要停下來讓一下的意思。

王荔蘋走上前去，碰了碰盲人的胳膊說：「我扶你過馬路。」盲人說謝謝。她問：「你就一個人啊？」他答是。她又問：「你幹嘛去啊？」他說上班。後來王荔蘋就留了點心，每天到那個鐘點，她沒別的事的話就去扶他過馬路。

有一天他們聊了起來，她問：「你這個是天生的嗎？」盲人說「六四」打的。王荔蘋一瞬間心裡胃裡就翻騰起來。

一九八九年，盲人的妻子正大著肚子快要生了，六月三日晚上，他下夜班回到家，發現妻子不在，外面的槍聲已經響起來。他急了，心裡一邊埋怨著妻子，大著肚子去湊什麼熱鬧，萬一被打著怎麼辦？一邊趕緊騎自行車出去找，結果他自行車一出胡同口，一顆子彈就在他鼻樑後飛過，兩顆眼球被準準地貫穿，他瞬間就失去知覺倒在地上。

當時的北京市民用三輪車送了許多傷者去醫院，他就是其中一個。他保住了命，但眼球全部摘除，後來就學了按摩，每天去按摩院上班。

「我覺得我忘了，可是怎麼能忘啊？」她講起這故事時仍忍不住激動起來。王荔蘋後來特地回憶過，她第一次見到他就是在那一年的六月四日。

忘不掉的事擱在心底，王荔蘋仍舊只能在蒼白的生活裡晃蕩，就這樣到了二十一世紀初。她的閨蜜一次見面聊天時提了一句：「既然妳有些想法情緒沒處說，不妨寫寫博客。」什麼是博客？王荔蘋決定先上網看看。

她斷掉的人生就此被互聯網續上。

王荔蘋「觸網」時，中國的互聯網時代已經開啟好幾年了。中國接入國際互聯網是在九五世婦會的前一年，但直到九〇年代末高校陸續為學生宿舍接通網路服務，互聯網才開始進入公共生活。最早火起來的是校園網路論壇，即BBS。在學潮之後，中國高校內的自由討論氛圍從未真正被放開，虛擬的BBS迅速被大學生們發現是最可能結識興味相投的同道的地方，當時校園BBS還沒有限制校外網友進入，因此也吸引了許多慕名而來的參與者。

BBS這種發帖跟帖的模式很快從校內火到校外，其中最知名的是天涯社區中的多個網友自行管理的BBS，包括話題面最廣最火爆的「天涯雜談」、思想性較強的「關天茶舍」以及請來學者和媒體人助陣的「天涯縱橫」。天涯縱橫很快就因觸犯審查被關閉，許多用戶只好轉移到原本曲高和寡的關天茶舍。

最早一批的版主們憑著對言論自由的樸素渴望，最大程度地包容敏感話題。校園BBS中用戶最多的北京大學「一塔湖圖」論壇，就設有公民生活、台海觀察、人權研究等時政板塊。它在二〇〇四年被官方關閉時，郭玉閃曾策劃抗議，這成為他在公共領域嶄露頭角的行動。隨後校園BBS推行實名制，只允許校內ID登錄，這就是劉曉波曾引援引溫家寶的話抗議的那波整肅。

二〇〇一年的「九一一事件」成為世界級新聞，關天茶舍上出現《今夜，我是美國人》的公開信，一時激起爭論無數，版主堅持不刪除任何帖子，隨即大量網友湧入圍觀。關天茶舍成為大陸互聯網中討論九一一事件最激烈和自由的地方，影響力迅速擴張。

九一一事件當時，網路輿論和主流媒體還是兩個平行世界，BBS裡的「拍磚」再怎麼風起雲湧，主流報紙電視也波瀾不驚。但很快兩個世界發現了彼此，關天茶舍的網友「莫之許」從未在新聞媒體上過一天班，但當他從學術期刊編輯跳槽成報紙評論部主任，熱衷網路「拍磚」的他很快成為第一個用網路寫手組建紙媒評論版的人。

隨後活躍網友羅永浩創立「牛博網」，招徠網友莫之許、媒體人閭丘露薇、學者艾曉明、藝術家艾未未等各色來路者，用類似媒體評論的方式撰寫博客。牛博網在奧運前後達到鼎盛，雖然在奧運之後很快被關閉，但網路打造公共知識分子的能力已然超越傳統媒體。

網路輿論的活躍程度和影響力在間歇性的打壓中迅速竄起，以網友為基礎的線下活動緊接著出現。各色沙龍講座最為常見，沙龍後的便飯成為網友聚餐活動的雛形，老虎廟的流民公房則是網友集體行動的雛形之一。

王荔蕻透過互聯網看到了與自己同齡的自由派知識分子的博客，她內心震動不已：原來在我渾渾噩噩的時候，是有人在努力、在說話、在做事情的。她帶著自卑嘗試與其中一位通信，不好意思地告訴他，自己曾是他在延安工農兵大學的校友。

王荔蕻知道自己已經來晚了，她努力地學上網，瞪著老花眼，用兩根食指一個鍵一個鍵地敲打著博客。她積極結識網友、關注公共事件。王荔蕻給自己取了個網名，叫「跛行者」——拖著比自己的價值追求短了一大截的知識和技術，一瘸一拐、如饑似渴地蹣跚在驟然展開的網路新世界中。

王荔蕻隱隱約約預感到，網路將帶自己走出安穩沉悶的生活。到二〇〇八年，政府為舉辦奧運要清理城市時，她覺得自己被推了一把——進入另類「退休生活」的時機到了。王荔蕻收拾掉地下室的出租生意，做的第一件事就是給老虎廟打了那個電話。

自從開始公共參與，王荔蕻就像要把過去的時間搶回來似的，一發不可收拾。

為了給流民小張治病，她和老虎廟發起網上募捐，手術費還是湊不夠，兩人就找到艾未未捐助最後的幾萬元；鄧玉嬌案爆發後，王荔蕻和網友到湖北大廈舉牌抗議，這是她第一次跟網名「屠夫」的吳淦合作，也是她第一次被帶到派出所；山東上訪者被截訪人員毆打至重傷，王荔蕻與許志永一同呼籲關注繼而發起募捐，為被毆者湊足了醫療費和律師費。

一時間，王荔蕻無事不與。老虎廟經常當給她潑冷水的人，他總要她冷靜一點，多考量一下再行動，但王荔蕻通常劈頭蓋臉就是一句：「你不幹我幹！」老虎廟只好又老老實實地幫她的忙。他說：「她碰到那種非正義的事情，立刻就是血衝到頭、不能容忍，而且馬上要付諸行動，」

王荔蕻積極投入到互聯網運動中的時期，正是有公共關注的網友大量轉戰海外社交平台「推特」的時期。網友們已經厭倦貓捉老鼠的遊戲：當局亦步亦趨地關停剛剛活躍起來的國內網路平台，他們又得匆匆趕往下一個集結地。

維權律師滕彪自從與許志永一同創辦陽光憲道後就一直活躍於社會運動，兩人都屬於從法治維權出發，又在NGO領域和互聯網運動中參與甚深的跨界人物。

在一次案件研討會上，滕彪遇上了幾個在國內最早使用推特的網友，他們當場幫他註冊了推特帳號。那是二〇〇九年五月，推特還沒有被中國的互聯網防火牆封鎖，但滕彪沒覺得推特有什麼特別的好處，沒有馬上開始使用。

兩個月後，新疆維吾爾族與漢族發生了暴力衝突的「七五事件」，國內首個微型博客社交平台「飯否」隨即被關，大量活躍網友轉投中國政府無法控制的境外同類網站推特。七五事件之後不到一個月，許志永因公盟稅案被抓，滕彪開始用一切可能的手段為許志永呼籲，他用了博客、Skype群組、群發郵件，甚至手機簡訊，當然也包括推特。

此時推特官方功能變數名稱已經被防火牆阻擋，但推特的開源特點導致任何人都可以創建通向推特的協力廠商功能變數名稱。滕彪把這些協力廠商比作通向推特的「橋」，一座橋被防火牆阻擋，許多座橋就又建起來，依靠這些橋，滕彪在國內從來沒有翻牆上過推特。

第一次使用之後，滕彪再也沒有離開過推特。他的一切網路需求都逐漸轉移到推特，他透過推特獲取資訊、發布消息、組織活動，也進行一些日常聯絡。

對中國抗爭者而言，推特最大的優勢是不用擔心被刪帖封號，這使得運動的資訊和人脈得以積累，另一方面，推特的技術特點也讓它與社會運動高度契合。

博客和BBS都採用文章加跟帖的形式，更適合發表時政觀點，而推特的強項是即時性和互動性，一百四十字的長度限制又大大拉平了表達能力的差距。這使得網路話語場的思想性減弱，傳播功能大大增強。發布者的資訊越快越接近現場，就越容易吸引關注者。因此不同於博客時代成名的主要是評論者，在推特時代大放異彩的則是草根行動者，這種影響力激勵了更多人願意投身到運動現場。推特中文圈相比其他語種更特別的是，一百四十個中文字元能承載的信息量，要幾倍於同等數量的拼音語言字元，時間地點事件等要素都能涵蓋其中，如此一來，傳播效率就更高，更適合運動。「一個技術有這麼多有利於社會運動的特點，運動的領導者、活躍者們是不可能放過的。」滕彪說。

另外，使用境外社交平台推特，對中國網友來說，天然附有一種帶異議色彩的默契——來推特要說的就是在國內網上不能說的話。在這種默契下，即便新疆的七五事件後僅一個月，國內版推特「新浪微博」就上線運行，推特中文圈的使用者仍舊沒有明顯的流失。

滕彪總結，推特中文圈裡關注者眾的國內ID有這幾類：第一類是行動者，包括王荔蕻、吳淦以及滕彪本人等草根行動者和維權律師；第二類是公民記者，但他們與前一類人的界線往往並不分明；第三類是異議藝術家、作家和學者，如艾未未、艾曉明等等。

推特中文圈網友誠然親和於社會運動，但他們不一定從一開始就都具有政治反對意識。然而推特是國際互聯網的一部分，這使得一些早已流亡海外的民運人士，如「八九」學生領袖王丹、吾爾開希，以及在國內早已邊緣化的政治犯，如九〇年代組黨刑滿釋放的胡石根等，都能活躍於推特。

這在某種程度上打破了國內與國外、社運與反對之間的界線。據滕彪觀察，國內網友一開始聽到政治反對話語可能會感到有風險，但隨著互動增多，不少網友因此脫敏，然後社會運動者和政治反對者會逐漸相互影響，甚至線上線下的活動中出現重疊。

王荔蕻上網之後才瞭解到九〇年代異議者們的組黨行動，她有時會想：「如果當年就認識他們，也許我就跟著他們一起幹了。」在一九八九年看見滿布屍體的醫院時，王荔蕻就跟同事說過「上山打游擊去」這一類的話，在官方宣傳中，中共就是從上山打游擊開始奪取政權的。王荔蕻笑說當年是「沒找到組織」。如今，她在推特上找到了一大撥人，後來成為王荔蕻在行動中的重要幫手的網友「天天海豚」就是其中一個。

二十多歲的「天天海豚」是為了自家的拆遷案件開始上推特的。中國的土地在法律意義上都屬於國有土地，二十一世紀初中國高速的經濟增長，和豐厚的地方政府財政收入，很大程度上依賴於低價回收民眾的居住地和耕地，再變賣給房地產開發商。大面積拆遷的經常被比作英國工業革命前期的「圈地運動」，只是這次的掠奪者不是資本家而是國家。

中國的拆遷受害者，可以說是整個國家發展紅利的輸送者和被剝奪者，普遍的強制拆遷更導致國家暴力集中作用於這個群體。他們中的一部分人無法默默接受不公，就加入到民間的各色運動中，他們有的是希望自己的損失能得以補償，有的則最終融入到推動體制轉變的理想主義的群體裡。

天天海豚在推特上注意到有個大姐經常去給訪民發饅頭和舊衣物，當時在推特上活躍的行動者都比較年輕，像王荔蕻這樣的五零後大姐很少，天天海豚自然就產生了一點好奇。又有一次她看到這個大姐在推特上召集網友跟愛滋病維權者田喜一起吃飯，這算是一個表達支持又有反歧視意味的聯誼活動，天天海豚覺得挺有意思就去參加，後來又參加了王荔蕻召集的跟王靜梅一起吃飯的活動。一來二往，天天海豚就跟王荔蕻成了忘年好友。

除了行動者之間的彼此發現，王荔蕻透過推特與艾曉明、艾未未、滕彪等中國知名的自由派意見領袖有了互動，這些人後來都對她的行動有所助力。

那是推特中文圈的黃金歲月，推友們的交往很快從線上延伸到線下。艾未未到各地出差都召集推友飯局，隨即帶動起同城推友聚餐的風潮。人們語帶調侃地把這些聚餐叫做「飯醉」，「飯醉」友誼很自然地又發展出種種小規模行動。推特中文圈內部在很短時間裡就發展出一種共同體的情感，以及行動主義的氛圍，推友們不時會自稱為「推特黨」。

網友出動

「我被馬尾警方逮捕了，SOS。」

「請幫幫我，我趁員警睡覺時拿到的手機。」

二〇〇九年七月十五日中午，網友郭寶峰用英語發出這兩條推特。他是身在福建省的一名職業翻譯，馬尾是福建省福州市的一個區。之後，郭寶峰的帳號陷入了沉寂。這是中文網友第一次用推特發出即時求救資訊。

郭寶峰的資訊迅速引起了推特中文圈的矚目，網友們這才注意到他涉及的「福建嚴曉玲案」已經導致六名聲援網友被拘留。推特上的公民記者「北風」隨即發起了給郭寶峰所在看守所寄明信片的活動，這是始於推特的第一起網友行動。

「嚴曉玲案」始於二〇〇八年二月，二十五歲的福建閩清女子嚴曉玲在與男友同居的租屋中死亡，當地警方鑑定後認為嚴曉玲是由於子宮外孕致失血死亡，嚴曉玲的母親林秀英則認為女兒是遭男友聶志雄及其朋友輪姦致死，警方為包庇「有背景」的聶志雄隱瞞了女兒身上的傷痕。

林秀英在曠日廢時的上訪過程中結識了福建維權者范燕瓊，范燕瓊將她的講述整理成文發布網路，福建網友游精佑得知此事後也找到林秀英，為她錄製了口述視頻，由另一位福建維權者吳華英在網上發布，郭寶峰也參與了視頻的傳播。二〇〇九年六月，福建警方開始大量抓捕為林秀英提供幫助的網友。

郭寶峰在被拘留兩周後獲釋，該案最後只有范燕瓊、游精佑和吳華英三人被以「誣告陷害罪」逮捕，這就是日後著名的「福建三網友案」。講述者林秀英卻沒有遭到抓捕。

王荔蕻第一次聽說游精佑，是在二〇〇九年上半年，老虎廟說起福建有個工程師，常給各種民間行動捐錢，捐助對象也包括流民公房。

文學愛好者王荔蕻的腦海中立刻浮現出巴爾札克式的畫面：一位個子小小的工程師，提著大大的公事包，每日勤勤懇懇但毫不起眼地穿行於南方小城，善良正直的他有個小秘密，每個月攢起工資的一部分，默默地捐助給自己認同的民間行動……

王荔蕻很久以後才知道，她曾有一篇博文寫到一個在汶川地震中失去雙親的女孩，文下有一位陌生網友給她留言，說要是她想去看望這個女孩，他願意給她報銷往返路費。這個人就是游精佑。

幾個月後，王荔蕻偶然聽說那個小工程師被抓了，震驚之餘她趕緊去搜索發生了什麼事，這才瞭解到嚴曉玲案。郭寶峰獲釋後，依然在押的游精佑等三人乏人問津，王荔蕻發出博客為他們鳴不平，但此時的她剛參與推特中文圈沒多久，她的博文並沒有引起多少迴響。

王荔蕻寫博文原本只為發洩情緒，寫完卻發現自己仍無法釋懷，她腦海中一遍遍地浮現那個小工程師的形象。儘管她一次也沒有見過他，一次也沒跟他說過話，但這個陌生人讓她產生了一種共鳴：他在做我一直希望自己做的事，他坐牢就像另一個時空裡的我在坐牢。

王荔蕻都快要變成祥林嫂了。許多次推友們正聚餐「飯醉」，她突然來一句：「哎！游精佑的事情怎麼辦啊！」如果這桌上有人不知道游精佑的事，王荔蕻就會打開話匣子，把流民公房與小工程師、嚴曉玲與游精佑的故事從頭又講一遍。

在某次這樣的飯局中，王荔蕻與幾個好友決定把游精佑三人的案子命名為「福建三網友案」，雖然范燕瓊和吳華英的身分標籤在當時更偏重維權者或上訪者，但王荔蕻等人相信，強調「網友」、「網路言論獲罪」，更容易讓案件引起關注。

二〇〇九年的那個冬天，王荔蕻為三網友案找過許多網路上的名人，請他們寫文章聲援，但滿口答應的人多，真正落實的人少。

這個時期，高智晟失蹤，李和平接不了案子，江天勇被吊銷了執照，法律維權的勢頭遭遇挫敗；許志永剛剛因公盟稅案被抓又被放，正處於休整期，其他NGO更傾向於社會關懷或特定議題，政治案件抗爭並不屬於它們的業務範圍。像王荔蕻這樣更關心政治壓迫事件的活躍分子們，只能依託互聯網展開一場自力救濟。

推友飯醉一談到時事案件，總是七嘴八舌各種主意，但點子轉化成行動的比例往往很小。這種情況下，各個事件中有沒有人決心「管事」，就會對事件的發展起到決定性的影響。

王荔蕻當仁不讓地做起三網友案「管事的」，推友們在飯桌上商量出的主意，她風風火火地去執行。她透過簡訊收集連署，寄信給福建司法部門呼籲尊重言論自由；她在推特上收集網友給游精佑的生日祝福，在北京給他辦缺席的生日會，再把照片發到網上；她號召網友一起到福建駐京辦事處快閃，又自己跑到福建為游精佑的女兒拍視頻，給福建人大代表送公開信；她每日發推特更新三網友被羈押的天數，還為聲援所需資金做籌募。

王荔蕻的積極遊說讓她收穫了團隊幹事吳淦和智囊張輝。吳淦也是福建人，他本來給自己立過規矩，絕不在家鄉搞抗爭行動，因為家鄉警方想要刁難報復自己更容易。但網友運動的江湖道義是有來有往，吳淦想到鄧玉嬌案時游精佑曾給自己捐過錢，猶豫再三還是決心管他的事。吳淦用過多種行為藝術方式在福建抗議三網友案，包括到游精佑所在看守所外面搭起帳篷，儘管很快就遭到驅趕。

三網友案中花樣百出的行動方式，幾乎是此前民間抗爭手法的集大成，王荔蕻、吳淦等人也創造出不少新的抗爭劇幕，在後來的運動中被一再使用。

二〇〇九年十一月二十三日是游精佑在看守所中度過的第一個生日，那天下午，他的律師特地來看他，對他說：「今晚上北京的網友要給你辦個生日會。」游精佑許多年後說起那一刻仍感到激動，他的語速快了起來：「哎呀，我當時只顧得高興，沒想起來寫個紙條，讓律師拍照發到北京，這樣現場效果肯定會更好！」律師帶來的這個消息，讓看守所的管教也知道了那天是游精佑生日，當晚他就吃上了裡面的人生日才能吃到的太平麵。

游精佑很快透過家人的書信瞭解到是王荔蕻在主持這些聲援，他對這個名字有印象，但並不認識這個人。想到聲援有了主心骨，游精佑感到心安，但他不會覺得詫異——如果換位一下，他也會願意為別人做這樣的事。

—

二〇一〇年三月十九日上午九點，三網友案第二次開庭，游精佑知道很有可能要宣判了。那天早上五點多他就被叫醒，六點左右坐進窗戶全黑的囚車，向法院出發。游精佑想，警方大概是擔心會有聲援的人聚集在現場，所以才要這麼早把他送到。七點，車開到法院門口，游精佑看見一個老太太舉著攝影機站在路邊，他立刻就想到這是王荔蕻，他趕緊把車窗推開，大喊一聲。

王荔蕻看見了游精佑，他帶著手銬的手伸出囚車的鐵欄，黑框眼鏡在黑洞洞的車窗裡一閃而過，她追著車跑起來，大喊：「游精佑！」這是兩人第一次見面。王荔蕻手持的攝影機隔著一排員警人牆，記錄下了這一刻。

游精佑被送進法院，等待開庭時，法警拿出準備好的早餐給他吃，跟他聊起天來。法警問游精佑，你是西南交通大學畢業的？游精佑反問，你怎麼知道的？法警說看到外面有人舉著西南交大的牌子，游精佑就明白今天來到現場的人不少，自己看到的只是最靠近的幾個。他感到興奮：這群人還搞得挺像樣的嘛！

開庭僅進行了五分鐘，公訴方第一次發言就稱沒有找到足夠證據，要求延期審理補充偵查，法官立刻就同意延期，開庭結束。游精佑心想，法院肯定是不敢宣判，外面來了這麼多人，官方始料未及，出警不足，他們擔心宣判有罪的話，現場會無法收拾。

王荔蕻本也以為這會是三網友案最後一次開庭，因此她無論如何想做一次現場抗議行動，這類行動當時被推友們策略性地命名為「圍觀」。王荔蕻找來吳淦、張輝、老虎廟等七、八個親近的網友，宣布成立「福建三網友網上虛擬關注團」，策劃現場行動，分頭聯繫更多人前往，並在推特上公開號召網友參與圍觀。

這個臨時成軍的小小關注團，不僅給游精佑帶來巨大的驚喜，也終於製造出三網友案的第一個爆點。此前儘管王荔蕻用盡心力，案件的關注度一直不慍不火。

也因為這個爆點，三月十九日這天在福州馬尾法院門前的第一次成功圍觀，被推友們按重大事件的命名方式代稱為「三一九」。吳淦在「三一九」現場拍下的一張照片更在網上流傳甚廣：一個穿著全套制服、一本正經的員警在照片前景，露出半張臉，照片的真正主角是緊貼他身後站著的一個穿黑色便衣的男人，這個矮胖男人的臉占據著大半張照片，他理著光頭，癟著嘴角叼著菸，臉上的橫肉抽搐在一起，把兩眼都擠成一條縫，一副流氓相——網友的解讀是，這張照片是國家機器的真實寫照。

如果說王荔蕻是三網友案抗爭的靈魂人物，張輝則毫無疑問是這場運動的大腦。福建歸來之後，張輝又在全國各地主導舉辦了一系列的「三一九說明會」。

說明會上，王荔蕻在抗議現場拍攝的鏡頭被一遍遍播放：鏡頭追著一個在人群中鬧事被識破的便衣，衝過一條寬敞的馬路，又跑過一個路邊停車場，一群制服員警追上來，一擁而上，將前面同樣追著便衣的一個年輕男人壓進路邊花基。鏡頭急劇晃動，只拍到幻影似的許多黑色制服，有女人在大喊：「不要打我弟！」王荔蕻的聲音也在鏡頭外大喊：「你幹嘛打人啊！小夥子你這麼年輕你幹嘛打人啊？」

這段視頻觸動了許多人。一位多次入獄的藝術家見到王荔蕻時，握住她的手，激動地訴說：「我們當年坐牢的時候根本就沒人管，扔到監獄裡頭，就跟一個泥巴一個臭蟲似的，沒有人關注你，死了就死了，犧牲根本不值得。」這位藝術家曾在獄中自殺未遂，因生命垂危而被提前兩月釋放。

觸動大多數普通網友的則是另一種感受，就像艾曉明看到視頻後說的：「現在有了一個網路空間，它提供了一種技術的條件，使權力獨斷專行的可能性瓦解了。」王荔蕻則用行動者的語言將這種「瓦解」描述為「攝影機大戰」。網友們帶著消解體制的快感和期待，紛紛開始追蹤三網友案的發展。

「三一九」後的王荔蕻疲憊不堪，但游精佑那雙戴著手銬的手，還有他的黑框眼鏡，在她腦中不斷閃回，刺痛著她，讓她無法停下。下一次開庭被定在四月十六日，王荔蕻一邊跟朋友們說，「四一六」以後她一定要休息個一年半載，一邊勉力投入「四一六」現場圍觀的籌備。

以推特運動為代表的互聯網運動，大多採用一種半組織半自發、半保密半公開的策劃方式。第一步是核心團隊的成立和策劃行動方案，這個過程是保密進行的。接下來，核心成員會公開發出一個去組織化、去對抗性的號召，比如何時去何地「圍觀」。同時，核心成員也要私下聯繫一些節點性的行動者幫忙動員，以及邀請少量可信的網友參與組織工作。

「天天海豚」在「三一九」時因時間衝突沒能應承王荔蕻的邀請，她看到「三一九」視頻後就很想親自看看開庭的情景，因此王荔蕻為「四一六」開口詢問時，她馬上就答應了。天天海豚同時也承擔起安排北京核心推友前往福建的後勤工作。天天海豚負責安排的這一行人大約有十多個，其中不少人她都是在去程的火車才第一次見面。他們抵達福建時，已經有推友在當地做準備，大家見面時就用推特ＩＤ自我介紹，彼此就知道對方大致的性情和觀點，信任關係也因此達成。

在到福建前，「四一六」的現場行動計畫已在王荔蕻等核心成員中大致成形，但真正複雜的組織工作，是前一晚才在推友集合的酒店裡完成的，因為在此之前，沒人能確定第二天會有哪些人參與。

張輝把酒店裡的推友幾個幾個地叫過來安排：你在我們排隊的時候喊一二一，帶隊；到了現場你來喊口號；你們去買幾箱礦泉水，也要給員警送……張輝很有技巧地對負責各項細瑣工作的推友都強調：你們這個工作是最重要的。

有些策劃細節是從「三一九」的經驗中來的，比如要安排人專門撿垃圾，有些安排則是因應時事，比如當時剛發生了玉樹地震，張輝就特地將第二天現場的第一個環節設定為默哀。張輝有過企業管理的經驗，王荔蕻相信這讓他具備超過一般草根行動者的能力。「四一六」現場後來最受稱道的井然秩序，很大程度上歸功於張輝的周密策劃。

天天海豚領到了用攝影機拍攝人群中的搗亂分子的任務，張輝還安排了幾個推友負責保護她，她在認住他們之後就回房間睡覺了。天天海豚對當時推友之間的信任氛圍印象深刻，大家像有一種默契，彼此都不問太多，但都相信對方到時就會出現，就會做該做的事。

第二天推友們聚集到法院時，大量員警已經到場，拉起層層警戒線，嚴陣以待。陸續趕到的推友被分割在某兩層警戒線之間，距離法院入口有相當的距離。游精佑原本已將自己的最後陳詞抄出好幾份，想著再近距離看見聲援者就拋撒出去，但這些自製傳單最終沒能派上用場。推友們沒有往裡衝也沒有撤離，他們決定在原地開始抗議聲援行動。

按照張輝的安排，王荔蕻在現場是不必過多露面做事的，這是為了她的安全考慮。然而在「四一六」現場，負責喊口號的人喊一個字拖三下，王荔蕻對這種節奏忍無可忍，自己拿過擴音喇叭就喊了起來：

游精佑！無罪！
范燕瓊！無罪！
吳華英！無罪！
我們愛你們！
公平正義！比太陽還要光輝！

王荔蕻中氣十足的高音壓住了上百人的嘈雜。來自全國各地的網友手繫黃絲帶，戴著藍色胸牌，站在制服員警層層疊疊的包圍圈中，跟著她齊聲吶喊，場面一時震徹人心。

公平正義比太陽還要光輝，這句話出自溫家寶一個多月前在全國人大閉幕記者會上的講話，他強調國家在經濟發展之餘，社會公正義不可偏廢。王荔蕻們就選中這句話做口號，以增加行動的合法性。

王荔蕻站在人群最外圈，與員警只隔一米的無人帶，那天她穿著紫色羽絨服，在身後黑壓壓的年輕小夥的襯托下格外突出。員警和網友們的多部攝影機都對著她拍攝，記錄下這給她一生帶來最多光榮和苦難的一幕。

盛宴

四月十六日當天，三網友案宣判，游精佑和吳華英被判處有期徒刑一年，范燕瓊有期徒刑兩年。此時游精佑已被羈押九個多月，這個判決意味著他三個月後就能獲釋。這個結果比游精佑預想的要好，他相信是聲援有力的結果。

庭外的推友們獲知結果後決定撤離。警方看到他們要走，立刻打開了層層警戒線。推友隊伍井然有序地離開。

滕彪總結說：「從二〇〇三年『孫志剛事件』開始的民間運動發展，無論在政治化、組織化和街頭化的方面，到了『四一六』達到一個巔峰。」

那幾年，以本地利益為訴求的「鄰避運動」和「群體性事件」頻發，但「四一六」跟這些無組織的突發聚集全不相同，它更接近標準的「社會運動」——為抗議幾個陌生人的因言獲罪案件，過百網友從全國各地聚集到福建，他們用統一標誌、高舉橫幅、齊呼口號，現場的文字直播不斷發布到推特，並有多部攝影機分不同重點進行記錄，所有人有秩序地到場和離場——當時的評論認為，

「四一六」是「八九」之後民間第一次有組織的街頭行動。

「四一六」之後，不同版本的現場視頻廣泛流傳，推友圈沉浸在一種勝利的興奮中。在「四一六」首次參與現場行動的人意猶未盡，沒有參與「四一六」的人也躍躍欲試想要加入運動。

這樣的氛圍下，北京舉辦的「四一六」研討會大咖雲集，曾因組黨被判刑的民運人士劉賢斌、成名於維權運動的律師滕彪、自由派傾向的黨校教授杜光、網路異議評論者莫之許，再加上三網友案中的積極行動者，來自各領域的抗爭者濟濟一堂。

即將到來的七月四日，是游精佑獲釋的日子，恰巧也是美國的獨立紀念日，這在親和民主理念的推友心目中自然帶上了一層特殊意義。因此，當有人提議將七月四日定為「中國推友節」，推友齊聚福建「飯醉」迎接游精佑出獄，立刻一呼百應地獲得贊同。

然而，對網路能量一度低估的官方，這次終於警醒起來。

七月四日當天，滕彪、「天天海豚」帶著幾十名推友來到預訂好的飯店，發現飯店貼上了「電路故障」的停業通告，同時他們在周圍發現了多名監控他們的國保。處於興奮狀態的推友對這些阻撓的反應不是恐慌而是興奮，他們說說笑笑地在酷暑中沿著人街尋找飯館。

每到一處，老闆一開始都是滿口歡迎，跟隨的國保進店交涉後就以沒菜、沒大廚等理由拒絕招待。推友們就大著膽子上前，對著阻撓的國保調侃、質問，追著這些沉默的便衣男子拍攝。到最後，國保不再出現在飯店裡，王荔蕻只要進一家店還沒開口問，老闆就坦承：「大姐，抱歉，員警給整條街都打過招呼了，不能接待你們推友團的人。」

這時天天海豚有事要返回酒店處理，為免她落單，滕彪和兩名推友陪同她前往，不料他們到酒店後就被大批員警堵在房間裡，員警宣稱有人舉報他們吸毒，要把他們帶走調查。僵持之間，其他推友來到酒店增援，又被更多員警分撥控制。

隨後，全國各地的國保出現在酒店裡，將王荔蕻、天天海豚等主要推友分頭帶回居住地。游精佑被看守所拖延至當晚十一點多才釋放，部分推友見到了他，向他表達問候後便分頭散去。

——

被國保從推友節帶回的過程中，部分參與過「四一六」工作的推友遭到了審訊。天天海豚就是其中一個，但她沒有感受到囚徒困境，她在決定參與「四一六」的時候，王荔蕻就提醒過她可能會有風險，其他推友也不時會在推特上分享自己被員警約談的經歷。可以說，她對員警訊問這件事早就脫敏了。

天天海豚與「四一六」這群核心推友已經不知道一起聚餐過多少次，忘記從什麼時候開始，大家都把王荔蕻叫做「大姐」。天天海豚很熟悉大姐每次談起審訊都表明的決心：「我只說自己做的事，絕不說別人的，至於是誰組織的，要嘛就沒人組織，要嘛就說是自己組織的。」

王荔蕻的決心漸漸也成為推特行動者們的普遍自我要求，天天海豚也是如此。當審訊員警對天天海豚說：「唉呀，妳幹了什麼，那個大姐全說了，妳就說吧。」天天海豚只覺得好笑，心裡想著，你就蒙我吧，大姐有事肯定自己扛著。

推特時期開始接觸國保的網友，很多會採用比較柔性的應對策略，但王荔蕻在這方面一直是強硬派。老虎廟在坐國保的車時，國保遞來的菸，他正好犯菸癮就接了；當老虎廟跟王荔蕻說起這事，王荔蕻劈頭蓋臉就說他：「叛徒！」雖然這只是表達強烈抗議，不是真的不信任他的意思。

推友節之後，全國各地推友受到的監控和約談都明顯加緊。天天海豚認為，這意味著網友展現出的互聯網運動潛能終於導致了官方的警惕。但大部分推友沒有覺得這是嚴重的危機，他們確實認為自己做的不過是「飯醉」和「圍觀」，這些策略性的去對抗的詞彙，在一定程度上延緩著普通推友的恐懼侵蝕。滕彪說，當時人們的普遍評估是：這樣的事情可以做——有風險，但也不至於太大；如果是約談之類的風險，大家是願意承受的。

互聯網運動，很大程度與公民社會的路徑一樣，滿足青年一代公共參與者對行動方案的具體微觀和低門檻的要求，只是關注的事件更敏感一些，風險也稍高一些，但運動激情和成就感也大大提升。

游精佑出獄後，心心念念想見見王荔蕻，還要答謝推友們的支持。他在七月底來到北京，與王荔蕻一見如故。但此時推友節事件剛過，要組織大型的聚餐料不容易，王荔蕻就找來張輝、莫之許與游精佑一起商量對策。

最後他們決定，由推特粉絲最多的莫之許在第二天下午發出推特，自稱在某個餐館遇上了游精佑，號召推友們前來聚餐，王荔蕻、張輝再發推特表示應聲而至。

這個計畫獲得了意外的成功。第二天看似隨興的聚餐開始後，策劃者和不知情的推友們都不斷將到場名單更新到推特。楊子立、胡石根等人落座後，有人開始更新到場者的刑期總和，最終推特上的統計結果是七十年。

隨著推友越聚越多，現場還出現了一桌特殊的客人，他們沉默著互不說話，叫了飯菜但也沒有埋頭吃飯，而是東張西望，盯著其他在場的食客看。許多行動者都認定，他們是國保，但都沒有拆穿也並不在意。推特時期的運動很少刻意防範洩漏，當時的人們覺得警方知情，對自己也是種保護，警方真的不能容忍的事大不了就不做。

那天最終筵開七席，到場者約有七、八十人次，除了積極的運動者和異議者，也有許多是普通的白領推友。人們流水一般到處打招呼、敬酒、說笑，毫無預備的酒家就這樣被一群興奮莫名的客人塞滿。

游精佑拿起擴音喇叭向推友們致謝，接下來是王荔蕻等行動者和知名學者們的發言，人們又不知在誰的提議下合唱起革命歌曲《團結就是力量》，聲震屋瓦。

各種發言和照片源源不斷地上傳推特，線上和線下同步形成了熱鬧非常的景象。

第五章
野蠻生長

原始積累

一個正準備白手起家的商人，受邀走進一家夜總會，他知道自己不能不來，因為這才是人們會真正開口談生意的地方。然而他羊入虎口，商人被推進一間小黑屋裡，一把槍頂住了他日漸發福的肚子，他不得不簽下一份合同換取全身而退。

房地產商馮侖，坐在北京一家豪華酒店的雪茄室裡，對自己的作家朋友查建英說起這個故事，後來查建英又把它寫進自己的書裡。馮侖強調自己公司的人就遇過這樣的事，又補充說有的人會就此消失或被謀殺。

但馮侖用「很快樂」形容自己在這種環境中打拼的時光，「因為你突然到了一個完全自由的地方——沒有法規，沒有限制，也完全不用理會那些老掉牙的傳統觀念。」

像許多評論者一樣，馮侖用美國十九世紀五〇年代的「淘金熱」來比喻九〇年代中國經濟開放區的景象：政府監管無力，規章制度模糊，做著發財夢的人們蜂擁而至。

有發財夢的人很多，但真正能在這個「資本原始積累階段」成為大亨的人，如果不是本身就來自官員家庭，往往要像馮侖一樣，在政府官員中有著深厚的人脈。在下海前，馮侖在國務院和海南省黨委都任過職，海南省是中國最大的經濟開放區，也是馮侖挖到第一桶金的地方。

毫無人脈資本的底層鄉村青年，同樣不斷地湧向市場化更早到達的中國南線省市。他們中的不少人也夢想著自己有朝一日會成為出入夜總會的老闆，但更多人只是因為有老闆的地方就會有工廠和服務業，這些工作的收入就足以讓他們穿上新衣服、為父母添置家電，甚至幾年後在老家蓋起新房，從而在停滯的鄉村製造階級流動的效應。

二十一歲的湖北鄉村小學教師葉海燕，在同鄉的示範下也加入了打工大軍，在她離家的一九九六年，中國跨省打工者的人數達到一億四千萬人，比當年美國總人口的一半還多。她一到廣西小城博白就走進了夜總會，但不是以老闆的身分，而是陪老闆的「小姐」。

包括葉海燕自己在內，沒有人會想到，這個「小姐」日後會成為中國最知名的女性意見領袖之一。

—

葉海燕初中畢業時考職業高中失利，之後在家鄉小鎮上零零碎碎幹過很多種工作，茶葉廠採茶工、飯店洗碗工，還做過建築工。她總是期盼著寒暑假的來臨，自己雖然不放假，但村子裡唯一一個大學生會放假回家，她就可以去找他借書看，那麼多厚厚的書能出現在這個小村莊，在葉海燕看來簡直是奇蹟般的恩賜。

葉海燕十八歲時，村裡小學有個老師要生孩子，葉海燕讀書時成績一直不錯，學校就讓她頂了空缺做代課教師，收入是打零工的兩三倍。不久成人教育考試流行起來，葉海燕報讀了漢語文學課程，期待拿到專科學歷後能轉成正式教師。

課程讀到第二年，學費是六百元，這相當於當時中國農村人均年收入的三分之一。葉海燕去找父親要學費，他正在跟村幹部打麻將，她艱難開口，爸爸只扔來一句話：「現在家裡哪有錢？」葉海燕家中還有兩個弟弟，大的已經輟學，小的還在讀書。旁邊的村幹部忍不住說，孩子要讀書，你還不給她錢？葉海燕聽著眼淚就掉下來，趕緊跑回了家。

葉海燕外出打工的初中同學放假回鄉看她。同學穿著光鮮，已經像個城裡的女孩，脖子上戴著金項鍊，而葉海燕穿著媽媽的舊衣服，腳上的拖鞋是兩隻不一樣的，因為家裡有兩雙拖鞋各壞了一隻，她只好把好的湊在一起穿。同學看她過得這樣狼狽，勸她不如跟自己到廣西打工。葉海燕一開始考慮要照顧家人不想去，同學循循善誘，說賺了錢才能繼續讀書。她當即把心一橫，答應了。母親跑遍村莊為她借來三百元盤纏，葉海燕從此踏上了異鄉飄萍的路。

她的同學帶她走進了卡拉ＯＫ，這是一種相對低檔的夜總會。卡拉ＯＫ小姐的工作以陪客人唱歌為主，也陪吃飯喝酒，就是俗稱的「三陪小姐」。這種灰色地帶的色情行業在小城裡是散漫的，小姐有一定的自主權，不一定要任客人親熱，更不一定要上床。對年輕女孩來說心理障礙沒有真正的性工作大。

葉海燕對當卡拉ＯＫ小姐幾乎沒有抗拒感，她的父母是那種典型的沉默的農村父母，幾乎不會給子女什麼人生教導，更不用提性教育，她沒有習過傳統規範，自然就沒有心理障礙。

當時讀過成人教育的葉海燕，在小姐中顯得與眾不同，老闆把她定位為大學生，專門安排她陪官員和體面商人。對於官場應酬，葉海燕像是有天賦一般，一看就懂，對誰該給什麼臉色，她跟自己的客人配合得很好。於是這個特殊的小姐成了客人們的臉面和拍檔，葉海燕總是處於被「捧著」的狀態，幾乎沒有感受過尊嚴被踐踏的時刻。在外出打工的第二個月，葉海燕給父母寄去了一千元，這對她家來說是一筆鉅款。

葉海燕喜歡在行為處事中將自己與其他小姐區分開。白天是小姐們睡覺的時間，葉海燕就養兩隻鸚鵡，提著籠子到公園去閒坐，或是教卡拉ＯＫ老闆的小女兒寫作業。她還寫一千來字的散文遊記，投稿給當地報社，發表成小豆腐塊。

報社裡的人很快都知道了：「有個小姐在給我們寫稿」。他們專程把稿費送到卡拉ＯＫ，好看看她什麼模樣。葉海燕眼睛窄長，鼻子寬闊，很難說是典型的漂亮長相，但勝在豐腴結實又不算胖，在年輕女孩中算是頗有風韻。她對三十多塊的稿費毫不在意，只覺得報社的「正經人」煞是有趣。

很快地，葉海燕遭遇了出眾的卡拉ＯＫ小姐經常面臨的邀約：有個條件不錯的已婚客人追求她，希望她做自己的女朋友。這個邀約同時毫不掩飾地表現為對性的請求，他甚至下跪央求她跟自己上床，葉海燕被求得受不了，就同意了。

她來廣西之前跟家鄉的男友就有過性，十多歲的她壓根不知道男友跟她睡在一起時為什麼開始摸她，後面的過程只讓她覺得疼，殺豬一樣疼。她經常問男友，我們為什麼要做這件事？

然而，二十一歲的性體驗卻讓葉海燕對床笫之事有了全然的改觀。她被前所未有的快感震懾，立刻感覺自己賺到了。她心醉神迷，瘋狂地索取，在頭一個月裡幾乎每一天都不願放過。

當時卡拉ＯＫ裡的農村女孩，經常暗暗比較誰是「更好的女孩」，即只是為了賺錢跟客人親暱，或者拿了錢也沒讓客人得手，而不能是真正喜歡男人喜歡性。葉海燕對性的痴迷則駭人聽聞，小姐們嘖嘖談論著她喝醉酒主動去脫客人褲子的故事，但這些對葉海燕構不成壓力，她有時也奇怪自己對別人的看法似乎就是不甚在意。

沒多久葉海燕的已婚男友變得醋勁十足，他不能接受她再去應酬其他客人，於是她辭了職，他出錢給她租下房子，她進入被包養的狀態。

接下來的故事如同地攤文學的套路，年輕的女孩受到成熟男子的寵溺，她認為這就是愛情，哪怕是做小老婆，能跟他在一起就好。但隨著她越來越依賴這個男人，她也越來越難以忍受他回家跟妻子相處。她吃醋、發火，變得不再溫柔乖順，自然失去了對尋歡男子的吸引力，他以無法離婚為由，提出要跟她分手。葉海燕沒有歇斯底里，她回歸現實，帶點心虛地向男人提出要一萬塊錢的分手費，這對商人來說不算個大數。

歡場打滾一年多，葉海燕還沒能學會獅子大開口，但已經知道一張成人教育文憑遠沒有一門生意來得實際。她用這一萬塊錢開起了「九頭鳥按摩店」。九頭鳥是湖北人的綽號，意思是他們像有九個頭的鳥一樣聰明、靈活，生命力頑強。

九頭鳥按摩店裡全是葉海燕從家鄉招來的女孩，找個按摩技師來給她們培訓一下就可以開工。

為了顯得更專業些，葉海燕給女孩們配上統一的運動套裝。她做的是不帶性服務的正規生意，但難免需要這二十多個女孩打扮得漂漂亮亮，做點情感行銷。葉海燕定的底線是，女孩們不能在店裡跟客人發生性行為，否則就要離開九頭鳥。

按摩床在二樓的大房間裡不帶遮擋地一字排開，但好幾次人少時，只有一個女孩在二樓為客人按摩，要是客人騷擾女孩，守在樓下的葉海燕就得趕緊跑上去調停。有時客人惱羞成怒，強行要求性服務，這種時候，葉海燕就得發揮她靈活的處世之道，從隔壁掛紅燈的情色按摩店請來小姐接活。有一次螳螂捕蟬還有黃雀在後，員警跟著小姐就上門檢查，葉海燕因此被罰了五百塊錢。

儘管小本經營不易，但憑著過去在卡拉ＯＫ積累的客源，葉海燕的按摩店生意一度紅紅火火。她把媽媽從老家接來給女孩們做飯，弟弟也叫來分擔管理。普通底層者改善家人生活的理想，葉海燕在二十二歲就輕鬆辦到了。

九頭鳥裡的按摩女孩們都有自己的休息椅子，她們為椅子鋪上專屬坐墊以示主權。隔壁店的小姐有時會到九頭鳥串門。一天有個小姐走進門，隨意在一個按摩女孩的椅子上坐下就開聊，等她聊完一走，那個按摩女孩走向自己的椅子，把隔壁店小姐坐過的布墊一掀，扔進了垃圾桶。按摩女孩覺得自己是做正經工作的，她嫌小姐髒。

葉海燕看到這一幕，心裡很不是滋味。她這時還不懂「歧視」這個詞，只覺得小姐也是為了賺錢養家，明知道會有罵名，還是選擇為家人犧牲，她們的勇敢是自己比不上的。

葉海燕在博白與一個當地男孩戀愛了，兩人的感情進展很快。男孩把她帶回家見父母，但男孩的父親直白地告訴這對小情侶：葉海燕是外地人，是來做小姐的，不能嫁進家門，留她在外面做個情人可以，想做「正房」是不可能的。

男孩父親的話刺激了葉海燕。想起上一段與已婚男人的憋屈戀情，她感到不忿：我憑什麼不能做「正房」？她立刻向男孩提出分手，撂下話說：我馬上就能嫁人，而且就做「正房」。

年輕的葉海燕迅速認識了一個比她年紀還小的帥氣男孩，男孩的媽媽正在病中，按照迷信立刻挑了個日子要兩人結婚「沖喜」，葉海燕順水推舟就結婚了。

葉海燕的丈夫在當地人眼中聲名不佳，他們有時嘴碎會說她怎麼嫁了個「爛仔」，說他是為了錢跟她結婚。但葉海燕感到滿意，二十四歲的她渴望平凡傳統的婚姻。在博白，單身的外地女孩經常被罵做「雞婆」，但一旦與當地人結婚，人們就會她把當作一個妻子看待，如果再能生下孩子，當小姐的過往就一筆勾銷了。

葉海燕很快地懷孕，她相信自己必須生下這個孩子：「因為別人都認為妳做過『小姐』，如果妳不生孩子，別人就覺得妳是不是幹『那個』多了，生不出。」

葉海燕的妊娠反應特別嚴重，丈夫一天到晚也不回家，她於是決定回湖北老家調養，按摩店則交給弟弟打理。等到她幾個月後回到博白準備生產，才知道丈夫在外面的女朋友也懷孕了，跟她懷孕的時間僅隔一個月。

葉海燕想過拿菜刀跟丈夫來個玉石俱焚，但她的驕傲很快將她的想法轉變為：「我缺了你還不成啊？」湖北女孩葉海燕的確像九頭鳥一樣，頑強又不會鑽牛角尖。

葉海燕在孤單悲憤中生下女兒，一力承擔養育初生兒的繁瑣勞累，根本無暇顧及按摩店的生意。同時警察局嚴打異性按摩的風聲漸緊，葉海燕知道她沒有背景關係，一旦被罰恐怕要傾家蕩產，她草草結束了生意。帳目結算下來，除去結婚生子的開銷，所剩無幾。

葉海燕離開了闖蕩四年的小城博白，除了傷痛和八個月人的女兒，什麼都沒有帶走。

網路紅人

一場婚姻失敗就能擊碎一個女人蒸蒸日上的生活，這樣的故事在中國脆弱性極高的底層女性中尤其常見。

悲劇的細節總是不盡相同，但這種故事中最典型的一類甚至有制度性的基礎，受害女子們把自己命名為「農嫁女」：出嫁後的農村女子——她們從結婚之日就失去父親土地的繼承權，她們的土地權益歸夫家計算，但她一旦離婚，她就失去任何土地權益的要求權。這種現象源於受政府認可的「村規民約」，按照國家政策，村莊有權自行制定這類村內土地的分配規則，性別平等與否並不影響它的效力，而擁有決策權的村民大會一般由男性村民主導。

江南一帶的農嫁女們經常為討回土地抱團上訪，她們的集體簽名動輒有數百上千之眾。二〇一〇年的官方調查顯示，每五個農村婦女就有一個沒有土地，婦女因婚姻變動而失去土地的比例是男性的八倍。

葉海燕離婚時沒有心思考慮自己微薄的土地權益，她的當務之急是給年幼的女兒賺生活費。葉海燕狠狠心，把女兒留在湖北老家由母親照顧，自己回到廣西的另一座小城，重抄舊業，做卡拉ＯＫ小姐。但這一次葉海燕感到力不從心，或許是因為歲月流逝，自己已不再那麼年輕，又或許因為剛生產的身體仍然虛弱，她無法再輕鬆應對連續的熬夜和醉酒。脹奶時乳汁往外滲，她怕被客人發現，只能用紙巾墊在內衣裡，硬著頭皮灌下冰冷的酒。她覺得好辛苦，忍不住感傷自己怎麼落得這樣悲慘。二十五歲的生日，葉海燕在卡拉ＯＫ裡度過，她喝得酩酊大醉，打電話給自己的前夫，喊他老公，求他來看自己。酒醒後她只記得，電話那頭的男人，不斷掛斷她的電話。

葉海燕這次只勉強熬過了十五天，她一拿到工錢就離開卡拉ＯＫ，輾轉到廣西省會南寧找工作。她開始考慮自己的女兒，不願意將來她長大了，別人告訴她媽媽是小姐。

葉海燕夢寐以求的是一份能坐在電腦前的工作，她花點錢上了個打字培訓班，再花五十元買個文憑，就到小公司應徵當文秘。她用求職信打動老闆，告訴他自己是個單親媽媽，急需一份工作。到了真的要做文秘工作的時候，葉海燕就求助於剛剛流行起來的天涯社區，網友給她發來模版，她改一改交給老闆也順利過關。

不久後，葉海燕跳槽到一家大企業當文員，工資不錯，她就把孩子接到身邊，一邊帶孩子一邊工作，母女倆的生活雖然艱辛，但眼看就要步上正軌。隨後，湖北武漢一家醫藥公司邀葉海燕加盟，她辭職後才發現新工作就是到醫院裡推銷藥品，還得用自己的錢先進貨，她一下子又變得積蓄全無，還欠了不少錢。

葉海燕的打工經歷，是許多中國底層打拼者的寫照，他們努力做新的嘗試，期待自己能在連續躍遷後上升一個階層，卻是兜兜轉轉，得而復失，始終在溫飽的邊緣線上掙扎。在葉海燕離鄉打拼的一九九六年，最高收入者的人均收入是最低收入者的四點一倍，四年後擴大到五點七倍。在二〇〇〇年，低收入群體收入有所增加的比例低於10%。這反映在財富夢想的號召下，中國的社會流動性事實上極低，像葉海燕這樣的底層民眾在國家經濟的發展中屬於被拋棄的一群。

與此同時，底層打拼者們在報喜不報憂的主流媒體上看見的仍是「經濟發展形勢一片大好」，致富神話一個接著一個。這難免讓人產生仇富心理，以及現實不如預期帶來的「相對剝奪感」。

按照著名社會運動學家格爾（Ted Robert Gurr）的理論，民眾的相對剝奪感是導致社會動盪的主要原因。中國象徵貧富差距的收入「吉尼係數」（Gini coefficient）從一九九三年就超過了零點四的社會動盪警戒線，舉辦奧運的二〇〇八年達到零點四九，但這只是官方公布的數值，高校等研究機構測算的數值一直比官方數值要高許多。美國密西根大學的教授謝宇在二〇一四年比對中國的多份調查，估算二〇〇五年之後中國的吉尼係數在零點五四左右。相較而言，俄羅斯在二〇一二年的吉尼係數零點四一就顯得低多了。

現實中，民眾與政府的衝突事件的確在急劇增加，在一九九三年全中國這類事件只有不到九千起，到二〇一〇年就超過了一年十八萬起。為了應對，中國政府從最高層開始設立「維護穩定工作領導小組」，這個小組最早成立於國企職工下崗潮開始後的一九九八年，很快與員警系統相結合。「維穩」這個說法隨即成為中國式統治的代名詞，從謝燕益、李和平身邊出現的監控，到推特網友遭遇的約談，以及上訪者被攔截遣返，都屬於這項對官員政績舉足輕重的政府工作的範圍。二〇一〇年，中國國家財政的維穩支出達到五千五百億元，超過了國防支出。

胡錦濤在二〇〇四年提出建設「和諧社會」，「被維穩」的人們則感受到「和諧」的意思是要將異見和不公都強制消音，網友進而發明出「河蟹」這個擬音詞，用以諷刺政府的管控，而網友則自稱「草泥馬」，這是中文裡最常見的髒話擬音詞，以示自己就是不和諧的聲音。一名推特網友拍攝的三網友案抗爭紀錄片，名字就叫《草泥馬大戰河蟹》。

絕大多數底層打拼者在摸爬滾打中默默無聞度過一生，但在急速變遷的時代裡，有些人的個人特質會突然與時代產生共振，從而脫離既定的人生軌道——葉海燕就是這樣一個人。

葉海燕自從在網上得到過文秘模版之後，就自己在天涯社區設立了助理文秘版面，希望對自己和同行的工作有所幫助。她同時開始在天涯上寫情感文字，她有兩個ＩＤ，一個叫「雨燕單飛」，一個叫「流氓燕」，這兩個 ID 後來分別成為天涯上兩個重要的情感版面的版主。

沒人能想到這兩個 ID 是同一個人。雨燕單飛的文字是惆悵綿長的，她是對愛情充滿浪漫想像的文藝女子；而流氓燕則是個「浪女」，她髒話連篇，動輒與網友對罵，發出爭議無數的帖子，比如討論離婚女人的慾望如何解決，四十歲的女人如何誘惑二十歲的男人。這些充滿性描繪的攻略，絕大多數是葉海燕憑想像寫的，雖然沒多少文學造詣可言，但勝在露骨潑辣，看得過癮。葉海燕透過寫作這些文字排解自己壓抑的慾望，一個離婚女人帶著孩子幾乎找不到穩定的管道滿足性需求。

火起來的是流氓燕。

在中國主流文化中，性彷彿是不存在的事物，中國沒有合法的情色文字和影片管道，即便是非婚者的自由性行為也被認為是不可談論、甚至可恥的，但性的慾望卻無法因為主流文化的不承認而被取消。

因此當匿名的網路興起，性的慾望和談論時政的慾望幾乎是兩座同時噴發的火山，分處在人們生活需求的公私兩個極端。女權主義的理論常說專制和父權是一枚硬幣的兩面，公私兩端的需求在壓制稍顯放鬆時雙向爆發，似乎側面印證著這種說法。如此背景下，流氓燕的文字在天涯小有名氣，許多網友一邊罵著「不要臉」，一邊追著看她發布的每一篇新文章。

二〇〇五年夏天的一個周末，葉海燕與朋友一起到武漢郊區遊玩，旅館的木框窗戶讓她覺得賞心悅目，她就跟女伴倚窗相互拍起了裸體照。葉海燕選了一張自己背對鏡頭但胸部側影完全入鏡的照片發布到天涯。她早已習慣在網上分享自己的搞怪照片，為庸常的生活增加一點存在感。

一石激起千層浪，這幾張照片的瀏覽量在數小時內就突破百萬，幾乎癱瘓了天涯的伺服器，此事隨即成為新聞，登上各大門戶網站頭條。謾罵像潮水一般向葉海燕湧來，有人對她的身體各部分逐一惡評，有人說她本來就是老鴇，更多人指她「炒作」和「傷風敗俗」。

對性規範向來不敏感的葉海燕，此刻才發現自己對身體和性的觀念與普通網友是天差地別，她立刻投入筆戰狀態，以罵還罵，揚言要把照片列印在塑膠袋上免費派發。沒過幾天，流氓燕的ＩＤ被封，但裸照事件吸引來的各路採訪，已經讓葉海燕成了網路紅人。

「每個人都能當十五分鐘名人」，半個世紀前美國先鋒藝術家安迪．沃荷用來形容大眾媒體時代的這句話，用在中國爆發的網路熱潮中，也十分貼切。

在葉海燕一夜爆紅之前，因性愛日記和裸露照片成名的女博主還有木子美和竹影青瞳。在葉海燕之後，也有憑奇葩照片和極端自戀走紅的芙蓉姐姐和羅玉鳳。在潮起潮落的網紅中，流氓燕，很可能只是一個輕易就會被遺忘的名字。

但葉海燕似乎比別的網路紅人多了點什麼。

一位浙江大學的教師在看過葉海燕的文章、圍觀她與網友的罵戰後，給她留了個言：「妳是一個女權主義者。」其實類似的評語，木子美和竹影青瞳也收到過不少，當時的評論者經常把她們視作女性自我意識崛起的先鋒，但她們本身似乎沒有興趣拾起這頂荊冠。而葉海燕看到「女權主義」這個詞時，眼前一亮。

她馬上搜索了這個詞，看過網上百科對女權主義的簡介，葉海燕立刻認定：這正是我需要的武器。女權理論裡批判的那些常見的性別問題，葉海燕在生活中有過太多體驗，只是她一直沒能習得一種語言，把它們理直氣壯地表達出來，如今，因為一個詞彙的出現，她腦洞大開。

流氓燕的ＩＤ被封，葉海燕覺得這其中也涉及網路中性別話語權的不平等，她決定要建立自己的網路陣地。葉海燕把自己的網站命名為「中國民間女權網」，下設八個板塊：離婚女人、未婚媽媽、小姐……幾乎每一個，都是她自己作為弱勢女性的多重身分的投射。之所以要強調「民間」，因為葉海燕心裡有一點怨氣，想把自己與官方或是學院派區分開來。這怨氣來自於，她曾公開呼籲和私下聯繫許多在網路上名氣的學者和記者，請求他們關注性工作者的權益問題，她當時把這個群體稱為「小姐」。然而，葉海燕發出的資訊大多石沉大海，偶爾有一兩個回覆的也是給她潑冷水，說此事無法獲得主流社會的認可。葉海燕的反應是：「你們都不幹，我自己幹！」

為小姐發聲，是葉海燕開辦民間女權網的最核心動力。她發布公告招募網站志工，落款是「中國民間女權工作室」，這事實上就是她自己、一台二手電腦、一台印表機和一部電話。這個時期，她對中國九五世婦會以來的女權ＮＧＯ脈絡還一無所知。

相比流星般的各色網路紅人，葉海燕只多了一點對某個問題、某些人的執著和同情。這讓她走上一條漫長的路，由此歷遍中國民間為改變社會作過的種種跋涉。

為小姐服務

關於小姐的事，向來都能引起葉海燕的共鳴，但在她自己的小姐生涯裡，葉海燕並沒有從事過最典型的性工作，對其中苦楚也不曾有深切的體會。讓她產生衝動要為小姐發聲的，反而是她脫離卡拉ＯＫ之後，在南寧找工作的經歷。

當時她借住在幾個小姐的合租房裡，隨身帶了一本自己的網文集子，那是一個在政府工作的網友用辦公室印表機為她印出來的，是她的第一本「書」。同住的小姐們很喜歡傳看這本「書」，裡面有許多以小姐為主角的故事，她們激動地對葉海燕說：「姐姐，從來沒有人為我們小姐說過話。」這讓葉海燕感到不好意思，文章中小姐跟作家相戀之類的情節其實是她想像出來的，但關於小姐日常生活的描寫則十分真實，那來自她自己的體察。

小姐們崇拜葉海燕，有一天提出帶她去她們工作的高檔ＫＴＶ裡玩。這次機會讓葉海燕第一次發現，小姐的真實工作比她想像的要殘酷許多。那個晚上天很冷，小姐們穿著清涼，坐在四面透風的ＫＴＶ大堂裡裹著外套，裸露的胸脯凍得通紅，一來客人就要把外套脫掉站起來，任人挑選。

ＫＴＶ包廂裡的一對男女朋友吵架了，男朋友想要氣女朋友，就叫小姐來陪他。誰料小姐一坐在男人身旁，女朋友就爆發了，撲上去打小姐。那個小姐氣不過：明明是妳男朋友叫我來的！她居然衝動還手，這就引出了大事。男人一看小姐膽敢打自己女朋友，一耳光就把小姐搧倒在沙發上。她的嘴角立刻流出血來，男人還撲上去死死地掐住她的脖子。要不是另外一個小姐趕緊去救，她眼看就要被掐死在沙發上。

但這還不是最震撼葉海燕的一幕。她陪著她們一起報案做筆錄，然後打車去醫院驗傷，受傷的小姐在計程車上突然嚎啕大哭。問她怎麼了，那個小姐說，派出所來辦案的員警，是她男朋友，昨天還在一起溫存，今天看見她被打得這樣嚴重，卻像不認識一樣。小姐鼓起自尊用生氣的語氣說：「他媽的！我對他那麼好，把留給兒子的錢都可以給他用，他居然還把打我的人放走了！」葉海燕知道，小姐一旦把自己賺的錢給男友花，就是動了真情了。

這個小姐哭完，車裡的另一個又哭起來：「我還不是？他媽的！我男朋友在一起八年了，也不提跟我結婚……」她們就這樣一個個說著，妳不幸，我比妳還不幸，哭成一片。坐在那輛計程車上，葉海燕才深深感受到海上花的命運悲涼。

第二天，葉海燕就發出了給中國知名性學專家李銀河的公開信，請求她關注小姐。這成為葉海燕為性工作者呼籲的開端。

——

葉海燕找不到知識分子為小姐發聲，就決定要把自己變成小姐問題上的知識分子。她隔三差五地寫為小姐辯護的文章，裸照風波也給她這方面的言論引來關注，不過基本收穫的是謾罵。

葉海燕在建立民間女權網的同時，公布了一個電話號碼作為「紅塵熱線」，她用「紅塵女」這個文藝的叫法取代「小姐」這個歧義頗多的民間俗稱，熱線的定位是為紅塵女提供關懷和傾訴的管道。

葉海燕的攻擊者尾隨而至，他們寫博客罵她開通了「中國第一條妓女熱線」，沒想到卻客觀上替她做了宣傳，不久就真的有小姐給紅塵熱線打來了電話。

熱線裡的故事，葉海燕一個一個都記得清楚：「小青是哭著打電話進來的，她說真的不想再做小姐，但我聽了她的綜合情況，也只能說再幹一段時間，賺到錢就不要做了，她是被人輪姦了才幹這行的，後來遇到打劫才下決心不幹，她現在已經結婚了，對象是我們網站的一個版主；煙花長得像公主一樣漂亮，是個單親家庭的孩子，她賺錢是為了給媽媽掙醫藥費；還有一個原來做三陪女的，認識一個很有錢的男人結婚了，後來到商場做經理，她把自己從三陪女到商場經理的故事寫給我……」

民間女權網開張不久，一個叫「網路妓女瑤瑤」的ＩＤ出現在論壇中，頭像是女人的胸口上紋著一隻蝴蝶，她用第一人稱發表文章《我是一個小姐，你會娶我嗎》。按當時流行的說法，「在網上沒人知道你是一條狗」，一開始的確沒人能確認瑤瑤是不是真的是個小姐，但很快有網友透過網站順藤摸瓜找到瑤瑤，與她進行了性交易，還將此事公布於網路。

這讓女權網炸了鍋，志工們不願與「妓女」瑤瑤同在一個「皮條網站」，認為這與女權背道而馳。但小姐的權利本就是葉海燕的出發點，她辦女權網的初衷就是為小姐們營造一個沒有評判的網路空間，她無法容忍其他人要跟小姐切割的想法，於是寫文章發洩說，自己要站在天安門城樓上宣布：

我是一個小姐。「我寧可你們走，我也不會讓她走。」她這樣回應質疑者。

志工們果然走了，葉海燕索性將「女權網」改名為「紅塵網」，定位為「中國第一個關注妓女的網站」。旗幟鮮明的前衛招致了更多排斥和攻擊，網站服務公司也以「影響形象」為由，拒絕繼續為葉海燕提供免費的伺服器空間，駭客們前仆後繼的攻擊讓網站陷於崩潰。葉海燕疲於應對，無所適從，她徘徊在放棄的邊緣。

然而，一個噩耗襲來，讓「放棄」成了葉海燕不能接受的選項：二〇〇六年四月一日，瑤瑤在深圳家中被客人搶劫後殺害，剪刀捅出的傷口遍布全身。

「你們可以想像她生前受過了多少痛嗎？」葉海燕在悼念瑤瑤的文章裡問道。

瑤瑤遇害前發布的最後一篇文章，述說的正是在女權網感受到的尊重和自由，她說自己非常愛女權網，她要為飽受壓力的葉海燕辯護。

葉海燕的內心決堤了，她閉上眼睛，就看見瑤瑤胸前的彩色蝴蝶，接著是剪刀、尖叫、鮮血……葉海燕趕緊睜開眼睛，對著電腦，她聲淚俱下地寫下文字：「我為我的渺小無地自容，我捧著我流淚的眼，帶血的心，懇請，你們，關注紅塵……瑤瑤死了，她用她的生命告訴我們，紅塵女是多少脆弱……去吧！傻孩子，這兒有我！哪怕是一條不歸路，哪怕路上多辛苦，我也會一直走下去！」

葉海燕進入了一種瘋狂狀態：她立下誓言要為小姐的境遇終身奮鬥；她天天吃速食麵，用自己投稿賺的錢維持紅塵網的運轉；她跟網上所有說小姐壞話的人吵架；她接聽熱線時變得過於情緒化，總是跟小姐一起流淚；她對著鏡頭拍視頻，講小姐的故事，邊講邊哭花了臉，看也不看就發出去，管不了好壞。

她當時的男朋友比她小九歲，葉海燕穿的衣服都要靠他從家裡偷媽媽的衣服出來，他是紅塵網唯一的志工，兩人輪流值班，刪除網站裡的色情圖片和政治言論。朋友們對葉海燕說，她如今成了個怨婦。

葉海燕不計成本投入，為她吸引來幾個「貴人」。網友金葛是個海歸富二代，他給她租下一個工作室，更新了電腦設備，還時不時資助她點生活費，幫助葉海燕度過了最青黃不接的時期；湖北省疾控中心的飛哥，建議她從愛滋病的角度關注性工作者，協助她辦了第一次防愛街頭宣傳活動；武漢同性戀組織的于老師，將她推薦給二〇〇八年剛剛進入武漢的「中蓋專案」辦公室，葉海燕隨後以「中國民間女權工作室」的名義，申請到了性工作者的愛滋病防治專案資金。

在河南血禍為代表的中國愛滋病感染大爆發之後，中國官方大規模放開了關注愛滋病的國際組織和基金進入中國，「中蓋專案」就是其中主力。這是比爾．蓋茲基金會與中國官方合作的愛滋病防治專案，運作模式往往是將資金注入地方政府的疾病控制中心，再由疾控中心招募並資助草根防愛組織開展工作。

在這個模式中，官方的疾控中心是最大的利益節點，但處於利益下游的草根組織也能分一杯羹。愛滋病防治迅速成為中國公共服務中資金最豐沛的領域，更關鍵的是，同性戀、性工作者、吸毒成癮者等弱勢群體的關注機構，過去被官方視為異端，如今都能藉由防愛的名義正大光明地成立。中國草根防愛組織一時如雨後春筍冒起，葉海燕就是撞上了這一洪流。

自此，過去獨自在網路世界中橫衝直撞的野生知識分子流氓燕，終於摸到了普通人參與社會議題最「正規」的路徑——ＮＧＯ。一個新的世界在她眼前打開。

——

二〇〇九年，葉海燕以性工作者權利機構的負責人身分，參加兩年一度在中國人民大學舉辦的性學國際研討會。這個屬於專業精英的世界，如今她也身在其中，她已經會用「性工作者」這個規範詞彙代替「小姐」、「紅塵女」這些她過去常用的說法。

在會議上，葉海燕遇見了香港老牌性工作者權利組織「紫藤」的創始人嚴月蓮，葉海燕曾多次在寫文章時提到紫藤，作為自己工作合理性的論據。葉海燕對自己與嚴月蓮終於站在同一個場合感到興奮，但她沒想到，嚴月蓮立刻給了她一個下馬威。

嚴月蓮問葉海燕：「如果性工作是工作，那麼妳願意做這份工作嗎？」

葉海燕被問得有點懵，但她還是如實回答：「我尊重每一個姐妹的選擇，可我自己不會做妓女。」

嚴月蓮：「妳為什麼不願意做妓女？」

葉海燕：「因為性工作在中國並不是一份好工作，妓女的工作很危險，而且會影響自己今後的愛情與婚姻。」

嚴月蓮：「哪一種工作不是有利有弊？真正的原因是妳從骨子裡就看不起妓女這個職業。」

葉海燕怔住了，嚴月蓮還補上一刀：「這樣妳怎麼去做維護性工作者權利的工作？」

葉海燕陷入了反思，這麼些年來，她不允許別人出言侮辱小姐，因為覺得她們都是可憐人；她接聽小姐的電話，希望拯救她們脫離苦海。但這麼些年過去，她救得了誰？她救不了，那這是為什麼？葉海燕開始考慮，她或許真的應該把自己放到性工作者當中，才能更好地為她們工作。

想起嚴月蓮對她的論斷，葉海燕感到不忿：變成性工作者有什麼難的？接客不就行了嘛！何況還可以補貼家用。

葉海燕嘗試加入兼職接客的QQ群，進群的條件是服務過群裡的男士並獲得推薦，這就成了葉海燕的第一單生意。那天的細節她一直記得清楚，客人是一九七五年生，跟她一樣大，他晚上來找她時，她正忙著在網上寫文章跟別人罵戰。她急急忙忙到樓下小旅館開個鐘點房。完事後他給她兩百塊錢，葉海燕還說了句：「不好意思啊。」客人離開後就把她拉進了群組，說她還不錯，皮膚挺白，請大家多多關照她生意。

葉海燕就這樣加入了性工作者的行列。她在那一個月裡又接了五、六次客，賺到一千五百元。她把每次接客的故事發表在博客上，網友一時譁然——如果為「妓女」做NGO還只是有爭議的話，成為一個「妓女」，就真正越過了主流倫理的底線。

網友質問她，以後她的女兒要怎麼看她、怎麼做人？葉海燕恍了恍神，她的女兒這時正上小學。葉海燕想起自己離開卡拉OK的原因：我不能讓女兒長大了，別人跟她說妳媽媽是個小姐。她一陣沉吟，想出了一個能說服自己的答案：既然「性工作是工作」，我的孩子也應該接受這個觀念，我要對她有信心。

兼職性工作者面對的殘酷性與專職的不能同日而語，但葉海燕有過交易的經歷膽子就大了些，從此以後出去開會都自稱「我們性工作者」。

葉海燕死皮賴臉地求相熟的性工作者帶她到場子裡去幫忙收錢。她坐在包間的外面，客人要進門就先把錢交給她，客人走了她再把錢給性工作者。這是最低檔的「站街女」的交易方式，葉海燕也是第一次知道，她們透過「錢人分離」規避員警的抓捕。

坐在房間外面，葉海燕有一種看盡人間百態的感覺。十五歲的小女孩也在場子裡等著客人上門。女人們都拿一根帶刺鐵棒，因為如果不給錢，客人是不該碰她們的，有些男人走過沒事就摸她們一把，這讓她們很是討厭。

NGO的工作繁忙，葉海燕能到場所裡觀察性工作的機會不多，但每一次去，她都發現許多自己不知道的細節，那是地表下的世界，她靠得再近也還是陌生。

隨著葉海燕對真實的性工作越來越瞭解，她的想法不再是要讓性工作者「脫離苦海」，因為那需要整個社會環境的改變，包括城鄉、貧富和性別的結構，而在現實逆轉之前，她應該做的是減少性工作者受到的傷害。

在中國，性交易是全然非法的，員警在抓捕性工作者的過程中，最常用的證據之一就是場所或女子的皮包裡備有大量保險套，因此每當員警對性工作者的抓捕加劇，她們為了脫身就會減少使用保險套。

脆弱的地位使得性工作者隱匿在地下，她們不僅不願意接受愛滋病檢測，遇到搶劫和暴力也只能自認倒楣，許多人像瑤瑤那樣死去也不為人知。

葉海燕的觀點在同行眼中就變得越來越激進。她認為給性工作者發幾個保險套、找幾個性工作者做愛滋病檢測無濟於事，她開始倡議性工作的合法化，強調只有合法的地位才能提高性工作者的職業保障和談判能力，她們才不會輕易地答應顧客不用保險套，也不需要擔心攜帶保險套會增加被抓的風險。

按照NGO圈子內部的分類方法，這時候葉海燕從一個「服務型」的NGO工作者，轉向了「權利宣導型」。

十元店

葉海燕對互聯網高度依賴，二〇〇九年轟動一時的鄧玉嬌案無法不引起她的關注，該案不僅與強迫性工作相關，而且就發生在湖北。葉海燕進而注意到在案件中積極操作的網友「屠夫」吳淦，他的特長是製造略顯粗糙的「行為藝術」行動，葉海燕也有樣學樣。

她領著志工來到武漢鬧市區，把一個年輕女孩全身纏滿紗布，女孩像一具木乃伊一樣倒在地上，象徵著備受傷害的鄧玉嬌。其他志工舉起事先列印好的A4紙：誰、是、下、一、個、鄧、玉、嬌。每一個字被放得大大地，占據一整張A4，但軟趴趴的紙張拍起照來仍顯得粗製濫造。這群奇怪的人引起了行人的圍觀，葉海燕順勢演講鄧玉嬌的故事，全程持續了二十分鐘，葉海燕就宣布撤離。

這種時間短、規模小的「快閃行為藝術」，在新銳的NGO工作者看來，不容易引起員警的重視，又足以吸引媒體發新聞，是性價比較高的街頭行動，介於一般的宣導工作和社會運動之間。

但這次武漢警方沒有放過她。幾天後葉海燕接到疾控中心專案辦公室的電話，說有事要找她談。她趕到辦公室，負責人指著三個便衣男人說：「這是公安局的同志，妳有什麼話就跟他們說。」葉海燕感到好氣又好笑。

這三個男人是武漢國保，他們提出要去葉海燕的辦公室看看。三個國保一進葉海燕辦公室就被震驚了，他們說：「天哪，妳這怎麼亂七八糟的！」葉海燕的辦公室同時也是她跟女兒的家，她總是沒有足夠的時間料理家務。

國保們左看看右看看，一會問葉海燕牆上貼著的文件什麼意思，一會又問她什麼是「自由門」。「自由門」是法輪功團體開發的早期翻牆軟體，但葉海燕當時還沒有聽說過。國保對鄧玉嬌的事情似乎興趣不大，這一次也沒有跟葉海燕多聊。但之後幾乎每隔一個月，國保就會出現，來探聽葉海燕的動態，他們總是在問她跟萬延海的來往，以及她在「聯席會議」的工作。

萬延海當時還沒有離開中國，無論在行動力還是資源方面，他都是整個愛滋病防治領域的大佬級人物。「中國愛滋病民間組織聯席會議」是萬延海在二〇〇六年發起的一個全國防愛草根組織的協調機制，萬延海和陸軍是會議的首屆召集人。這個機制的主要作用是發布聯合倡議，增強防愛NGO相對政府的議價能力，在全盛時期的二〇〇九、二〇一〇年，有一百七十多個組織加盟其中。對維穩部門來說，一切民間力量都是值得警惕的目標，何況是如此大規模的NGO共同體。

對於葉海燕，聯席會議最大的意義並不在於每年發幾個聯合聲明，而是這個機制內部類比議會民主的運作方式。聯席會議每年開一次年會，每個機構需派人參加，年會上要選出下一屆的理事和主席。在全體投票之前，競選者要發表演講，各個組織也為自己的候選人拉票。主席當選後有責任召集會議和形成決議。

葉海燕興致勃勃地投身到這個民主遊戲中，在社會上摸爬滾打多年的她兩度成功當選，分別任理事和主席，深度體驗過聯席會議民主過程的每個環節。她學到了會議主持者的責任是讓各方意見充分表達，而不是貫徹自己的想法，也參與過選舉中的「陰謀」，她曾與其他組織抱團促使大佬萬延海在理事競選中失利。

這些過程讓葉海燕充分感受到民主的低效和暗流湧動，而她得出的結論是：這些「弊端」正是必須選擇民主的原因，在這種制度下普通人才會有機會，起碼有討論和博弈的空間。

萬延海在愛滋病NGO中是個爭議人物，喜歡他的人認為他是勤奮又有魄力的實幹者，對中

國愛滋病領域的貢獻無人能比；不喜歡他的人則認為他工作方法過於激進，在愛滋感染者與政府之間造成不必要的對立。

葉海燕基本屬於前一種人，儘管她也認為萬延海在聯席會議中有時過於一言堂。她一開始對國保的工作不甚了了，還耿直地對他們講明，萬延海是個好人，他們要求她不與萬延海聯繫是辦不到的。

透過與愛知行的合作，葉海燕參與到越來越多的社會運動中。愛滋病維權者田喜宣判時，葉海燕也到河南「圍觀」庭審，田喜被判刑一年的消息傳出，她在法院門前投擲了數個裝有紅色顏料的玻璃瓶，這一幕被當時在場的艾曉明拍攝了下來——這個運動場景，將來自底層的抗爭者葉海燕，與大學教授艾曉明，聯結到了同一個陣營，她們本屬於社會中一輩子都很難發生交集的人。

這些行動逐漸讓葉海燕在愛滋病領域裡被視作最激進的一端，她也不打算融入溫順的主流NGO。在一次愛滋病領域的大型會議上，葉海燕當眾質疑有官方背景的NGO：「為什麼愛滋感染者在北京上訪的時候，你們不站出來為他們說話？」當時是二〇一一年初，葉海燕已陪伴感染者在北京上訪數月。她對著會議的主席台發問：「你們這樣是不是很無恥？」

葉海燕的行為升級，連帶也讓警方對她的處置升級。武漢警方開始「逼遷」——透過給房東施壓或上門騷擾迫使租住者離開，警方經常用這種手段將影響「維穩」政績的麻煩人物趕出自己的管理範圍。當時葉海燕十二歲的女兒獨自住在武漢，每天自己上學放學，自己買最便宜的速食解決吃飯問題，晚上自己睡，因為害怕而整夜整夜地開著燈。遠在北京的葉海燕心疼不已，四下無人時常默默垂淚。

員警和養育的壓力對葉海燕來說是最後一根稻草，但此前三年的NGO工作其實早已讓她難以為繼。她在眼界和經驗上是NGO世界的受益者，在生活境遇上卻受盡中國NGO不合理的專案制的銷蝕。

正如李英強抱怨的，NGO資助方總是願意涵蓋工作支出，但對工作者本身也需要生存養家則自動忽略。葉海燕接的是疾控中心「外包」的專案，就更是資金鏈條被層層剝削後的最末端。她拿到的項目資助從未包括人員工資，她和女兒的生活費一直來自網友的捐助和朋友的借款。

對葉海燕來說，更可怕的是「先墊付後報銷」的資助方式，這幾乎是草根專案的慣例，第一年工作的專案資助常常得等第二年才拿到。就連墊付的錢也只能向人商借，最多時她欠朋友四萬餘元人民幣，這對於捉襟見肘的她是筆鉅款。「我從來沒有欠過這麼多錢。」她說，「本身我們都是很窮的，你要我們上哪去借錢？」

經濟的重擔讓葉海燕每次出差都心驚膽戰，害怕自己的現金流無法支撐到行程結束。最驚險的時刻發生在一次她與志工坐火車回程，她給志工買了個便當，自己只敢買瓶礦泉水充饑，但這就讓她全身上下就只剩兩塊五毛錢，她回到家時餓得幾近昏倒，只得求室友請客讓自己吃頓飯。

在北京陪感染者上訪時，葉海燕眼看著自己手頭的錢又一天天墊空，女兒獨自在武漢每待一天都在折磨著她身為母親的心，加上多年來民間圈子裡對她的質疑始終如影隨形，比如吳淦將救援鄧玉嬌的捐款結餘轉捐給她，就引發網友撻伐：為烈女捐的錢怎能轉給妓女？這些質疑在平時擊不穿她堅硬的鎧甲，在精疲力竭時卻每一聲都像重錘擂在她的心上，嗡嗡作響。

葉海燕累了，她算算做民間女權工作室這六年，沒有為自己和女兒在經濟上獲得一分積累，卻是遍體鱗傷，她覺得自己已經付出得夠多了。她還欠一些朋友的債，但債主早已不找她還，「那就算我已經用社會工作還給他們了吧。」葉海燕這樣自我安慰。她把手裡僅剩的錢在北京為上訪者花光，然後向他們告別：「我再也不能陪你們走下去了。」

葉海燕回到武漢，答應警方她會離開湖北。她帶上女兒去廣西，員警一路把她們送到火車站。

——

兜兜轉轉十一年，葉海燕回到了當初做卡拉ＯＫ小姐的廣西小城博白，與離開時一樣，一無所有。

葉海燕想要跟女兒好好過普通日子，然而這並不容易。她開了淘寶店，但新店進帳遠不足支撐母女倆的生活。徬徨之際，支援葉海燕的網友又來鼓勵她，多年事業不要就此放棄，還表示願意資助她的工資。

葉海燕有些管道可以支撐生活，員警也沒有再來騷擾她，她就又申請了性工作者愛滋病防治專案，在博白開起了「浮萍工作室」。但葉海燕發誓痛改前非，不再為專案貼一分錢，財務交給志工打理，有多少錢就做多少事。

「這是最後一次做ＮＧＯ了。」葉海燕想。其他ＮＧＯ最在乎的機構存續問題，對她來說不再重要，這一次葉海燕決心完全按自己認可的方式工作——不久後沸沸揚揚的「臥底十元店」事件，就是這個思路下的產物。

十一年間外面的世界天翻地覆，這個偏遠的西南小城卻停滯著，人們仍然沒聽說過ＮＧＯ，低檔性工作者們仍坐在按摩店和髮廊的玻璃門裡，但已無人認識她這個「九頭鳥老闆娘」。葉海燕的工作室就開在情色小店聚集的街道上，附近的小姐都以為她是賣保險套的，只是她總在免費發送。

對面髮廊裡的女孩「小籠包」閒晃到葉海燕店裡聊天，很快就被葉海燕拉拔成得力的志工。小籠包是當地性工作者中的熟臉，她能夠穿著緊身短裙，踏著七公分的高跟鞋，深入交易場所給姐妹們發保險套。要是葉海燕去的話，場所老闆會以為她是來挖小姐的，讓性工作者們都藏起來。

一天小籠包又來工作室裡喝茶，她望著門外，隨意地指指對面的小樓說：「裡面那些女的很可憐，十塊錢做一次，都不戴套。」葉海燕想起過去做兼職、替阻街女收錢的「臥底」歲月，突發奇想回應小籠包：「妳介紹我去裡面做一下唄。」小籠包說，「現在沒有床位，有人退出來了我叫妳。」

等到真正有床位的時候，葉海燕其實有點緊張。她一邊在微博上向自己的十五萬粉絲宣布，她將文字直播自己「免費為農民工提供性服務」；一邊帶上錄音設備，以便遇到員警抓人時證明自己並未出價。她走進這家俗稱「十元店」的場所，才發現自己連最需要的保險套都忘了帶，趕緊又回工作室拿。葉海燕還跟工作室裡的志工說好，萬一有什麼意外，她一打電話就過來救她。

等到終於坐在小隔間的床上，葉海燕還懷著一絲僥倖，想著不一定要跟客人做。十元店的顧客很多是賣菜的、做苦力的老頭，葉海燕拒絕了最初的好幾個客人，但這樣下去太可疑，她努力克服心理障礙「營業」，等到個比較年輕乾淨的客人才做了第一個。

葉海燕在十元店裡其實只待了兩天半，但這短促的時光已經足夠光怪陸離，她覺得自己身處在一部完整的電影中。

第一天，十元店的三、四層樓裡住著一、兩百個小姐，中間旋著一條樓梯，人人倚在上面聊天招客。男人逐個門口瞄瞄，問一句，「多少錢，做不做？」有小姐在唱歌：「人生難得一知己，千古知音最難覓，將軍拔劍南天起，我願做長風繞戰旗。」有顧客提著三塊多錢一碗的米粉送來給相熟的小姐，說怕她沒有吃早餐，小姐笑得甜甜蜜蜜，把他迎進屋。

然而歌舞昇平的景象瞬間被打破。一個老頭做完走出門，發現自己的錢不見了，認定是小姐偷的，跑回來把她暴打一頓，樓裡的其他小姐卻像沒事似的，對葉海燕說：「她們那層的小姐會偷錢，我們這層沒有的。」沒過一會兒，一個小姐在聊天時以為另一個小姐在暗示她生不出兒子，悶聲不吭拿來一塊板磚，就把對方的手掌拍斷，那個也只好自認倒楣去醫院打石膏。底層的殘酷忍不住露出它的冰山一角。

第二天，十元店裡就遇上了「釣魚執法」，一個小姐在屋內洗頭不接客，來人進屋就堵住門報警，這個小姐當天正準備帶三千塊辛苦錢回家，準準地被罰光了。其他小姐都說，抓得這麼準，一定有人「點水」，就是給員警通風報信。葉海燕的心提了起來，她那天也遇到一個客人，進門就把保險套扔地上，完事又在床上不起來，她馬上警覺可能是釣魚的，先下手為強說剛剛的過程自己全錄了音，讓那男人回憶一下她是不是沒要價也沒收錢，說自己可不怕他報警，對方才悻悻離開。

第三天，小姐們都擔心有更多「釣魚」上門，紛紛離開，前兩天生機勃勃的十元店頓時門庭冷落，葉海燕拍了幾張照片就也離開了。

葉海燕回味時覺得驚詫，她在十元店裡這兩天半，有如此豐滿的情節，從高潮到結束。但她轉念一想，這或許就是底層性工作者們的日常生活，只有她這種外人才覺得太過戲劇性。

這部兩天半的大秀，透過微博直播呈現在普通網友面前，但網友們更在意的焦點卻放在她去做性工作而且還直播這層面。那些說她長得醜、身材胖、不要臉的謾罵，以及真心還是炒作的爭議，再次滿天飛，讓葉海燕彷彿一夜回到了二〇〇五年的裸照風波。

葉海燕早已習慣在網路上播報自己的各種行動，她本以為這一次只是會比平時多一些圍觀者，不曾想此舉會讓她再次爆紅。七年過去，葉海燕驚訝地發現，普通網友的性觀念仍然與自己距離太遠太遠。

隨著「翻紅」，各路大牌媒體的採訪再次紛來遝至。當記者挑釁似地問葉海燕是不是想出名炒作，她將計就計：「我就是很需要名的。我是一個一無所有的人，有名的人就會更有影響力，所以名利是必須的，權利也是必須的。」在網路紅塵中打滾多年，她已經非常熟悉「吸睛」需要什麼樣的話語。

葉海燕在精英開創的路徑上艱難學步多年，不料自己最有效的工作方式，是她天然擅長的引爆爭議。

下部

困獸猶鬥

第六章
零八憲章

攤牌

劉曉波又一次在飯局上與朋友討論著《零八憲章》的文本，他眼裡燃起興奮的光，這光逃不過妻子劉霞的雙眼，她卻從中讀出了隱憂。

劉霞久久地沉默著，一根根地抽著菸，終於，她就著酒精說出心裡話：「這份文件會把你再次送進監獄，而且只抓你一個人，我又要獨自奔波在探監路上。」

她的話像一襲冷風吹進飯局。朋友們紛紛勸慰：文本中並無標新立異之言，不少話中共自己也承諾過，不至於那麼嚴重吧。劉霞只是搖了搖頭。劉曉波開口許諾：「我只在文件上簽字，不會介入太深。」

劉曉波的上一次入獄，是在一九九六年，李登輝當選台灣的首屆民選總統，台海局勢劍拔弩張。劉曉波聯合民運人士發表《雙十宣言》，呼籲國共兩黨回歸民主基礎解決兩岸問題，他因此被處勞教三年——勞動教養制度，是一項讓中國公民無需經法院定罪就可被關押最長三年的行政處罰，被關押者的範圍從小偷、毒販、法輪功學員、上訪者到異議者都有可能。

當時劉霞是劉曉波的同居女友，但中國規定只有直系親屬才有探視權。為了能與劉曉波見面，劉霞找遍各個部門申請與獄中的他結婚：「我就是要嫁給那個『國家的敵人』。」種種輾轉審批之後，公安部下達了一紙紅頭文件，批准兩人結婚。

劉霞和劉曉波的結婚證書是在勞教所裡領的。那一天，勞教所與婚姻登記處聯絡好，派一名攝影師來給他們拍雙人證件照，然後現場辦證。吊詭的是，拍照當場，相機的快門無法按下，攝影師驚訝地說，這部相機用了多年，從未出現過這樣的狀況。他滿頭大汗地修理半天，也無濟於事。

這時，劉霞從包裡掏出了自己和劉曉波的單人證件照。她出門時以防萬一帶上的，竟派上了用場。她也顧不得吉不吉利，將兩張照片拼在一起，貼在結婚證上，就遞給登記員，蓋上了公章。

兩人結為合法夫妻。這張史無前例的結婚證，彷彿他們婚姻的讖語：終成眷屬，卻難在同一屋簷下。

從此，劉霞開始了「有名分」的奔波。劉曉波被關押在遠離北京的大連勞教所，瘦弱的她就每月拎著大包小包的食品和書籍，擠上九〇年代悶熱的、緩慢的、髒兮兮的火車，奔波兩千公里去接近他。

每一回，劉曉波都數著。他勞教三年，劉霞來了三十八趟，前十八趟他們都見不上面，她放下東西又孤零零地返回。多虧那張拼貼的結婚證，後二十次他們還能看上一眼彼此的臉龐。

劉霞與劉曉波也不是沒有平靜相伴的歲月。劉曉波一九九九年勞教結束後，儘管一直受到嚴密的監控，但沒再出入監獄。他寫文章、辦筆會，逐漸有了一小圈願意關照他的朋友，總請他和劉霞上個館子、喝個小酒。

那大概是劉霞最幸福的時光。夫妻兩人習慣性地晚睡，過了中午才起床，下午出門跟朋友們吃晚飯，直到盡興而歸，也差不多就是晚上十點了。這時他們一天的工作才剛開始，劉曉波在客廳兼書房泡壺濃茶，開始寫作，或是跟朋友談點什麼事情；劉霞則走進小小的畫室，開一瓶紅酒，就著輕音樂，看看自己的攝影新作，寫詩、畫畫。兩人習慣忙到凌晨四、五點才上床睡覺。

劉霞珍惜這樣的時光，但《零八憲章》的出現，像漸近的警鐘，提示著這段相對安穩的日子或要走到盡頭。但劉霞比誰都清楚，這不是自己應該或者能夠阻止的。她對別人說起自己丈夫時，總是把他稱作「我們家傻瓜」。

最早策劃《零八憲章》的人並不是劉曉波，而是他的好友張祖樺。張祖樺出生於一九五五年，與劉曉波同齡，他三十歲出頭時就擔任中央國家機關的共青團委書記，可以說是前程光明的政治新星，也是出身團派的胡錦濤在八〇年代的同事。

一九八九年，張祖樺與許多青年幹部一樣參與到支持學生的運動中，「六四」之後的面臨清查，他不僅不願像其他同僚一樣做檢討，還盡所能保護許多下屬免受追究，致使自己陷於日復一日的批判中。張祖樺在九〇年代初的機關下海潮中辭職，投身民間智庫，從事政治改革研究，著述頗豐。

張祖樺與劉曉波一樣是典型的崛起於八〇年代的知識精英，他們以引領和幫助社會形成理念共識為己任，相信由理念共識結成的聯盟，將有助於避免類似當年廣場上官方連談判都找不到對手的混亂情景。

到了二〇〇七年，下一年是奧運會，再下一年就是天安門事件二十周年。張祖樺這時想到，或許是時候將這些年來冒起的民間力量匯合在同一個標誌下，成為聯盟的雛形。這就是《零八憲章》的濫觴。

張祖樺與一同策劃此事的朋友帶著初始文本找到劉曉波，劉曉波對幫助修訂感到責無旁貸。在最終的文本裡，劉曉波與他的同伴開篇力陳中國經濟發展與政治文明脫節的現狀，他們警言：「現行制度的落伍已經到了非改不可的狀況。」接下來，《零八憲章》務求理性和建設性，不僅呼喚民主、自由等抽象價值，還向當權者提出具體的改革訴求，大到修改憲法、公職選舉，小至環境保護、財稅改革。

對於張祖樺最初募集到的簽署名單，劉曉波覺得其中人物分量不夠，他心目中生出一份橫跨體制內外、老中青三代知識精英的長長名單，他為此燃起雄心：「既然我們要做這件事，就要把它做到最好的地步，不要被當局笑話。」

於是，劉曉波對劉霞的許諾很快成了男性抗爭者們對妻子典型的「安慰式敷衍」。他不僅擬出名單，委託各地獨立中文筆會的核心成員找名單上的人面談，還經常親自出馬做說服工作。

當筆會理事前往尋求老一輩知名劇作家沙葉新的連署時，相談並不十分順利，劉曉波就立刻從北京撥去電話，徵詢沙葉新對文本的建議。沙葉新當晚沒有答應簽字，劉曉波第二天又給他發去長長的簡訊，訴說在自己心中，沙葉新是上海犬儒知識圈的異數，自己對他十分信賴，請求他的支持。沙葉新當即回覆同意連署，他因此成為第一批三百零三人名單中、少數幾位老一輩體制內知識分子的代表。

劉曉波也有出師不利的時候，他花費許多精力遊說體制內開明派退休幹部們參與《零八憲章》，但對方還是認為文本過於激進，因而拒絕。

二〇〇八年註定是中國的多事之年。

三月十四日，西藏地區首府拉薩爆發激烈的漢藏民族衝突，中共當局隨即派重兵入城維持秩序、抓捕大量藏人並遣返外媒記者，這些舉動引發國際社會對西藏人權問題的普遍擔憂；四月，正在世界各地進行的奧運聖火傳遞活動頻頻遭遇西藏支持者的抗議甚至搶奪，致使中國國內民族主義情緒爆發；五月十二日，四川發生芮氏規模八點二大地震，官方和民間的救援力量紛紛湧入災區且有所合作，「公民社會元年」之稱由此而來；八月八日，北京奧運會開幕，這成為中國主流社會眼中的盛世圖景；十月，在奧運前夕因堅持曝光中國人權問題而入獄的行動者胡佳，獲歐洲議會頒發人權獎項「薩哈羅夫獎」。

中國政府一邊勉力顯示自己正在履行為奧運作出的改善人權承諾，一邊用「不應將奧運政治化」抵擋國際社會對其人權狀況的問責，顯得踉踉蹌蹌。

劉曉波等人等待著，審度著時機。他們原本打算在奧運期間公布《零八憲章》，又顧慮這會引起「奧運政治化」的爭議，影響國際社會觀感，擔心更容易讓中共下不了台，不利於開啟互動。

他們最終等過了奧運時期，警方對民間的嚴密維穩也稍有鬆弛之後，劉曉波等策劃者才開始緊鑼密鼓地為《零八憲章》徵集簽名。他們決定要在十二月十日將之發布，這是聯合國《世界人權宣言》誕生六十周年紀念日，也是他們在二〇〇八年可以把握住的最後一個重要日子。

十二月七日，劉曉波去看望「天安門母親」發起人丁子霖重病在床的丈夫蔣培坤，他興奮地向蔣培坤講述《零八憲章》的修訂過程，還有收集簽名的一波三折。離開時，劉曉波對丁子霖說，《零八憲章》的工作將告一段落，接下來要著力為「天安門母親」團體申請諾貝爾和平獎。

十二月八日，晚上九點多，劉曉波家樓下逐漸聚集起許多員警；晚上十一點，十多名員警敲開劉曉波的家門，在他面前舉起一張涉嫌罪名欄空白的拘留通知書。劉曉波被帶走，員警在他家查抄了一整夜。

劉曉波的海外同伴得知消息，第二天便透過互聯網公布《零八憲章》文本，以及第一批三百零三人簽署者名單，比原計畫提前一天開始了連署的公開徵集階段。

「禍兮福所倚，福兮禍所伏。」中國古代哲學經典《老子》中的這句話，用來形容劉曉波被捕和《零八憲章》的關係再合適不過。如果不是《零八憲章》，劉曉波不會被捕，但如果不是這位中國異議知識分子中的標竿人物時隔近十年第四度被捕，《零八憲章》恐怕不會乘著這個轟動新聞廣受重視。

不僅《零八憲章》的第一批簽署者們積極為劉曉波呼籲，大量網友也在當時審查尚不十分嚴密的國內互聯網用各種方式轉貼《零八憲章》文本。連署組織者公布的郵箱在駭客攻擊和假冒不斷的情況下，仍在第一個月內就徵集到超過八千個簽名，創下「八九」後連署行動之最。

儘管劉曉波等人透過《零八憲章》聯合體制內外的意圖很大程度上沒能實現，但第一批三百零三人名單仍然涵蓋當時大多數富有名望的自由派知識分子，以及多年來湧現出的中青年民間力量。

張祖樺和劉曉波作為兩個最核心的策劃者，一個是因天安門事件出走的體制內精英代表，一個是「六四」鎮壓遺留下的抗爭者中最具標誌性的人物。再加上劉曉波被捕後，在打壓下湧現的八千多個簽名，「八九學潮」後二十年來積累的在野力量可以說已向官方攤牌。

下一步，只能看對方是否接招。中國共產黨若有意與民間達成和解、開啟政治改革進程，那麼接納、甚至僅僅是不重罰《零八憲章》，都將成為代價最小的一著棋。《零八憲章》的最高理想，也就是促使對方下出這一著棋。

二〇〇八年十二月八日那個深夜，當急促的敲門聲響起，劉曉波一聽就知道是員警，他對劉霞喊：「趕緊用手機打電話！」他一時心急竟忘了劉霞不會使用電話。劉霞呆立著，當員警衝進屋將劉曉波抓出門，劉霞稚氣地對他揮了揮手，說：「不用打了！」

劉霞幾乎是個從未適應過社會的人，有時會讓人疑惑她是如何獨自在世界上生存了這麼長時間。有劉曉波在身邊時，她不願獨自過馬路，要牽著劉曉波的手才能安心走過車水馬龍的街道。她不會使用手機和電腦，打電話時，劉曉波或其他朋友在手機上按好號碼，再遞到她手中。過去，劉霞的純淨和不諳世事被劉曉波和朋友們精心呵護著，但在劉曉波被帶走的那一刻，一切都改變了。

張祖樺與劉曉波幾乎同一時間被帶走，張祖樺在被訊問十二小時後獲釋，劉曉波卻不知所蹤，劉霞多次前往公安部門查問都無功而返。接下來她的任務是：聘請律師，與外國媒體和使館官員見面，向外界講述丈夫的故事和思想，籲求關注……對內向的劉霞來說，這比起寫詩、畫畫要困難太多。

劉霞不得不改變原本不在中午前起床的習慣，有時早上去辦完事後，她與劉曉波的朋友一起吃頓便飯，劉霞會隨口抱怨說：「這些事情我哪懂啊。不是說他抓進去了，這些事情你們都能操辦嘛？」

北京奧運的餘溫猶在，中國最知名的異議者即遭打壓，劉曉波的失蹤引發高度的國際關注。這樣的背景下，劉霞在二〇〇九年初接到一通警方電話，稱劉曉波處於「指定地點監視居住」中，隨後她被安排與劉曉波見了兩次面。第一次見面時，劉曉波問的第一個問題是：有沒有其他人因《零八憲章》被捕？劉霞答沒有，他一下子就釋然了。

《零八憲章》發布後，簽署者紛紛受到警方施壓，僅十日內就有約六十人遭遇傳訊和監控，但除劉曉波外無一被捕。劉霞對自己又將獨自奔波在探監路上的預言，似乎在一步步實現。

但正因《零八憲章》的其他參與者沒有遭到嚴厲打壓，劉曉波又案情未明，民間普遍並不認為

《零八憲章》的互動努力已然失敗。人們紛紛推測，官方只是需要反應時間，過了天安門事件二十周年的敏感日子，劉曉波興許就會被放出來。

二〇〇九年的六月四日過去了，什麼都沒有發生。二十天後，新華社發出消息，稱劉曉波因涉嫌煽動顛覆國家政權罪被正式逮捕，這是劉曉波被捕半年多來官方發布的第一條正式消息。

人們開始主要分成兩種意見，一種仍認為劉曉波可能在某一天以「取保候審」的方式低調獲釋，這是中國官方終結小型維穩案件的常見方式；另一種則調整了預期，猜測劉曉波可能會被判刑三到五年。按照法律，煽顛罪的刑期一般為五年以下。

《零八憲章》發布的一周年剛過，檢察院對劉曉波的起訴書就送到了他的律師手中，其中最引人注目的是四個字——「罪行重大」，這意味著量刑將在五年以上。人們不得不又一次改變預期，此時大多數人估計劉曉波會被判刑七、八年，但仍有人期待他可能開完庭就能回家。

在中國，刑事案件一旦起訴到法院，無罪開釋的比例低於5%，若在歐美國家，這比例大約是25%，這個資料經常被用作中國法院高度受制於員警系統的論據。而對於開庭審理的政治案件，無罪開釋聞所未聞，通常只有當事人公開悔罪才有獲得緩刑的可能。

在所有參與預測劉曉波案結局的人中，劉霞總是最悲觀的一個，她的猜測是十年。

最終的結果是十一年，四千零一十五天，《零八憲章》全長四千零二十四個字，一個字差不多就是一天刑期。這在胡溫上台以來的寬鬆氛圍中，是讓人瞠目結舌的重刑，官方透過這個刑期，對民間亮出的底牌給予了強硬回應。

劉霞則說：「那我就當作他是被判了一年吧。」

平行時空

劉曉波被判刑後兩個月，二〇一〇年初，艾曉明背著攝影器材，獨自走在四川大學的校園裡，去見一位採訪對象。她這一、兩年主要在拍攝公民調查川震死難孩子名單的紀錄片。

四川盆地終年積著霧氣，罕有陽光，潮溼使這裡的冬天格外讓人難受，艾曉明不管穿多少衣服都覺得不夠暖和。天氣陰沉沉的，她深一腳淺一腳地走在校園裡，一種不堪重負的感受從心裡湧起，她覺得自己快要走不下去了。

一年多來，艾曉明作為《零八憲章》的第一批簽署者，受到種種騷擾和壓制。她隱約覺得，自己好像又重回到「黑五類」的行列。

中山大學不再允許她開設課程，她在首都師範大學的講座被便衣闖入，關掉電腦、拔走傳輸線，她在復旦大學和汕頭大學的講座也因官方干預而取消。

作為一個教師，艾曉明被趕下了講壇。

中國的獨立影展為出於謹慎，不再放映艾曉明的片子，堅持邀請她的影展被警方施壓險遭流產。警方還闖入她受民間機構邀請所舉辦的小型放映活動現場，宣稱這是非法活動，必須立刻關停。

作為紀錄片工作者，艾曉明被剝奪了觀眾。

艾曉明這趟來成都，是拍攝公民調查發起者譚作人被宣判的情景，他的罪名與劉曉波相同——煽動顛覆國家政權罪，判有期徒刑五年。雖然司法部門將他的罪行歸結為在郵件中與流亡的學運領袖王丹討論天安門事件，但民間普遍認為，譚作人的獲刑源於官方對他曝光豆腐渣校舍的報復。

艾曉明在偌大的校園裡走著，她想到這是自己最後一次為川震採訪了，因為她身處的這場運動結束了。

艾曉明感覺背上的器材越來越沉，連續發生的一切讓她明白，政府的那些承諾：問責豆腐渣校舍責任官員，還有改革、民主、法治……全都不會兌現了。

艾曉明將這趟拍攝的素材剪輯成五部川震系列紀錄片的最後一部，取名為《國家的敵人》。

結束成都採訪不久，艾曉明在出境香港時遭海關員警攔截，不允許出境。她向對方要理由，海關員警叫她回去看《出入境管理法》第八條。她去看了，第八條規定著不得出境的情形：國務院有關主管機關認為，出境後將對國家安全造成危害或者對國家利益造成重大損失的。——她也成了國家的敵人。

遭限制出境後，艾曉明給中山大學的系主任寫信，聲明自己不再參與共產黨的任何活動。不久，艾曉明收到自己所屬的黨支部通知，宣布她「自行脫黨」。同事告訴她，這是黨員們在支部會議上舉手表決通過的。艾曉明曾被劉曉波視為體制內支持民主的代表人物，如今透過「黨內民主」程序，她被黨正式定性為異己。

時任筆會副秘書長的野渡是在廣州負責找艾曉明確認簽署《零八憲章》的人。他說：「艾老師最難能可貴的一點是，她比絕大多數體制內自由派學者都走得更遠更徹底。」

身為紀錄片導演的胡杰，則用十分影像化的方式，讚美艾曉明的人生選擇：「她不僅僅是一個學者，也不僅是一個獨立紀錄片導演，她是戴著教授這樣的頭銜，扛著紀錄片，在曠野上奔跑、呼喊的一個勇敢者。她從一個象牙之塔走出去，從女權主義問題，又發現法治問題、人權問題、民主問題，在這一路上奔跑，一路上往槍口上撞。」

艾曉明是個對政治慢熱的人，但如果不是這樣慢熱，她的命運或許也會與劉曉波相似。

就在這段幽暗的時期，艾曉明收到了一個意外的好消息：她被授予了「西蒙．波娃獎」。這是全世界為性別平等及人權捍衛者設立的最重要的獎項。

艾曉明在她的獲獎感言裡寫道：「我是多麼喜歡這個大獎啊，在寒流滾滾的冰封季節，一朵五月之花從天而降，它帶給我久違的尊敬、友好的祝福、遙遠的注視和西蒙．波娃的理想之光。」人權獎項，似乎經常作為一種受難的補償，被贈予世界各地的抗爭者們。

——

在劉曉波被捕後的二〇〇九年，民間力量無論是否參與《零八憲章》，都受到一系列的打壓，比如傳知行、益仁平和愛知行都遭到政府部門騷擾，公盟更受稅案重創；多名川震豆腐渣校舍揭露者被逮捕；李和平、江天勇等維權律師不是被吊銷執照就是實際失去代理案件能力。劉曉波最終被判重刑，更似乎如艾曉明領悟的那樣，宣告著官方無意與民間抗爭者達成和解或互動以促成政治轉型。

但這些打擊對民間並非致命，抗爭者們也沒有因此陷入低潮，他們蠢蠢欲動，相信只要不像劉曉波那樣直接舉出政治異議旗幟，就仍有廣闊的行動空間。劉曉波的前車之鑑讓抗爭者們認為，官方不會自願接下民間的請願書，但它將不得不向民間行動製造的壓力妥協。

《零八憲章》雖沒能促成官民互動，但它確實幫助民間抗爭者相互識別，形成了鬆散的異議共同體。人們在網上驕傲地宣布自己剛發了郵件參加《零八憲章》連署，又分享各自因此被約談的經歷。劉曉波宣判時，推特中文圈滿屏飄起象徵支援的黃絲帶。

那是一種奇異的氛圍，民間帶有悲憤的情緒，但又對志同道合者的出聲顯現充滿興奮。這種氛圍對不久後王荔蕻成功組織福建三網友案的街頭抗議行動不無裨益，民間的積極情緒也傳遞到了劉霞面前，前來看望她、陪她談笑的友人絡繹不絕。

艾曉明也去北京看望過劉霞，當她舉起攝影機，劉霞對著這個不甚熟悉者的鏡頭，儘管有些拘束，仍展現出達觀的態度。她坦誠自己的身體已十分虛弱，但精神還不錯。劉霞說，排著隊來請吃飯的朋友實在太多，以致她給劉曉波寫信時特地告訴他：「我一直戰鬥在吃喝第一線。」講到這兒，她咯咯地笑了起來，艾曉明拍攝的三十分鐘裡，這是劉霞露出的最燦爛的笑容。

劉曉波被送往偏遠的遼寧省錦州監獄的消息傳出後，朋友們為劉霞發起輪流陪她去探監的活動。二〇一〇年七月六日，是第一次探監，他們幫劉霞抱著幾大包沉重的食品和書籍，一起登上北京開往錦州的列車，到當地也找來朋友駕車往返監獄，一路上有說有笑。

錦州歸來，參與者王金波寫下陪劉霞探監的行記，引述另一個參與者的推特發言作題記：「越是接近劉霞一家，越是看不見民主，滿眼是壯麗到令人窒息的愛情。」

十一年，彷彿就是一百多次探監而已。

—

二〇一〇年一月，國際筆會的美國分會將剛剛被判重刑的劉曉波提名為當年的諾貝爾和平獎候選人。隨後，捷克前總統、《七七憲章》發起人哈維爾，也與達賴喇嘛等前諾貝爾和平獎得主一道，聯名支持劉曉波當選。諾貝爾和平獎的最終歸屬將於當年的十月八日公布。

十月七日晚上，王荔蕻約上張輝、莫之許和王金波等人在北京的鳳凰竹餐館吃飯，她在飯局中提議要為第二天劉曉波可能的獲獎準備慶祝活動。其實王荔蕻已提前準備好活動要用的黃絲帶胸針，此時的她剛經歷過三網友案抗議的成功，正處於行動的亢奮狀態。

飯局上王金波給莫之許帶來劉霞的口信：她預料自己明天會被警方嚴控，委託莫之許在結果公布時到她家樓下，代表劉霞和劉曉波向媒體說幾句話。

莫之許是劉曉波夫婦的私人朋友，劉曉波的被捕，促使他更深地介入到抗爭運動中。劉曉波遭警方帶走後一周內，莫之許發起「我們與劉曉波不可分割」連署，數十名《零八憲章》簽署者與數百網友參與其中。二〇〇九年是天安門事件二十周年，在劉曉波被迫缺席的情況下，曾是「八九」學生的莫之許與劉曉波的其他友人堅持舉辦了紀念「六四」的研討會。

鳳凰竹的飯桌上，一圈人當即商定，翌日兵分兩路：莫之許和王金波等人前往劉霞家樓下等待結果；王荔蕻、張輝等行動者則明天下午回到鳳凰竹餐館集合，若劉曉波獲獎，就仿照游精佑北京聚餐的形式，召集推友「飯醉」慶祝。

飯局散去，莫之許知道劉霞所託重大，沒敢回自己家過夜，他擔心遭警方軟禁，借宿在老同學家中。

第二天下午三點多，去鳳凰竹占座的推友發現，餐館門口貼上了「因電路故障，暫停營業」的告示。王荔蕻一行人不得不改變計畫，轉往地壇公園門口與同樣打算辦慶祝活動的許志永一行匯合。

下午五點，諾貝爾和平獎公布，得主劉曉波。

地壇公園門口的十多人轟地歡呼起來，相互擁抱著。王荔蕻接到外媒採訪的電話，她一邊對國際社會關注中國人權狀況表達著欣喜，一邊腦中浮現的卻是自己的推特網友譚作人——他因調查川震而獲得跟劉曉波同樣的罪名，但在中國不像劉曉波這樣知名的政治犯，是很難獲得國際關注的。

莫之許坐在劉霞家樓下的咖啡館裡，一刷新推特，劉曉波獲獎的消息出現，他眼淚就掉下來了。他嘗試撥打劉霞的電話，沒有打通。莫之許坐在靠窗的位置，窗外不遠處二、三十家境外媒體已經聚成一團、交頭接耳，一些沉默的便衣男子在周圍踱著步，緊盯著這群人。莫之許一遍遍地撥出劉霞的號碼，想確認她實在無法現身。

此時，員警已坐進劉霞家裡，她的手機被沒收。

王荔蕻等人在地壇公園舉起標語：「慶祝劉曉波獲得諾獎」、「言論無罪，自由萬歲」，他們胸前別著醒目的黃絲帶，對著下班的人潮唱起《國際歌》。

在莫之許這邊，接近六點，天快要黑了，劉霞的電話還是沒有打通。他的手心因緊張而出汗，莫之許定了神，走出咖啡館，走向那群記者，大聲說：「劉霞委託我來說幾句話。」記者們不明就裡，一邊互相詢問著這是誰，一邊在初黑的夜裡向他打起了聚光燈。莫之許開始發言。

同時間在王荔蕻等人面前，一輛警車停下了，一行人趕緊收拾標語，離開現場。他們去到推友事先找好的餐館，剛坐定，三十多個員警湧入，王荔蕻等十多人被全數帶走。

二〇一〇年的諾貝爾和平獎授予劉曉波，是中國公民獲得的第一個諾貝爾獎。它從揭曉的那一刻起，便為中國民間製造出兩個平行時空，像一枚硬幣的兩面，一面剛剛迎來世界的目光，另一面的苦難才正要開始。

兩個時空在劉霞身上合而為一，她漫長的軟禁生涯從十月八日下午五點開始，再也沒有結束。她又得獨自奔波在探監的路上，身邊陪著的是員警，外界只能偶爾聽說她抑鬱又重了的消息。

二〇一七年六月二十五日，劉曉波已服刑近三千天，還有三年就要出獄。外界驟然獲悉他因肝癌晚期「保外就醫」的消息，劉霞已趕往位於瀋陽的醫院。壞消息一個接一個傳出：已經擴散、無法手術、無法化療。

劉曉波宣判後，許多人寬慰劉霞說，他不見得會坐滿十一個年頭——言下之意，關押他的政權不見得能存續十一年。一語成讖，但誰也沒想到是以這種方式。

二〇一七年七月十三日，劉曉波在警方嚴密監控下病逝於醫院。劉霞至本書付梓之日仍未獲得自由。

第七章 茉莉花

秘密樹洞

劉曉波被授予諾貝爾和平獎當天，王荔蕻等十多名網友因在地壇公園門前慶祝他的獲獎而被警方帶走。在派出所裡，員警們向王荔蕻宣布，她的行為屬於「尋釁滋事」，處治安拘留八天。

去往拘留所時，沒有別的網友與王荔蕻同車，她暗暗希望，這次只有自己一個被拘留。到了拘留所，王荔蕻在等待登記，聽見背後有人喊：「大姐！」她一回頭，看見自己的「四一六」戰友吳淦。他是被王荔蕻叫來參加地壇活動的，「推友節」後，吳淦受到員警騷擾不斷，為免風險，這次還沒有跟王荔蕻等人一起拿著標語拍照。內疚頓時湧上王荔蕻心頭，她對吳淦喊道：「抱歉啊！」

這是王荔蕻第一次遭到正式關押。這八天裡，她大致體驗到了羈押中的生活：囚室的左右兩邊各是一張大通鋪，每邊要睡十多個人，滿員時根本無法平躺睡覺；廁所用透明玻璃隔出，想如廁需報告看守者說「求茅」，看守者不同意就不能去；被羈押者每天要長時間一動不動地坐在通鋪上，俗稱「坐板」，只有「放風」的時間才能到室外走動，但放不放風、放多長，全憑看守者心情；每天伙食是刷鍋水似的蘿蔔或白菜湯就著饅頭，基本見不到葷腥；室內的燈徹夜不滅，睡覺時被子不能蒙住頭，被羈押者在睡覺時間要輪流站在房間裡值班，以防有人自殺。

拘留所裡的房間被叫做「號」，同一個房間裡關過的人叫做「號友」。王荔蕻的其中幾個號友是因為在街上賣炸麻花或是在天安門廣場賣地圖而被抓的，她們的臉被生活的艱辛摧折得看不出年紀。賣地圖老太太的拘留通知書上寫著「物證一元」，就是說，她剛賣出一塊錢的地圖就被抓了。

號友告訴王荔蕻，派出所的員警抓人都有數量指標，這些老太太很可能就是員警為了完成指標抓來的。

拘留所裡的這八天對王荔蕻來說，好像是去主流社會以外的黑暗世界旅遊了一趟。她為其中的人和事感到心酸，但也伴隨著「體驗生活」的興奮。想到自己終於與眾多政治犯一樣有了「坐牢」的履歷，王荔蕻獲釋後帶點得意地對游精佑說：「跟你一樣有前科了！」

然而，與不久後真正經歷的牢獄之災相比，王荔蕻感慨說，這八天的體驗其實是很膚淺的。「但如果沒有這八天，」王荔蕻說，「我後來可能更難熬得過去。」

拘留所裡的被羈押者一般不是後續會被判刑的犯人，待審判的刑事犯會被另外關在看守所，因此拘留所裡的人很少會受到員警審訊，但王荔蕻是例外。她被審訊多次，員警不僅問她關於慶祝諾獎的事，還花了相當多的時間訊問福建法院門前的「四一六」抗議行動。

網友「天天海豚」與王荔蕻一起同諾獎慶祝活動被抓，但沒有遭到拘留，她似乎猜到了官方的小算盤。天天海豚一度擔心王荔蕻的八天拘留只是煙霧彈，警方不會那麼輕易放過王荔蕻。但最終官方沒有選擇讓這次因諾獎而起的拘留節外生枝，王荔蕻被如期釋放。天天海豚又轉而擔心，再有一個風吹草動，王荔蕻就要被「算總帳」。

八天並不是一個駭人的責罰，王荔蕻獲釋時，整個中國民間仍沉浸在獲得諾貝爾和平獎的興奮中，但人們還沒來得及將興奮轉化為新的行動，政治氣氛就開始急劇緊縮。當局似要在諾獎的激勵效應引發不可知的民間行動之前，阻擊人們的高昂情緒，包括王荔蕻在內的各地數十名民間抗爭者遭到軟禁，不少長住北京的抗爭者被警方遣送回老家。推特中文圈仍活躍著，人們互通各自狀況和新的消息，但壓抑的氣壓已然籠罩，山雨欲來。

二〇一〇年十二月十七日，北非突尼西亞，二十六歲的男青年穆罕默德·布瓦吉吉因賴以謀生的擺攤貨品被政府官員粗暴搶走，不堪受辱而在市政府門前自焚。慘烈的視頻和圖片被目擊者上傳至推特，在突尼西亞的年輕人之中引起爆炸性傳播。

突尼西亞失業率居高不下，青年湧上街頭要求執政超過二十年的專制政府下台。這場大規模示威運動以突尼西亞的國花命名為「茉莉花革命」，它在延燒近一年後成功為突尼西亞帶來民主選舉，而茉莉花革命還有一個廣為人知的綽號「推特革命」。

茉莉花革命在啟動數周後就引發了埃及青年的效仿，不少埃及示威者攜帶突尼西亞國旗作為標誌，他們的行動同樣成功迫使執政近三十年的獨裁者穆巴拉克下台，這場運動的綽號是「Facebook革命」。

緊接著，葉門、蘇丹、利比亞等國家的民眾也起而抗爭，北非一時間烽煙四起。二〇一〇年底到二〇一一年初，一系列阿拉伯國家的專制政權遭遇危機，舉世矚目。歐美媒體浪漫地將這個時期稱為「阿拉伯之春」，其他專制國家政府人人自危。

發生在阿拉伯世界的浪潮也激發著一些中國抗爭者的想像。突尼西亞的茉莉花革命發生兩個月後，一個叫「秘密樹洞」的推特帳號發出推文，號召中國網友在三天後的二〇一一年二月二十日走上街頭，發動中國的茉莉花革命——茉莉花對於中國人來說，同樣是一種傳統的美好象徵，在得主劉曉波缺席的二〇一〇年諾貝爾和平獎頒獎典禮上，奏響的樂曲就是古民歌《茉莉花》。

在約定日期的前一天，二月十九日，自稱「中國茉莉花革命發起者」的匿名者在重要的中文異議網站「博訊」發表博客文章，公布了翌日在各大城市的聚集地點，北京的地點選在西單王府井百貨一樓的麥當勞門前，位處中心城區人來人往的步行街。

這條訊息劇烈刺激著中國政府自諾貝爾獎後已然緊繃的神經，從二月十九日起，大量推特網友被警方控制在不明地點，沒有失蹤的也普遍處於被軟禁狀態。員警對王荔蕻採取的措施卻有別於他人，非但不加強控制反而突然放鬆。

自拘留獲釋後，王荔蕻家樓下一直有警車「上崗」，但就在「茉莉花」約定時間的前兩天，員警特意告知她：「我們要撤了，妳想幹什麼隨意。」王荔蕻也沒太在意，她本來就不打算去響應「秘密樹洞」的號召，那在她看來是不切實際的狂想。

警車消失當天，王荔蕻下樓買東西，卻碰見常監控她的員警在她家附近徘徊，王荔蕻隨意地問：「你不是撤了嗎？」員警有些不好意思地強調：「明早就撤了。」但「秘密樹洞」約定的二月二十日一過，警車就又「上崗」了。王荔蕻恍然大悟：員警希望她去參加「茉莉花」聚集，或許就正好就可以「法辦」她。

二月二十日當天，密密麻麻的人站滿了麥當勞門前的空地，其中不少是一眼就能辨認出的外國記者，而更多的中國臉孔則沉默著，互相猜測對方是便衣員警還是「草泥馬」，誰也沒有帶頭喊起「秘密樹洞」預先設定的口號。時任美國大使洪博培突然在人群中被辨認出來，他聲稱自己是剛吃過午飯，路過。來看熱鬧的民族主義者則大聲質問他：「你是不是就希望看見中國亂？」洪博培簡單否認後便迅速消失在人群中。這段視頻被上傳中國版推特「新浪微博」後釀成了外交事件。

誰是中國茉莉花革命的意圖發動者，一直以來撲朔迷離。在革命難至已成定局後，陸續有幾波人公開稱自己是發起者，其中較受公認的是王軍濤，這位一九八九年的學運領袖，在天安門事件後流亡美國，仍從事推動中國民主化的工作。王軍濤稱，他發起「茉莉花」的重要原因之一，是認為《零八憲章》已解決中國的轉型目標共識問題，從而讓進一步的行動有了可能和必要。

茉莉花革命沒有蹤影，但以推特網友為主的抗爭者仍在不斷消失。除了極少數人是被警方正式拘留或勞教，多數人遭遇的是不屬於任何法定強制手段的「被失蹤」——他們在自己家裡、公寓樓道口、上下班途中，被員警或便衣者帶上頭套，強行塞進廂型車裡帶走，然後音訊全無，家人無論到各級警察局或政府機關查問都徒勞無功。其他推特網友只能從失蹤者自己在被帶走前發出的求救資訊，或者他們較為勇敢的家人或朋友口中，得知又一個人失蹤的消息。境外媒體只能透過推友們

自發整理的名單瞭解事態的發展，大量被帶走的人無法為外界所知。

人們用「茉莉花」指代這場恐怖，「茉莉花」的後面加什麼詞都不甚合適，它並非一場革命或是運動，人們也不敢公然稱之為鎮壓，他們有時用「茉莉花期間」來特指這段恐懼瀰漫的時光。據不完全統計，僅一個月內，全國各地有上百名異議者和行動者被警方帶走，曾積極參與「四一六」和「推友節」的滕彪、何楊（獨立紀錄片製作人）、吳淦、王譯、華春輝（華、王為夫婦，均為維權行動關注和參與者）等人都未能倖免。

推特中文圈驟然沉寂。沒有被抓的推友走向兩種極端，一些人因害怕或傷痛而甚少發言，而另一些人則堅持發布失蹤者的資訊以示抗議。

身處軟禁中的王荔蕻，已經感覺到黑暗在一步步靠近，但她無法容忍自己沉默，她每天發出數十條推特，每條的內容都在數十遍地重複各個失蹤者的名字。

王荔蕻的激憤讓天天海豚神經緊張，她一遍遍地勸王荔蕻：要低調，這段時間什麼也別做。但王荔蕻沒能忍住，三月十八日，她甩掉監控到河南給被勞教的王譯存錢、送衣物，這在中國民間被稱為「送飯」，是向在押的抗爭者表達支援的常用方式。三月二十一日深夜，王荔蕻剛回到北京，員警敲響了她的家門。

王荔蕻發出最後一條推特：「樓下有警車，說一會國保要找我談話。可能會被帶走。請各位推友保重。如果晚上回不來就是進牆裡休息了。保重！」

接著，王荔蕻給天天海豚打去電話，交代家中各種物品。天天海豚緊張地貼著電話，一字一句地認真聽王荔蘋囑咐的每一項瑣事，她的腦子卻像一片空白，什麼也記不進去。直到電話那頭突然安靜，天天海豚想：大姐終於真的被抓了。她抱著電話，哭得全身癱軟。

員警把王荔蘋帶出了家門，讓她坐在樓下的警車裡等待，十多個員警還在她家裡查抄。王荔蘋看著車窗外漆黑的夜，想起自己那些消失的網友——他們大概都是在這樣的黑夜裡被帶走的吧——王荔蘋突然感到心裡一片平靜，她並非不恐懼，她覺得胸口上像有一口巨大的黑色碾盤，自己像一隻螞蟻一樣被壓在碾盤下，但它還沒能把她給壓碎。

「這是我必須承受的，」王荔蘋想，「何楊、滕彪，還有所有失蹤的人，他們都跟我在一個黑暗的碾盤底下壓著呢。」想到這裡，她知道自己其實並不孤單，這讓她感到平靜。

直到她被帶進審訊室，直到預審員警出現，直到員警問出「四一六」，王荔蘋一下子就感到周身鬆快：「『四一六』是我一生的輝煌，為這事坐牢我覺得榮耀。」於是王荔蘋從頭開始給員警講：閩清有一女子嚴曉玲……

—

王荔蘋被抓走的二〇一一年三月下旬，也是我第一次涉足公共領域的時期，但我既不知道王荔蘋，也沒聽說過「茉莉花」。

相比於資訊通暢或是人口較少的社會，中國不同人群甚至相關人群之間的隔膜會大得讓人難以想像。在「茉莉花」導致推特中文圈一片肅殺的時期，新浪微博的公共參與氛圍卻是欣欣向榮，二十一歲的我也是隨之起舞的一員。

此時新浪微博上線不到兩年，用戶已突破一億，但審查仍處於相對寬鬆的狀態，不涉及「六四」、法輪功等政治敏感話題的一般性公共言論很輕易就能獲得大量傳播。一系列引爆微博的輿論事件接連發生，其中江西宜黃強拆案、律師李莊被構陷案、官員情色日記門等一些事件，官方給予了較為正面的處理，這讓國內網友和媒體感受到鼓勵，「圍觀改變中國」的說法一時間廣受歡迎。但此處的「圍觀」與推特黨們的「圍觀」大相徑庭，指的是透過網路轉發評論進行虛擬圍觀，而不是趕赴現場。

分析者對這種情景有兩種互為補充的解釋：一是龐大而嚴密的互聯網審查機制仍在探索中，還沒來得及建立起來；二是中國官方也需要一定程度的寬鬆，將網友蓄積到微博，而不是把他們趕到牆外。

不少推特網友過去看不起受官方管控的平台，此時也開始向微博轉移。這不僅由於「茉莉花」之下的推特讓人感到壓抑和危險，另一個重要原因是推特在國內被封鎖，中文用戶拓展緩慢，總給人小圈子傳播的感覺，而在用戶基數龐大的微博發言更容易讓人獲得自己正在啟蒙和影響大眾的感受。將重心轉移到微博的推特網友，很少會提及「茉莉花」和其中被抓的人。

初涉微博時，我還只是個南京大學的二年級學生，對推特和微博之間這種略顯扭曲的二重天毫不知情。王荔蕻被員警抓走時，我在微博上看到的是另一個全不相關的事件——南京「三一九」保護梧桐樹事件。

當時南京市因要修建地鐵，正在移除市中心的梧桐樹，其中一些梧桐樹有著超過一百年的歷史。它們種植當年，南京還是中華民國的首都，這些樹是專為第一任總理孫中山的出殯而栽種於葬儀車隊行經道路的兩側，因此對南京人有著特殊的意義。

南京市民為抗議政府移樹的行為，三月十九日在原本栽有古樹的市中心靜坐，被員警拖離現場。這起事件在微博上廣受關注，但微博上卻無人提及：在一年前的同一天，福建發生過一場法院門前的抗議，以及一年前的行動者們正在經歷一場叫做「茉莉花」的嚴酷打壓。

我學習的是金融專業，但因為想從事媒體行業而輔修了新聞寫作課程，此時正在為自己的課程作業找題材。這個發生在我身邊的事件，讓我想到可以寫一篇關於受地鐵工程影響的梧桐樹的報導。仿照當時微博流行的模式，我同時把自己做報導的過程圖文直播到微博，引來的數十條轉發讓我興奮不已。

一位南京網友用微博私信聯繫我，說想見面聊聊。碰面後他開始滔滔不絕：「妳知道『推特』嗎？」

我：「不知道。」

他：「上推特要『翻牆』，妳知道怎麼翻牆嗎？」

我：「不知道。」

他：「妳連翻牆都不知道啊？那妳知道『六四』嗎？」

我：「不知道。」

他一臉震驚地看著我：「那回頭我給妳個『自由門』，妳上推特看看吧。妳知道艾未未嗎？妳知道什麼是『河蟹』嗎？妳知道『草泥馬』嗎……」

二十一歲的我被一大堆新名詞砸得頭腦空白，沒有空閒去羞澀自己的無知。

很久以後我才理解到，這位網友是南京的「推特黨人」，他約我見面屬於推特黨人熱衷的「飯醉」，他的熱心一定程度是希望嘗試延續推特網友之間那種共同體的氛圍。

這位南京推特黨人又積極地將我介紹給本地最有行動力的推友——綽號「珍珠」的何培蓉。他請何培蓉幫幫我這個有新聞理想、但一無所知的年輕學生，而我對何培蓉能如何幫助我卻一頭霧水。在「茉莉花」來臨前，推特上最受關注的話題是二〇一〇年出獄後的陳光誠仍遭到軟禁和惡待，何培蓉正是參與聲援的積極分子之一。

我與何培蓉等推友嘻嘻哈哈地「飯醉」後回到宿舍，當晚何培蓉就介紹我聯繫上另一位推友——從南京大學畢業的媒體人賈葭。賈葭當時在為一家香港媒體工作，我用請教學長的方式跟他聊了一會兒天，也就沒了下文。

當時的我並不知道，從這一刻起，在我還遠遠沒有開啟自己在中國媒體的職業生涯時，推特黨友就幫我鋪出了一條通向境外媒體的路。

九月

「茉莉花」中的失蹤者，大多數在短則數周、長則近半年之後，被靜悄悄地送回家中。官方沒有任何解釋，當事人也對自己失蹤期間的經歷諱莫如深，彷彿什麼也沒有發生。

「茉莉花」失蹤者中最受矚目的艾未未，在獲釋兩個月後，對德國《明鏡周刊》講述了自己的經歷。艾未未是世界知名的中國異議藝術家，他的父親是從一九三〇年代就效忠中共的文學名流艾青。也就是說，艾未未兼具「反對者」和「紅二代」身分，在被關押的八十一天裡，他是全球活動家和政治家聲援的焦點。

艾未未說，自己不曾遭到毆打和虐待，看守允許他在六平方米大的房間裡來回走動。為了避免自己發瘋，艾未未不停地走，他估計自己在那個房間裡走過的總路程有上千公里。嚴重的精神壓力在八十一天裡讓艾未未瘦了十五公斤。

在艾未未的經歷曝光後一個月，律師江天勇也向外媒記者披露了自己的六十天關押遭遇。他的故事，與艾未未並不相似。從關押的第一天起，江天勇的看守就告訴他：不要想得到什麼手續，別想去看守所，更不要幻想到法庭。

在關押的前五天，江天勇幾乎不被允許睡覺。每天半夜到早上六點是江天勇接受審訊的時間，稍有不配合就會被員警用礦泉水瓶毆打頭部和身體。審訊員警在白天養精蓄銳，而江天勇身為囚犯是不被允許在白天睡覺的，他被要求在看守者的監視下進行「反思」：面壁坐直，雙手放在膝蓋上，一動不能動，否則就要遭受侮辱性的訓斥。

在北京最舒適的三月到五月，江天勇只見過頭套中的黑暗和房間裡終日不滅的燈光，沒有看過一眼春日的陽光。員警會不定時、不限時地找他談話，對他進行「挽救教育」，他必須認真聽著。整整六十天，江天勇覺得自己隨時都可能瘋掉。

審訊內容涉及江天勇工作的方方面面，事無鉅細，對他與「茉莉花」有無關係卻一帶而過。在「茉莉花」當時和之後，中國分析者們都提出過懷疑：官方是真的忌憚革命的威脅？抑或只是抓住一個機會對已然有些聲勢的民間進行全面打壓？

從江天勇開始，「茉莉花」的親歷者們陸陸續續講述出與江天勇類似、甚至更嚴酷的受虐經歷。與他們相比，艾未未似乎還受到了優待。江天勇說，他之所以在獲釋後很長時間沒有講出自己的經歷，是源於羞恥感和被報復的恐懼。但一則新聞讓他意識到了問題的嚴重性，進而決定打破四個月的沉默接受採訪。

江天勇所說的這則新聞，指的是二〇一一年八月三十日，全國人大公布《刑事訴訟法》修訂案草案。在這份修訂案的其中一條新增條款是：對於涉嫌危害國家安全犯罪、恐怖活動犯罪、重大賄賂犯罪，公安機關可以在指定居所對嫌疑人執行監視居住——也就是劉曉波因《零八憲章》被關押後，劉霞從員警口中聽說的「指定地點監視居住」。條款還規定，採取這項強制措施應通知家屬，但「有礙偵查的情形」可以例外，至於什麼是「有礙偵查的情形」則沒有說明，而且也沒有提及需要告訴家屬具體地點。

江天勇一看到這條就領悟到，這就是他在「茉莉花」中遭遇到的措施，它即將被合法化——一個人可以在家屬不知情的情況下，被單獨關押在不知名的地點，家屬可以不被通知，律師也無法會見。因此江天勇在就自己的「茉莉花」遭遇接受採訪時，也特意強調了「指定地點監視居住」條款的惡劣性。

在推特上，人們開始把這條增訂條款稱為「茉莉花條款」，憂心忡忡。而在微博上，意見領袖們認為修訂案體現著法治的進步，因為它不僅寫到「尊重和保障人權」，還引入了「非法證據排除」的概念。二〇一二年八月，《刑事訴訟法》修訂案順利通過，「茉莉花條款」成為新《刑事訴訟法》的第七十三條。

——

王荔蕻沒有被悄悄釋放，與江天勇等人不同，她經歷的是法定程序，她以尋釁滋事罪被拘留，一個月後被逮捕，然後被起訴，她一直住在看守所裡。

然而，在「茉莉花」的恐怖氣氛下，對她的聲援舉步維艱，連找到代理律師都頗費周折。維權律師們如果不是已經失蹤，就是擔心自己會是下一個失蹤者。

但推友們盡力了。「天天海豚」等人建立起「釋放王荔蕻」的網站，收集各個網友寫的回憶王荔蕻的文章，也重發王荔蕻的所有博文。游精佑在福建徵集「四一六」現場的證人證言，準備給律師作為庭辯材料，他還悄悄找廠商印製有王荔蕻頭像的T恤，但廠家不久後即遭到查抄。

王荔蕻開庭的前一天，艾曉明趕到北京拍攝關於她的紀錄片。天天海豚陪著艾曉明來到王荔蕻的家，王荔蕻就是從這裡被員警帶走的。王荔蕻在「四一六」現場穿過的紫色羽絨服仍掛在門後，她家裡有一顆沒吃的紅薯發出了芽，天天海豚一邊給紅薯澆水，一邊差點掉下淚來。

王荔蕻開庭和宣判時都有推友去法院圍觀，但幾個與她最親近的推友都被員警軟禁在家中。當年王荔蕻救助過的流民也到了法院門外，對著採訪者的鏡頭。他們把王荔蕻稱作「救命恩人」。

二〇一一年九月九日，王荔蕻尋釁滋事罪名成立，判刑九個月。

得知結果一刻，天天海豚感到身心俱疲。北京再沒什麼值得她掛念的事，她退掉租住的房子，回了吉林老家；「老虎廟」在開庭後回了一趟西安，原本打算見見家人就回北京，但等他走進家中，看見母親早已年邁，全靠哥哥一人照應，他覺得自己不該再離開，就留下來跟哥哥輪流伺候老母親；吳淦從「茉莉花」開始就被福建員警帶回廈門，開始了漫長的軟禁；張輝偶爾還在推特上發言，但很少再參與行動；游精佑繼續在福建當工程師。原本親密活躍的推友圈子，散了。

「茉莉花」發生的二〇一一年，同時是基層人大代表選舉年，在王荔蕻被判刑的這個夏秋之交，微博上的民間行動者們正如火如荼地開展著自己的競選宣傳。

通常情況下，基層人大代表是由當局指定的人參選並當選，行動者們因此強調自己是「獨立參選人」，以示區分。在我的家鄉廣州，一群大學生獨立參選人湧現出來。同樣是大學生的我，剛剛在梧桐樹事件上嘗到自媒體的甜頭，興沖沖地想自己正好可以在暑假回家時報導這件事。

我對選舉感興趣的其中一個原因是，此時我已獲得下個學期赴台灣做交換學生的機會，而二〇一一年的下半年，將會是台灣總統選戰正酣之時，我模糊地意識到，選舉會是我在台灣做自媒體報導的好主題，那麼不妨先瞭解一下大陸的選舉制度。

我當時不僅對王荔蕻和「茉莉花」全不知情，對中國政治現實的瞭解也基本處於空白狀態。二〇一一年的獨立參選人中最知名的要數許志永，他從二〇〇三年開始就擔任北京市海淀區的人大代表，換屆選舉本應在二〇〇八年舉辦，但因奧運被延期，從二〇一一年開始固定為五年一屆。許志永原本對再次當選信心滿滿，他所在的北京郵電大學選區卻對他採取「封殺」策略，控制選舉事務的校方不僅不允許他進入正式候選人名單，還層層下達指令，要求學生不得在「另選他人」欄填寫許志永的名字。

二〇一一年我採訪的所有廣州大學生獨立參選人，同樣因類似的阻撓而無一當選。當時的我雖然對「茉莉花」的嚴酷性一無所知，但從「參選」這件我作為「圈外人」也能近距離觀察到的事件，我也開始懵懂地感受到「不民主」和「打壓」就滲透在中國普通人的生活中。

有過在中國採訪「選舉」的經驗，台灣的選舉在我看來就一切都是不同的，可以隨意看、隨意問、隨意談、隨意發到社交媒體。我的台灣選舉圖文直播在微博上大受歡迎，我曾聊過幾次天的推友兼學長賈葭隨即邀請我為他供職的香港《陽光時務》雜誌撰稿，我由此開啟了真正的媒體撰稿者生涯。幾位台灣政治記者也在 Facebook 上讀到我的報導，他們大概覺得這個大陸學生的熱情十分有趣，於是饒有興致地開始指導我用職業的方式報導選舉。

我的職業生涯因為台灣相對開放和扁平的社會氛圍，而開展得出人意料地順利。那次選舉的對陣雙方是時任總統、競選連任的馬英九與時任民進黨主席的蔡英文，我提問過馬英九，也近距離拍攝過蔡英文走進投票所投票的情景。那天她一出現在投票所門口，一群記者蜂擁而上，蔡英文被好幾個女特勤圈著艱難前進，我憑藉身材嬌小擠到了最內圈，拿著自己的玫紅色小卡片相機伸進特勤人員之間拍蔡英文的臉，她抬起頭，似乎好奇地盯著它看了好幾眼。

我很快被健壯的台灣攝影記者們擠翻在地，牛仔褲破了，我盤坐在地上看他們繼續衝鋒陷陣。我知道自己拍到的照片其實沒什麼用，只是特別想體驗一下新聞自由的世界裡記者們是怎樣工作的。我的最後一篇選舉報導成為香港雜誌《陽光時務》台灣大選封面系列文章的其中一篇。

—

我真正認識並採訪王荔蕻時，已經是二〇一六年。這一年的台灣，蔡英文第二次參選總統，終於代表民進黨在大選中獲勝，成為台灣第一位女總統。這一年也是王荔蕻出獄後的第五年，六十一歲的她頭髮已全都灰白。

我花了好幾個小時與王荔蕻聊她是怎樣從一個退休包租婆成長為推特時代叱吒風雲的草根行動者。王荔蕻講到「四一六」時感慨道：「那個時代已經過去了。」

聊過「四一六」，我開始小心翼翼地探索當年的平行時空：當我興奮地體驗著台灣的新聞自由時，她在獄中經歷了什麼？

我們的對話變得磕磕絆絆，我希望引導她開啟講述，她洞察我的意圖然後迴避。

「妳覺得在裡面最難以承受的是什麼？」我嘗試單刀直入。

在之前的數小時裡侃侃而談的王荔蕻突然陷入沉默，她坐在我家的沙發裡，眼睛盯著自己的手和茶几之間的虛空，那幾秒鐘像數小時一樣漫長。

她突然抬起頭看我，嘴唇彎出笑的形狀，說：「歇會兒！」

我急忙贊同，著手換掉已經泡沒了味的茶葉，正想胡亂找個話題化解尷尬，她看起了手機。

十多分鐘後，王荔蕻終於放下手機。她不願看我等待著的目光，長長地歎出一口氣，然後聲音變得緩慢低沉了許多：「其實我對自己挺失望的，我還沒戰勝。」我不明所以。她解釋道：「我想要表達卻表達不出來，就是沒有『戰勝』。」

她說起自己出獄一年後離開北京住到偏遠的雲南大理，就是希望能有個安靜的環境，好好書寫自己的經歷，但即便到了大理，她打開電腦，按兩下寫作軟體，看著螢幕上的一片空白，一股痛苦和激憤就混合著衝上腦門，鑽進心裡，她無法承受，趕緊把電腦闔上。

我大抵是個殘忍的採訪者，開始叨叨起這種句式：「有的人在裡面最難受的是上廁所被人看著，頭幾天牢頭還不給發手紙，只能徒手解決；有的人受不了什麼都要跟管教求，管教還故意刁難你……」

王荔蕻突然開口，語速很快，冷冷地說：「我就遺憾沒把眼鏡帶進去，如果帶進去了，我覺得『啪』這麼一掰，然後……」她做了一個抹脖子的動作。

我怔住了，她又陷入沉默，那沉默中彷彿有撕心裂肺的痛，像高壓電流一樣洩出，擊穿了我們兩人之間的空氣，我的頭腦在她疼痛的餘波中嗡嗡作響。我緊緊地抿著嘴，等著她會在沉默中說出什麼驚人之語，她吐出的是：「尊嚴大於生命，我自己結束，也是對侮辱的一種反抗。」

那年王荔蕻在獄中過端午節，號友們做了顆吉祥樹，人人在上面寫出自己的心願。「尊嚴大於生命」，是王荔蕻掛在樹上的話。

痛苦的餘波逐漸平復，王荔蕻才終於慢慢說出一點點在獄中的經歷。她說起自己進了看守所後八十天沒放風，覺得身上都要長出黴來，被子能擰出水來。她用手在身上一搓，都是白白的條兒，不是泥，是皮屑。

等到終於允許放風的時候，她恍如隔世地走到陽光下，陽光擊在皮膚，她覺得有「啪」一下的響聲。王荔蕻把紮起來的頭髮打開，裡面都是水。這時，她聽見了管教的尖聲喊叫，說放風時間到，要她們回到囚室。這次放風八分鐘，在陽光裡頭六分鐘。她心裡湧出一股恨：陽光還在，風還在，但是他們不給你。

王荔蕻一邊往囚室慢慢走，一邊想，怎麼能把陽光帶到囚室裡？

她腦中突然浮現出劉賢斌的笑容。一九八九年參與學潮的四川大學生劉賢斌，因一九九二年參與組黨運動，被判徒刑十三年，二〇〇八年出獄，二〇一〇年到北京參加了「四一六」的北京研討會。那是王荔蕻第一次見到劉顯斌，他比她要小幾歲，笑容燦爛爽朗，十三年的苦難在他眉宇間了無痕跡。說起牢獄，劉賢斌也是一臉無所謂的態度，他給王荔蕻留下震撼的印象。

走回囚室的一步又一步中，王荔蕻默默在心裡寫了一句詩：「抓一把陽光／讓心燦爛」。詩裡的陽光，指的就是劉賢斌。「茉莉花」中，劉賢斌再度被判刑，刑期十年。

王荔蕻逐漸摸索出熬過那九個月的兩個竅門：一是把自己分離出另一個局外人的意識，想像自己飄在空中，看著獄中的自己和其他人，去想怎麼審度和描述自己的遭遇、自己的表現；二是她為自己設置了一些尊嚴的底線，不認罪、不背監規，還有審訊中不說別人，她把守住底線作為維持自己自尊的依據。

王荔蕻此刻坐在舒適的客廳裡，對著完全沒有意圖也沒有尺規去評判她的我，像在自我辯護似的說：「在裡面不可能一點不妥協，每個人根據自己各方面條件，反抗到什麼程度。我在裡面不是最勇敢的，我沒帶領大家反抗，但我也沒破我的底線。」

王荔蕻灼灼直視著比她年輕三十五歲的我：「認罪、躺倒是不可以的，躺倒就完了。你隨時可以躺倒，在外面也可以躺倒，何必到裡面去躺倒？」

「你必須知道你是誰，你不能忘了你是誰。」她用斬釘截鐵的語氣告訴面前的晚輩。

釘住果凍

二〇一一年十二月二十一日，王荔蕻出獄，她做的第一件事就是發推特：「親愛的推友們好！想念你們！想念極啦！俺自由了！雖然有限，但終於回家了——可以上推了！愛你們！感謝你們在大牆外的聲援！那溫暖我感受到了！」

以她的回歸為標誌，「茉莉花」正式告終。

「天天海豚」看到這條消息，沒有第一時間聯絡王荔蕻。自從回到東北的故鄉小城，天天海豚無法抑制地滑向抑鬱的泥潭，基本遠離了公共圈子。她擔心自己的情緒會帶給剛出獄的王荔蕻負面的影響。但幾個月後，天天海豚實在無法忍受家中父母的催婚和嘮叨，她決定回北京找工作，她借住在過去熟悉的推友家裡，終於又見到了王荔蕻。

那天是推友請王荔蕻到家裡吃晚飯，王荔蕻走進門，天天海豚迎上去，兩人緊緊擁抱，然後鬆開，她們上桌吃飯，喝酒、聊天、談詩，唯獨不提那件事。

談到睡覺時間，王荔蕻也留宿，跟天天海豚住在一個房間，她們關了燈躺在床上。不知道是誰先說「我睡不著」，另一個就說「我也睡不著」。兩個人開始聊天，然後開始哭，天天海豚不記得她們到底是聊了什麼，反正那時隨便聊點什麼都是會掉眼淚的。

天天海豚邊哭邊問王荔蕻：「大姐，我們為什麼過的那麼苦啊？」王荔蕻回答說：「我們都是男人的靈魂，生錯在女人的身體裡。」

中國的許多女性草根行動者仍持有刻板的性別印象，她們將堅強、直爽、富有行動力等自己欣賞的品性表達為「男人的」，而將柔弱做作的視為「女人的」，儘管她們自己就是這種刻板印象的反證。

王荔蕻在出獄後的整整一年裡，處於嚴重的抑鬱狀態。她覺得生活充滿不真實感：出門散步，她看見眼前的樹，覺得那真的是樹嗎？看著遠處的天，她想那真的是天嗎？走在路上，她覺得自己不過是一個飄著的影子，懷疑自己可以從這兒走到那兒嗎？

那一年，她經常飲酒過量，喝醉酒就發洩情緒。她會喝得失去意識，醒來時不記得自己是怎麼回到家裡，怎麼倒在床上。「某程度上也是軟弱，」她說起當時又動用起了那個飄在空中審視自己的另一個意識，「但我想在外面軟弱比在裡面軟弱好，在朋友面前就慫一下唄。」她笑起來，另一個意識對軟弱的她表達了諒解。她說自己那段時間幾乎喪失了閱讀和寫作能力，搬到大理後她逐漸好了一些，至少不酗酒了。

王荔蕻在抑鬱中掙扎的這段時間，二〇一一年底至二〇一二年初，推特中文圈經歷著乍暖還寒的過程。「茉莉花」造成的恐懼稍緩，推特網友開始前仆後繼地前往東師古村闖關探望陳光誠。同時，艾未未發起向公眾借錢的活動，起因是當局稱他被囚八十一天是因為偷稅漏稅，並開出鉅額罰

單，艾未未於是用借錢再歸還的方式讓它成為公共事件。這兩個事件都是天然的推特議題，但傳播到微博後關注者激增，讓民間行動者對微博在公共參與方面的潛力刮目相看。

此時正值微博的公共討論熱度增長最為迅猛的時期，轟動一時的輿論事件一件接著一件。二〇一二年初剛結束在台灣當交換學生的我甫一回到中國大陸，就被捲入到微博的熱浪中。

那段時間，微博上最熱的話題是「烏坎村事件」。

烏坎是位於廣東省東端的潮汕村落，村民起而抗爭的原因與太石村類似，都是村民懷疑村官在土地交易過程中出賣村莊利益，中飽私囊。但烏坎村較太石村幸運的是，上級政府在村民數次遊行後批准了他們重選村委會的訴求，儘管這是以一名抗爭村民在拘禁中死亡而引發意外的輿論壓力為代價的。

二〇一二年是中國最高領導層的換屆之年，民間又一次對新班子將走向開明滿懷期許。人們正在搜索任何可能的論據去支持這種期待，烏坎村的故事於是成了最理想的素材庫，整個輿論場都在孜孜不倦地發掘其中值得肯定的細節。

烏坎村民即將迎來選舉已成定局的二〇一二年初，我剛從台灣回到大陸，很自然地對又一個選舉故事感興趣。台灣的經歷讓我對自己能進入看似不可能的現場進行報導充滿信心，而且當時的我對中國政治現實的殘酷性依然沒有多少概念。我一頭就栽進了烏坎村。

然而，進入烏坎村後，我才發現自己掉進了一個複雜而危機四伏的世界：抗爭村民內部有不同的派別，正暗自角力；與原村官緊密相連的村內勢力有黑道背景，正伺機反撲；「老大哥」則像每個人頭上的「達摩克利斯之劍」，一旦它決定叫停村民的民主實驗，像我這樣的「外人」將首先成為被清理的對象。

不到二十二歲的我被驚慌圍困。幸運的是，這時我遇到了《陽光時務》在村內採訪的記者張潔平。她身材並不高壯，長著一張白淨的娃娃臉，我一見面就問她是不是《陽光時務》的實習生，她回答說是。但我很快發現村民們都對她十分尊敬，打聽之下才得知她是《陽光時務》的採訪主任，是最早深度介入烏坎事件的境外媒體記者之一。

這個滑稽的小插曲讓我們很快熟絡起來，我和張潔平決定合作完成接下來的烏坎報導。她的出現給了我安全感，這次合作也讓我第一次投入到專業的深度報導流程中。我與張潔平合作的封面報導《競選村長》，後來獲得了二〇一二年度的「人權新聞獎」。

在烏坎報導後不久，我正式加入《陽光時務》周刊，擔任負責中國報導的全職記者，雖然當時我仍在就讀大學四年級。

烏坎事件告一段落不久，二〇一二年四月二十二日，傳知行的負責人郭玉閃收到一封意外的電子郵件，我的南京推友「珍珠」何培蓉此時正好在傳知行拜訪，兩人一看到郵件裡的資訊，便立刻跳上兩輛私家車，一同奔赴山東臨沂。

在臨沂，他們接到了陳光誠——他在上百人的員警和村幹部監控下伺機逃出家中，翻過八座農村院牆和一條水溝，才得以找到暫時藏身的居所，傳信給郭玉閃：「鳥兒已出籠。」

接到陳光誠的一行人立即折返北京，各種驚險和輾轉之後，陳光誠被送進美國大使館，最終赴美獲得政治庇護。時任美國國務卿希拉蕊後來在自己的書中形容這段險象環生的博弈「如同間諜小說」。

陳光誠進入美國使館後，何培蓉率先將這則轟動新聞發布到推特，隨後她被警方帶走，但消息迅速傳到微博，引爆了輿論。為了規避審查，微博網友們將她暱稱為「珍珠女俠」，營救故事在隱晦的轉述中閃耀傳奇色彩。

「光誠逃館」事件，是二〇一二年最為轟動的民間事件，同時也是推特和微博這兩個平行世界，在中國公共事件傳播中的重要性正式逆轉的標誌——從二〇〇九年到二〇一一年「茉莉花」之前的推特獨秀，到「茉莉花」及其後大半年的推特微博冰火兩重人，再到二〇一一年末至二〇一二年初推特乍暖還寒、而微博持續火熱。「光誠逃館」事件中，推特中文圈借助這個延燒多年的議題最後熱鬧了一把，從此卻是打不破的冷清——就像王荔蕻所說：「推特中文圈活躍的時代結束了。」

從二〇〇九年到二〇一六年，推特的全球總用戶量增長近十倍，中國大陸用戶數量則在二〇一二年達到高峰後不升反降，在二〇一六年跌到一千多萬，比推特剛出現的二〇〇九年還略少一些。

二〇一二年到二〇一三年上半年，微博的公共討論氛圍達到頂峰，大小事件不勝枚舉，其中集大成的抗爭行動應屬二〇一三年一月的「南周事件」：多年來作為自由化言論陣地的主流報紙《南方周末》，其新年獻詞遭黨委宣傳部門強行修改，引發上百網友聚集到報社門前抗議。然而，來到現場的人們只是成群地站著，有人演講有人獻花，組織化程度遠未及當年的「四一六行動」。

微博最熱鬧的這一年多，同時也是中國最高領導層的交接期，一般也意味著官方對民間的管制會相對鬆弛或滯後。然而，一待權力交接完成，微博的言論環境就遭遇了明顯的緊縮。

二〇一三年八月，曾在「南周事件」現場演講的行動者郭飛雄被捕；九月，最高法院出台司法解釋稱，不實資訊轉發超過五百次即可能判刑；二〇一四年初，一批因為粉絲眾多而被稱為「大V」的微博意見領袖被封帳號，官方媒體出現汙名化「大V」的言論潮，有幾個「大V」更以嫖娼、賭博或吸毒的罪名被抓，並在中央電視台的新聞中認罪。

高壓之下，微博公共事件關注和行動的功能基本被取消，此後的微博主打明星娛樂，卻也創造出驚人的粉絲流量經濟。

至於微博之後興起的社交網路工具「微信」，則因其封閉性和嚴密監控，更難在運動方面有所作為。二〇一七年初加拿大多倫多大學公民實驗室發布的研究發現，微信在朋友圈、群聊甚至一對一聊天中都存在言論審查，而且審查範圍不僅包括文字關鍵字，還能遮罩帶有敏感資訊的圖片。

人們這才發現，陌生網友有組織運動的可能性，早在「茉莉花」時就註定一去不復返。律師滕彪說，「四一六行動」創作的互聯網運動高峰，將再難重現。

二〇一七年初的一天，我經過廣州地鐵站裡的一塊看板，素淨的背景裡只放著一份模糊的文件，但鮮紅的大字掛在前景讓我無法不閱讀它們：《網路安全法》將在二〇一七年六月一日正式實施。

我頓時感覺受到了恐嚇。

按照《網路安全法》的規定，網路營運者只能為實名制使用者提供服務，而且必須配合警方的偵查要求，因此互聯網的匿名特徵將不復存在；該法還規定，網路營運者必須主動處置不受政府認可的資訊，包括軟體、郵件裡不能有這些資訊發布或傳播，由此網路自我審查正式被法律規定為互聯網公司的義務；法律還准許政府為阻斷資訊而「斷網」。事實上，早在二〇〇九年新疆發生維漢民族衝突時，政府就在衝突地區提前使用過這一項當時還沒被合法化的權力。《網路安全法》實施後，中國全面下架了常用於翻牆的VPN服務，也進行過「一鍵斷網」演習。

十多年前，時任美國總統的柯林頓曾信心滿滿地預言，互聯網將改變中國的政治面貌。他提出一個知名的比喻：如果中國政府要管控網路，無異於「將果凍釘在牆上」。

如今，中國執政者似乎已證明，他們可以讓果凍留在牆上，只要用的不是釘子，而是密不透風的真空包裝。

「茉莉花」之後的世事變幻，王荔蕻似乎都不太關心，她的運動生命本就與互聯網運動高度關聯，急促地興起又低落，隨著「茉莉花」雨打風吹去。

到大理後，王荔蕻喜歡與朋友吃吃喝喝，各種民間圈子的熱鬧都不再摻合。唯獨飯局中合影時，她難改昔日總為聲援而聚餐養成的習慣，嚴肅地對著鏡頭，一臉的凜然。

但仍有兩種事，王荔蕻無法視而不見，一是過去的老朋友被抓，二是他人在監獄中遭到虐待。

比如二〇一五年五月，剛在抗爭行動中「復出」不久的吳淦成為政治大案「七〇九」中的第一個被捕者，從此王荔蕻幾乎每天都在推特上為他發至少一條呼籲。這些推文一開始動輒有數十次轉發，後來經常只有寥寥幾轉。

又比如二〇一六年五月，王荔蕻聽說素未謀面的郭飛雄被判刑後因在獄中受辱而絕食，她心中遠未痊癒的傷被觸痛。久不參與民間圈子的她開始每個微信群都進，去傳播為郭飛雄寄明信片的呼籲；她效仿二〇〇六年高智晟聲援郭飛雄的經典行動，發起接力絕食活動，她儘管已六十一歲也親自參與；她又馬不停蹄地遠赴位於廣東偏遠地區的陽春監獄，給郭飛雄存錢存物以示關注。

這讓王荔蕻身邊的朋友們又開始擔憂她的安危，王荔蕻也知道自己身在險境，二〇一五與二〇一六年的政治氛圍之嚴峻，已遠不是上一個時代可比。但王荔蕻做不到袖手旁觀：「他在死亡線上掙扎的時候，我假裝沒看見？不可能啊，我怎麼面對自己！」

王荔蕻想過，若再坐幾個月牢，她的身體大概熬不到出來的時候，但牢獄中的痛苦記憶，與無法割捨的正義感混合在一起，在她身上催化出一種底線式的抗爭哲學。

當我問她：「萬一因此又被抓，值不值得？」

她回答說：「不一定要做的事就別做了，絕對要做的事就是值得，就是不管有什麼後果，我必須要承擔。」

第八章 開房找我

海南

高峰時期的微博，大概是最適合葉海燕的公共舞台。她本就有吸引爭議和注意力的天賦，見過風浪後更不僅對製造熱點遊刃有餘，而且洶湧的毀辱都再難傷害到她，加上多年在輿論場上習得的理論話語，以及NGO工作的履歷資本，葉海燕萬事俱備，只欠東風。

微博流量就是她的東風。「臥底十元店事件」讓葉海燕「翻紅」，但也給她的浮萍工作室帶來不明來歷者的砸店報復，她隨即利用紛來遝至的媒體採訪曝光此事，工作室一片狼籍的現場照片在微博上又引發新一輪的傳播。騷擾沒有再捲土重來，葉海燕因此有了信心：網路影響力不僅可以保護自己，而且可以用於參與更多公共事件。

網路意見領袖的功課是要不斷參與或製造新的網路議程，在等待著下一個適合自己的議題時，葉海燕注意到了「校長帶小學生開房事件」。

二〇一三年五月八日，海南省萬寧市一所小學有六名六年級女生同時失蹤，驚慌的老師和家長報警並通宵尋找，一無所獲。直到第二天深夜，一名女學生自行去到海口市的親戚家中，老師和家長們才透過她，在不同的出租屋和度假村裡找到了另外五名女學生。

所有女學生身上都有不同程度的傷痕，醫院鑑定的結果是，她們遭到過強姦。警方調查發現，其中四名在失蹤那天晚上被她們的小學校長帶到了酒店開房，另外兩名則與一名政府公務員在度假村同宿。案件從多個角度引發公眾的擔憂和憤怒，包括留守兒童的安全問題、公立小學師德敗壞問題、政府官員性腐敗問題等等。

事件曝光後，警方組織了第二次法醫鑑定，結論卻變成女學生們未遭強姦，政府和學校又多次要求學生家長私下接受賠償了事。這些後續發展更讓人懷疑事件是否會得到嚴肅處理，導致公眾對社會不公的積怨進一步爆發。

葉海燕原本只是眾多在微博關注和評論此事的「大V」之一，但她不久後在一次NGO會議中遇到了代理該案的維權律師王宇，由此得知學生家長們已紛紛在政府威脅下不敢再與律師見面。此時距事件爆發已有十多天，在微博上的關注度已基本被新的熱點覆蓋，深諳網路輿論規律的葉海燕立刻想到，這樣下去此案只能不了了之。她一聽說王宇在會議結束後馬上要再去海南嘗試與女生家長見面，立刻決定要跟王宇同去。

葉海燕不是要去見家長，而是去攪皺一池春水。她來到涉事小學門口，舉起一張大海報，上面寫著：「校長，開房找我，放過小學生！」標語下面不僅有葉海燕的署名，還有聯繫電話「12338」——這是全國婦聯的官方電話。葉海燕的同行者為她拍下照片，上傳微博。她再一次擊中了整個網路輿論的痛點。

葉海燕身上有許多固化的爭議標籤，比如妓女、炒作、性開放、肥胖、醜等等。這次的照片從「好看」與否的角度來說，比她二〇〇五年的裸照還要糟，她看起來胖了兩倍，頭髮全梳到頸後凌亂紮起，海南炎熱的氣候讓她臉上充滿不知是油還是汗的反光。但一張與性吸引力毫無關聯的照片才正好說明要旨：這一切與性和魅力無關，這是抗爭的姿態。

這次葉海燕的抗爭訴求與社會主流發生前所未有的重合，在這個前提下，她身上的所有爭議都發生著神奇的正面轉化：妓女是受蔑視的群體，如今連妓女都為社會不公抗爭；性開放和炒作，這次成了先鋒和酷的象徵；所有過往爭議積累的知名度，在此刻更是最有利的因素。

普通網友開始狂熱地模仿葉海燕。沒有性道德壓力的男人、長得比她好看的女人、能夠拍出更精緻更有創意的照片的人，都紛紛舉起「開房找我」的標語拍照並上傳微博，有人的手上拿著錘子、菜刀或剪刀強化抗爭的意象，有人把聯繫電話改成報警號碼一一〇。

「開房找我」不得不說是一次很機靈的行動，它沒有把矛頭直指公權力，幽默的非對抗性語言吸引運動圈子以外的參與者，其抗爭意涵卻能讓每個人心照不宣，這得歸功於事件此前的廣泛傳播。「開房找我」半意外地開創「一人一照片」的發散性互聯網運動形式，對於每個參與者，包括葉海燕，很難看出會招致什麼直接的法律風險。

種種優勢之下，「開房找我」成為中國互聯網有史以來動員最廣、影響力最大的線上抗議行動之一。

然而，「開房找我」也將本就沒有合法ＮＧＯ地位的浮萍工作室捲入滅頂之災。

二〇一三年五月三十日上午，葉海燕剛從海南萬寧回到廣西博白，她的家就在浮萍工作室樓上，讀初中的女兒中午放學也剛進家門。有人敲門，葉海燕去開門，兩、三個中年女人衝進來就說：「妳為什麼把我的相片發到網上去？」葉海燕莫名其妙，否認後就要求她們出去。這時又有七、八個人衝進屋嚷嚷，門口也圍了一圈。

葉海燕這下明白是來鬧事的了。她拿起手機報警，博白的一一〇電話卻無人接聽，她又加上廣西省會南寧的區號撥打一一〇，南寧的報警電話通了，對方卻拒絕為她轉接給博白警方。葉海燕意識到這是一場官方授意的騷擾，她只能求助於民間，她用手機拍照將現場情況發到微博，屋裡的人看到就來搶她的手機，葉海燕抓住衝上來的人的手指，死死往後掰，那個人疼得整張臉扭曲起來。

情況越來越失控，葉海燕看見女兒縮在屋子一角，害怕得發抖。葉海燕衝進廚房，舉著菜刀衝出來，大喊一聲：「你們給我出去！」還有人待在屋裡不走，她就作勢往一個人背上砍了一下。她記得那個人的衣服沒有破，刀上、地上一滴血也沒有。

闖入者終於退出門外，葉海燕趕緊擋在門口，對著那群人拍了個視頻，又發到微博。這時員警出現了，但不是來保護葉海燕和女兒，他們稱接到報警有人持刀砍人，葉海燕隨即被帶走調查。

在派出所，葉海燕看見剛剛闖入她家的中年女人來做筆錄，對方自信滿滿地對她說：「妳死定了。」葉海燕對這種虛張聲勢見怪不怪。當天傍晚，員警果然向葉海燕提議，她只要賠五百塊錢這事就算了結了。葉海燕拒不接受，反而要求員警把她關起來。警方隨後宣布她被拘留十三天。

後來我和葉海燕聊起這個過程，她露出自豪的神情，告訴我她當時的想法：「我就知道越鬧對我越有利，我知道怎麼把他們陷入被動的局面。」

葉海燕的預料沒錯，這起戲劇性事件在網路劇烈發酵，人們普遍認為葉海燕是因為「開房找我」遭到官方報復，廣西警方公告稱她是因砍人被拘留也於事無補。警方隨後又透過官方媒體發出受害者的傷口縫針照片，但網友很快發現縫線下的「傷口」皮膚並沒有破裂，那只是紅色的印痕，於是官方挽回網路輿論的拙劣嘗試又成了新的笑柄，網友們紛紛替照片裡的被縫針者喊疼。

與此同時，王宇等維權律師趕往廣西救援葉海燕，各地行動者也奔赴博白陪伴葉海燕女兒，微博上還有大批網友展開聲援活動。相比許多底層行動者在遭遇打壓時的不為人知，葉海燕多年經營的知名度和民間人脈，在這個時刻一定程度上為她張開了安全網。

——

艾曉明也在網上看到了葉海燕被拘留的消息。她們兩人在田喜被宣判的現場碰過面後就沒什麼私人交集，但艾曉明從女權和運動的角度都極為欣賞葉海燕的所作所為，她在想自己能用什麼樣的方法聲援葉海燕。

艾曉明自從因簽署《零八憲章》被學校邊緣化之後，不被允許招收新的碩士和博士生。二〇一三年她指導的最後一個博士生畢業，艾曉明的教職就正式宣告結束，她離開民間圈子活躍的廣州，回到老家武漢。艾曉明家中有年邁的父親需要照顧，因此她不再能說走就走地奔赴社會運動的第一線。

葉海燕拘留事件爆發的當時，正攻讀性別研究博士的前愛滋NGO工作者曾金燕在艾曉明家中對她做訪談。艾曉明與曾金燕一商量，做了一個大膽的決定：用葉海燕的方式聲援葉海燕——艾曉明脫去上衣，裸露乳房，在胸前寫上「開房找我，放過葉海燕」，手持大鐵剪刀，拍照，上傳網路。

這張刺激的照片立即引發軒然大波，成為聲援葉海燕浪潮中的最高峰。推特上一面倒地贊許，而微博上則眾說紛紜，有人說艾曉明是炒作，有人說她下垂的乳房難看，有人說一個女教授應該端莊而不是裸露，應該用言論而不是身體去參與公共事件。

艾曉明在幾天後給出自己的正式回應：「在這一刻，我的身體，什麼曝露不得的乳房啊，隱私啊，在如此巨大的惡勢力以及如此普遍的悲劇面前，根本無足輕重。」她陳述自己的意圖：「我讓照片凝定在這個瞬間，讓它和向隅而泣的家長、和那些茫然不知所措、或者被羞辱感壓得抬不起頭的女孩們站在一起，銘刻一個時代的羞辱、罪惡以及路見不平必須要有的態度。」

當有人給她留言說自己看到照片流淚了，艾曉明說：「哭有什麼用？像葉海燕一樣豁出去，這就是唯一的出路。」

葉海燕在拘留十三天後如期被釋放，她看到艾曉明的照片和文章時也流下了眼淚。這麼多年來，葉海燕在各種公共參與的場合中遇到知識分子，她儘量不卑不亢但總是畢恭畢敬，底層與精英的鴻溝會隱沒但不容易消失。但這張照片讓葉海燕覺得，艾曉明給了她「自己人」的認可。

艾曉明自己說起這件事卻是輕描淡寫：「看的人可能覺得是件很大的事似的，對於做的人就是幾分鐘的事。」

野心家

葉海燕走出看守所，回到博白的大街上，剛轉進浮萍工作室所在的街道，她就看見兩道巨大的布條，橫穿工作室兩邊的街道天空，一條寫著「大雞婆葉海燕傷風敗俗，滾出博白」，另一條寫著「葉海燕喪盡天良，砍傷我們，賠我損失」。葉海燕從橫幅布條底下走過，進入工作室，上樓回家，不久後，她家樓下開始有身分不明的男子聚集，他們高聲叫囂，要求葉海燕下來，人數逐漸增加到三十人左右。

葉海燕摟著十四歲的女兒膽戰心驚，她非常瞭解博白人們「解決問題的方式」。在中國大城市的治理模式已經相當細化的二〇一三年，像博白這種省分交界處的半城市半鄉村地帶，實現秩序平衡的方式仍十分原始——人們用火拼來了結衝突，體制內外都是如此。當地的宗族之間打架，死兩、三個人是平常事，員警根本不理會，各自把人埋掉，事情就算結束了。所以葉海燕在博白期間，從來沒有員警要找她談話「維穩」，此地維穩的方式是砸她的店，闖進她家，找一個人背上縫針作為她砍人的證據。

考慮到風險沒有上限，葉海燕為了自己和女兒的人身安全，還是決定知難而退，離開博白。她的第二次敗走博白，依然是寡母攜女，身無長物。

葉海燕打算到廣東小城中山去做小本服裝生意。她帶著女兒來到中山，在小旅館臨時住下，準備租個房子，開始一段平靜的生活。但沒過幾天，她回旅館時就在樓道裡看見自己的裸照被列印成傳單，一張張地沿著樓道貼到自己房間，傳單上寫著：「這個房間有小姐」。葉海燕把這些傳單拍下來，發到網上，這些傳單又默默消失。

她們從博白寄來的大件行李和電器運到了，還沒來得及拆開，葉海燕母女就被中山員警從旅館裡趕了出來。員警把她們和行李一起扔在國家公路邊，當著葉海燕女兒的面，員警對她說：「中山不歡迎妳，如果妳再來，就打斷妳的腿。」

葉海燕抱著女兒，坐在行李堆上，一籌莫展。她一邊習慣性地把這個情景拍下來發到網上，一邊望著公路旁的風景。夕陽把天空染成淡淡的橘紅，山坡荒草叢生，上面有發電的風車在緩緩轉動。葉海燕忽然覺得這景色是那麼美好，她對女兒開玩笑說：「我們乾脆就在這裡搭個棚子住，或者在附近的村子落腳算了。」母女兩人在美景中依偎，驚慌慢慢平復下來。

但當然不可能就搭個棚子住。葉海燕稍稍收拾過情緒，又拿出母親的堅韌，把行李暫時託付給中山的朋友，打算帶著女兒到廣州市區去碰碰運氣。

葉海燕聯繫上一個廣州的草根行動者，對方拍胸脯說自己不怕政府，葉海燕以防萬一，特意買了兩支新手機，跟對方一人一支，單獨電話聯繫。不料她們到對方家裡才過了第一夜，第二天早上，樓下又圍了一大批員警，葉海燕見勢只好偷偷溜走。

身在武漢的艾曉明聯繫到葉海燕，讓她到自己在廣州暫時空置的房子裡過渡一下，但葉海燕深夜剛進到艾曉明家的社區，就被早早潛伏在那的員警帶走，羈押了一個通宵。廣東警方傳達的資訊再明白不過，他們絕對不會容忍葉海燕這個麻煩留在當地。

葉海燕如今只能帶著女兒返回湖北老家，回到那個她從二十一歲起就努力遠離的小村莊。她花費十七年的努力，嘗試過各種方式，去提升自己的社會能量，希望改變自己和其他底層者的命運，但她同樣沒能逃脫所有底層攀登者最常見的特徵：脆弱性。

民間的聲援和互助，誠然能在危急時刻發揮安全網的作用，但這個社會裡，人的公共活動空間，與其他珍貴的資源一樣，由官方壟斷。葉海燕得以野蠻生長的空間，總是一遍遍地被以更野蠻的方式收回。

在回老家之前，葉海燕還得去中山處理自己的行李，在路上，她接到艾未未的電話。葉海燕在北京時曾拜訪艾未未的工作室，在他那張由一男四女的裸體組成的著名政治隱喻照片「一虎八奶圖」中，豐腴的葉海燕作為「資產階級」的象徵，坐在代表「黨中央」的艾未未身邊。

艾未未在電話裡對葉海燕說，他在網上看到了那張她與女兒和一堆行李一起被拋在路邊的照片。他問她，是否願意把所有那些行李和家電作價幾萬賣給他。葉海燕當即應承，行李問題解決了。

一年之後，葉海燕的這堆家當成了艾未未在紐約博物館裡的展覽品，同時展出的還有那張照片，行李和家電完全按照片裡的樣子堆放著。華人紀錄片導演王男栿去看這個展覽，把它拍攝下來，剪進自己的作品《流氓燕》裡，這部紀錄片講述的是葉海燕的「開房找我」，以及她與女兒被一路驅趕的故事。那段時間，王男栿一直陪在她們身邊。《流氓燕》後來登上了 Netflix——歐美最重要的視頻平台之一，但這個平台不向中國大陸開放播放權。

中國許多知名的抗爭者，因為在國內被封鎖，都有這種「牆內開花牆外香」的現象。但在來自底層的抗爭者中，葉海燕可以說是最成功地實現了影響力外銷的代表人物。

在葉海燕被四處驅趕的時候，我與她發過幾回微博私信，對她說我就在廣東，如果有什麼幫得上忙，可以聯繫我。她禮貌地表示感謝，但那段時間給她發微博私信的人估計很多，我猜葉海燕現在完全不記得這件事。

我留意到葉海燕的狀況，是因為當時我在微博上搜索並關注所有跟女權相關的帳號。二〇一三年夏天，香港的《陽光時務》周刊因為政治和商業的雙重壓力而停刊，當時我剛畢業，只好重新找工作，很快地，我決定要去做一份跟女權相關的工作。我從事了一年多的大陸民間運動報導，採訪過許多重要知識分子和運動領袖，一般都是男性，但他們的話語和思路一直沒能讓我有「被擊中」的感覺。

當我想要瞭解另外的運動空間時，像九〇年代的艾曉明一樣，我因為自己的女性身分而對女權主義感興趣。我讀的第一本女權主義理論書籍，就是艾曉明為了引進女權主義大學教育而親自翻譯的教材。

我順利到了「女權之聲」工作，這個機構的歷史可以追溯到受九五世婦會影響而成立的一個女性媒體人共同體。在我加入的時候，它已經被改革成獨立的NGO，在微博和微信上經營中國最具影響力的女權主義自媒體，同時還在持續發起各種女權運動，並自己報導這些運動。也就是說，女權之聲是一個混合媒體和運動屬性的機構，我的工作性質和機構完全同構，不僅要寫新聞稿和評論文章，還要參與執行運動。

二○一三年底，中國的勞動教養制度被正式廢除，這被認為是當局追求法治進步的信號，受到民間歡迎。女權之聲也因此做了一個決定，在來年的工作計畫中增加一個運動主題：推動收容教育制度的廢除。

收容教育制度與勞教類似，是不經審判即可關押公民半年到兩年的制度，但它的使用對象限於「賣淫嫖娼者」。按照法律規定，員警對「賣淫嫖娼者」只能罰款一千五百元和最長十五天的拘留，但若加上依據政府條例而非法律實施的收容教育，可能的處罰就變得重了許多。被抓住的性交易者要想避免長時間關押，可以給員警從數萬到十多萬不等的賄賂，出得起這個價錢的一般是顧客，因此性工作者是收容教育制度的主要受害者。

在機構內部分配工作時，我請纓擔任推動廢除收容教育工作的主要負責人，這讓我成了葉海燕的同行——她回到湖北後仍在從事性工作者權利的推動。

在中國操作權利議題，主要的工作內容是想方設法讓我們的訴求登上新聞版面。我在同事們的幫助下，開始大量地向政府提出申請，要求公開收容教育相關資料，各省的政府和公安部門都拒絕了我的申請——這本身就能構成一輪新聞。

中國的權利NGO經常傾向於隱匿在運動背後。將「個人」講述為行動的主角似乎更安全也更有故事性，有利於獲得媒體報導。這些申請是以我的名義發出的，於是我順理成章要扮演行動的主人公，即便它其實是機構內部的共同決定。

接下來，在所有拒絕公開收容教育資訊的部門中，我們選擇起訴廣東省公安廳，案件的原告自然也是我。一個年輕女孩狀告省公安廳，這相當有新聞賣點——哪管一些媒體會因為自我審查而不敢報導。為了增加這場官司的吸引力，我們把它命名為「全國問責收容教育第一案」。

面對來採訪的媒體時，我將選擇廣東省公安廳作為起訴對象，解釋為廣東省的法治環境較好。這並非假話，當時廣東確實有幾個任職司法系統的人大代表曾表示收容教育應該廢除。但事實上我們做出這個選擇還有一個重要原因，那就是要避免在機構所處的北京提起訴訟，以免招致報復，而廣東是除了北京以外媒體最集中的地方。

幾乎沒有懸念，訴訟以敗訴收場，理由是法院同意警方的說法：收容教育的相關資料屬於「國家秘密」。但這個結果足夠再上一次新聞。

在這一年推動收容教育議題的過程中，我注意到葉海燕許多次轉發了我們的新聞，還附上熱情的正面評價。後來我與葉海燕因為工作打過幾次交道，我沒有特意問過，但我想她第一次記住我，就是因為這一系列有關收容教育的工作。

—

二〇一五年秋天，我到湖北拜訪葉海燕，那時我們才第一次深談，但彼此因為女權運動的交集已經感到很熟悉。

一年前的秋天，聯合國對中國政府履行《消除對婦女一切形式歧視公約》而進行五年一度的審議，葉海燕原本以活動家身分受邀前往日內瓦，但警方沒收了她的護照，不允許她出境。為了宣導公眾關注審議，葉海燕在微博發布自己的一張主題裸照，接著再次遭到了十天的拘留。湖北警方看來不打算容忍她在自己地盤上有任何動作。在這之後葉海燕基本退出了任何女權ＮＧＯ的工作，她在武漢郊區開起一個小小的圖書室。

艾未未當年買走她的全部家當，後來給她打來十四萬人民幣，她再東拼西湊一點就在武漢郊區買下一間小小的房子，總算有了點固定資產。女兒在寄宿學校讀初中，女兒不在家時她就自己住在圖書室裡。

此時的我已經重回新聞記者的生涯，我向葉海燕問起，當年在博白被拘留，又一路被驅趕，她處在一種怎樣的狀態。葉海燕說，當時她爆發出一種「拼死決裂」的情緒，覺得自己不能再給這樣的政黨任何機會，拘留之前她從事社會運動希望的是讓政府進步，之後則不同了。

葉海燕提到當時聲勢浩大的聲援，說那讓她有點情感氾濫地覺得，自己從此是屬於社會的人了。因為她是在普通人的關注中成長起來的，而且也是公眾給了她安全感。她想到自己應該將重心轉向民主人權之類更具抗爭性的議題，而不該只關心一點公益方面的事。

當時我們兩個人坐在她冷清的圖書室裡，一邊聊天，一邊幫她打包一點網店賣出去的貨品。我問葉海燕，她現在的想法是不是比當時緩和了一些。葉海燕的語速慢下來許多，她說：「拼死決裂的意思就是還要處在危險之中，這種感受並不好，畢竟還是總想抱著一絲幻想，還是希望未來的路輕鬆一點。」

葉海燕告訴我她現在的定位，她不打算再做行動，因為要保全人身自由，但她打算像真正的政治人一樣行事，接觸普通的訪民、決絕的民運分子、溫和知識分子，還有任何有可能的體制內人士。「希望跟他們儘快聯合起來，我儘量會做老好人，去調節各方的關係。」葉海燕說，這一切都是鋪墊，她內心是有目標的，她希望將來創建中國的婦女黨，或者在新的民主政黨中擔任代表女性的內閣成員。

我有點詫異，我從來沒有聽過別人那麼明確地表達自己在中國民主化後的政治野心。葉海燕繼續一本正經地分析：「我做過性工作者，這對要當政治人物是個不利因素，但我想他們最終會接受的。」

「這是什麼意思？」我想搞清楚她口中的「他們」指的是誰。

「到時候他們會沒有多少人選，當他們需要一個女性代表的時候，他們就會覺得葉海燕還是比較合適的。」葉海燕說的「他們」應該是指將來組建民主政黨的人，她沒有一點在開玩笑的意思。

「那妳希望將來可以做一個怎麼樣的職位？」我順著她的話往下問。

「越高越好。」葉海燕說。

兩個月後，我邀請葉海燕到廣州參加一個與廢除收容教育相關的活動。她來我家吃飯，我問起她最近在忙什麼，餐桌上除了我和她就只有我的丈夫，她說最近政治氣氛太緊張了，她只想好好經營自己的淘寶店，給女兒好一點的生活。

葉海燕是個勤奮的寫作者，她幾乎每天都在自己的微信公眾號上發表文章。她的粉絲群不小，她基本每個月靠文章能收到一到兩萬人民幣的打賞，這是她主要的生活來源，她的淘寶店一直處於慘澹經營的狀況。我也關注了她的公眾號，時不時會去看看她最近的想法。幾個月後，她發了一篇文章說，淘寶店消耗大量時間和精力，但並不真的能養家糊口，不過給人小本創業的幻想，她再也不開淘寶店了。

又幾個月後，葉海燕在公眾號發了篇文章，感慨她在剛剛過去的武漢水災中看見底層小販的生存艱難。然後她將問題的癥結歸結於一黨專政導致的治理低能，在文章的最後一段，她突然宣布：「如果有一天開放黨禁，我想成立婦女黨，站到每一個需要關注的女性身邊，站在所有需要解決的、與性別相關的問題身邊。」這篇文章的前面完全沒有提到過性別問題。或許是生活隨筆中突然出現政黨主張太過格格不入，也可能是組黨言論太過敏感，葉海燕的讀者們自覺地沒把她的話當真，這番水災中的婦女黨宣言沒有激起多少水花。

沒多久，葉海燕在公眾號裡宣布自己搬到了北京城郊的宋莊，是跟北京和武漢國保都費勁嘴皮才勉強住下的。宋莊是中國異議藝術家的聚集地，我暗暗地想，葉海燕終於要到重鎮北京實踐她連橫各個民間圈子的抱負了。雖然葉海燕之後在公眾號裡連續好幾篇文章表態自己就是去宋莊學畫畫的，但很快我就看到她寫下自己與宋莊最知名的溫和知識分子交往的趣事。

葉海燕在文章裡展現的立場總是在不斷變化：她一會兒為政治犯疾呼、一會兒說應該再給共產黨進步的機會、一會兒抗議政治的保守趨勢、一會兒說這是最好的時代，她要與習近平一起做公益。

漸漸地，我習慣了不把葉海燕的公開發言當作她的實際想法。她有時像在面向自己的粉絲說話，有時則像是寫給暗中觀察的員警看的，她需要粉絲的支援和保護，也知道自己微博公眾號的存續全繫於當局的決定。無論她在對哪一種讀者說話，我總覺得遠沒有那個秋天她在圖書室裡告訴我的真實。

我翻看自己在拜訪她的那幾天裡所做的筆記，發現裡面記下了她說的這幾句話：「我不是一個稜角分明的人，我是一個很狡猾的人，在一個圈子裡面遊刃有餘，在另一個話語空間裡我也會有一套，你要說是投機吧，可能也是投機，或者遊戲風塵，但你就是不能拿任何一個規則來套我。」

第九章

雨傘與太陽花

非暴力

二〇一四年四月十日，寇延丁從中午就進了台灣立法院，晃到天擦黑才出來，除了幾個學生領袖，就屬她最晚了。寇延丁本來不打算拖到最後，免得引來不必要的注意，但她忍不住要看看學生們是怎樣一步步體面退場的。

「太陽花學運」的學生們正在撤離。三周前，他們為了阻止台灣的執政黨強行推進與中國的服務貿易協定，衝進立法院並占領議場，如今他們在獲得政府的一定承諾後決定和平離開。

學生、記者和志工們各自忙碌著，只有寇延丁像個閒雜人員。大部分雜物已隨大部隊撤出被帶走，她看著後勤的學生清潔地毯、清點毀損的物品並做賠償記錄，這當然包括那塊著名的玻璃——數百學生在這三周裡造成的最嚴重破壞。學生每清理完一個區域，一經交接，員警就一排一排地進入，把這個區域站滿。這種默契的方式讓寇延丁覺得甚是有趣。

寇延丁隨著最後撤離的學生們來到立法院門外的馬路上，這是「太陽花學運」告別大會的現場，先到的人已經坐滿馬路中間，周邊站著的人還在越聚越多。

這時負責主持大會的運動者發出指令：「請中間坐著的人全部起立。」人們都一個個站起來了。

「請大家靠緊一點。」人群動起來。

「再緊一點。」人越來越擠。

「再緊一點。」後面人的前胸緊貼到前面人的後背。

「請大家坐下。」站在馬路上的人全體坐下。寇延丁歎為觀止，這是怎麼能坐得下去的？她還注意到，正對大會舞台的緊急通道一直暢通無阻。

舞台側面有一個劃定的媒體區，記者可以在裡面隨意走動，一旦走出這個區域，在站區只能站著，在坐區只能坐著。然而四個主要學生領袖一出現，記者立刻湧動起來，有人衝出指定區域，擠向舞台，跟著衝的記者越來越多。

主持人制止無效，轉向民眾說：「大家跟我喊：『媒體！退後！』」

人們陸陸續續反應過來，開始喊：「媒體，退後。」

推擠著向前衝的記者仍越來越多，人們在主持人的帶領下繼續喊：「媒體！退後！」

喊了兩分鐘後，開始有記者退回。

喊聲越來越大，越來越整齊：「媒！體！退！後！」

後退的記者也越來越多，三、四分鐘後，所有記者回到了媒體區。

喊聲驟停，現場瞬間靜默，寇延丁的汗毛全然豎立起來，她被台灣社運震撼了。

這是寇延丁到達台灣的第四天，她從四月七日開始台灣訪學的行程是數月前就安排好的，撞上「太陽花」，寇延丁相信這是命運的安排。

她到達立刻奔赴現場，第二天晚上領了公用帳篷在立法院外的馬路上與社運者一同守夜，她看著許多父母帶著孩子在現場吃住，說是「讓孩子從小感受社會運動的味道」，最小的還抱在手上，更多是背著書包來的小學生。

寇延丁想起了自己的兒子，當年緊張備戰高考的少年，如今已本科畢業，又到美國攻讀碩士學位。寇延丁已經好久沒有見過兒子了，她想到，如果他選擇回國，自己將親手交給他一個怎樣的國家？想到這，寇延丁躺在睡袋裡，蒙住頭，靜靜地淌了一會兒眼淚。

寇延丁在為「太陽花學運」心潮澎湃的時候，中國民間發生另一個重要事件——許志永二審宣判，這個民間法治運動和ＮＧＯ運動最具代表性的人物，以「聚眾擾亂公共場所秩序罪」獲刑四年。

許志永在二〇〇九年的查稅案後將「公盟」改名為「公民」，但機構註冊和辦公室設立連連受阻，他一度稍顯沉寂，僅在公盟的傳統議題上謹慎發力。但在二〇一二年五月底，中共最高領導層換屆前夕，許志永公開發表文章，宣布發起「新公民運動」，他明確將這場運動定義為政治運動，目標是結束專制，完成中國的民主轉型。同時他也把權利運動納入到論述中，解釋為民主運動的準備階段。

許志永並非突作狂語，他在公布宣言前花費數月到各地與公盟合作多年的反拆遷、教育平權、活躍訪民等抗爭群體做溝通，將這些運動納入新公民運動的框架。宣言公布之後，許多草根行動者統一使用藍底白字的「公民」標誌，加上在各地定期舉辦該主題的「同城飯醉」活動，新公民運動很快有了較高的能見度和受認度。

許志永選擇此一時機高調行動，許多人認為，是受他自己十年前在「胡溫新政」時上書終結收容遣送制度的成功經驗影響，認為新政府可能會願意作出大的讓步，向民間示好。這某程度上是一場政治賭博。

習近平通過二〇一二年十一月的中共第十八屆代表大會正式上台後，許志永更發表公開信向習近平喊話：「希望您，像您的父親一樣，在任何惡劣環境下都能保有內在的良知，希望您展現您的勇氣和智慧，帶領中國走向民主憲政的人間正道。」

習近平的父親習仲勳是中共的建國領導人之一，「八九學潮」中，習仲勳屬於反對出兵鎮壓學生的一派，事後因此離開最高領導層。民間對習仲勳長期持有相對正面的評價，這也是習近平上台之初，人們對他會重開政治改革懷有期待的主要原因之一。

但許志永並不打算靜候習近平開啟改革，他決定主動製造壓力，迫使政府採納他的訴求。習近平政府高調表達反腐決心後，新公民運動開始推動各地行動者在街頭展示橫幅布條，要求官員財產公示。同時期「公民」還組織非北京戶籍的學生家長，在國家機關門前抗議，要求打破高考地域歧視。至此，許志永無論從政治訴求和行動方式上，都完全站在了NGO光譜中最具對抗性的一端。

習近平政府對如何回應許志永的行為並沒有猶豫太久。政權領導權交接甫一完畢的二〇一三年三月到四月，近十名新公民運動參與者相繼被捕。二〇一三年七月十六日，員警將許志永從家中帶走；八月二十二日，他被正式逮捕；二〇一四年一月二十二日，許志永一審宣判，徒刑四年；四月十日，二審維持原判。

習近平的新政府與民間的蜜月期還未真正開始就告終結。

我做記者時不曾見過許志永，但在採訪郭玉閃和李英強時聽過許多關於他的故事。在許志永被捕的二〇一三年夏天，我來到北京從事女權NGO工作，我的男友柳建樹（接下來把他稱作小樹）同時到了郭玉閃的麾下，負責一個正在籌建的法律援助機構的執行工作。這個機構與公盟早期的定位類似，因此，許志永的遭遇對我們來說無疑是風險預警信號。

當時民間圈子對許志永被捕的一般看法是，人們一方面期待他沒多久就會被釋放，另一方面許多人也認為他的運動「大躍進」操之過急，如果像以前那樣逐步推進工作，公民社會的空間總會不斷擴大。但到了許志永被判刑，傳知行作為除「公民」外被認為最敏感的機構，難免有唇亡齒寒的危機感。

我和小樹到北京一個月後就辦理了結婚手續，重要的因素之一就是安全的需要。在中國一個人一旦被抓，只有家屬才能替他委託律師，以及到看守所寄存錢物。

郭玉閃喜歡當羅賓漢，為了行俠仗義包攬下的工作總讓他的機構成員應接不暇，我有時也兼職幫郭玉閃打打臨時工。傳知行有兄弟平台的底色，人與人之間比一般同事親近許多，我和小樹初來乍到，郭玉閃從一開始就主動擔任起兄長的角色。小樹特別租了離郭玉閃家很近的房子，我們經常到郭玉閃家吃飯、商量工作，跟他們夫妻倆的關係都十分親近。

小樹讀大學時就因為傳知行的高校講座認識郭玉閃和李英強，他畢業後成為立人機構的總幹事，我是在二〇一二年採訪立人大學活動時與他相識，後來成為戀人。不久後小樹的父母安排他到一家國企工作，他一開始順從了，但很快體制內的生活就讓他難以忍受。我在採訪郭玉閃時向他提起小樹，他們兩人再度搭上線，當郭玉閃提出工作邀約，小樹沒猶豫太多就選擇了辭職投奔。

有趣的是，二〇一四年初李英強為了分離風險，將立人大學的品牌交給郭玉閃，郭玉閃又把這項工作臨時分給了小樹。相比法律援助，小樹還是更喜歡與思想和教育相關的工作，他興致勃勃地為立大開辦在北京的常設空間，還設計出種種讀書和講座活動。當郭玉閃重新調配工作，決定立大轉由傳知行的另一個工作人員陳堃負責時，小樹還感到若有所失。

中國的NGO圈子很小，其中的人際和工作關係總在來來回回地交纏，這最終給所有人帶來意想不到的命運。

寇延丁的台灣訪學正式開始之後，她得知「太陽花運動」中讓自己備受震撼的井然秩序，有賴於台灣社運圈中常見的非暴力抗爭訓練。寇延丁由此對「非暴力」這個概念一見傾心，儘管港台的激進運動者已開始質疑它是否過於保守。

當聽說有台灣NGO打算舉辦一個非暴力抗爭訓練營，邀請中港台青年運動者參與，寇延丁立刻自告奮勇地承擔起聯絡中國參與者的角色，她自然地想到立人大學，時任負責人陳堃於是收到了邀請。

然而，到二〇一四年九月底陳堃赴台參加培訓時，立人已經不復存在了——許志永被判刑後，公民社會的空間繼續緊縮，小樹因法律援助工作開始被警方騷擾，由他租下的立大空間也備受壓力，接下來立人的圖書館被當局接連關閉，警方在調查立人過程中發現它的第一個圖書館是由傳知行資助的——民間著意設置的風險分割輕易就被警方重新串聯。

眼看警方即將把傳知行和它的「下屬機構」立人連根拔起，李英強和郭玉閃忍痛決定讓立人「自殺」——立人圖書館和立人大學一併宣布解散。同時郭玉閃向警方承諾，自己不再參與傳知行的工作，傳知行這才被驚險保住。

郭玉閃自我安慰地想，自己的淡出或許能成為傳知行厲行改革的契機。機構的年輕骨幹黃凱平早就開始調侃傳知行快成了「養老院」，郭玉閃與黃凱平一同設計出改革方案，確定了分級管理制度和工資制度，以及有獎有罰的考評制度。黃凱平被委任為新的機構負責人，他摩拳擦掌，準備大幹一番。

小樹則被安排了連續的境外行程，到傳知行在歐洲、加拿大和香港的友好機構接受或短或長的培訓。暫時離開國內，是中國NGO工作者緩解風險的常見方式，這或許也是當時情感受挫的他正需要的。

我與小樹結婚時，我二十三歲，他二十七歲，我們都太過年輕，不知道如何與另一個人在婚姻中相處，爭吵不斷。二〇一四年六月，結婚不到一年，我們選擇分居。雖然有時還會見面約會，但平時聯絡很少。分居以後我的情緒狀態變得越來越差，有時覺得自己像裝在一個別人看不見的水箱裡，聽到的聲音和看到的光影都很虛幻。後來我聽王荔蕻說起，她剛出獄那段時間對於一切事物所感知的不真實，我想大概就是類似那樣的感受。

傳知行和立人的一系列波折，我是當年九月底才從郭玉閃口中得知的，當時我正因收容教育問題準備起訴廣東省公安廳，因此把律師委託書交付郭玉閃，以防在小樹還沒回國前自己就遭遇不測。我向郭玉閃傾訴起自己的情緒問題，他關切地鼓勵我去求助醫生。兩天後我去了醫院，被診斷為抑鬱症。

我和小樹都身處尖銳的風險和傷痛之中，卻誰都沒能給對方一點安慰和保護。

二〇一四年九月二十八日，陳堃和寇延丁在台灣參加訓練營，小樹在國外培訓，我準備到廣東起訴公安廳，黃凱平正要帶領傳知行勵精圖治，郭玉閃在北京郊區租了個帶院子的兩層小樓，想著自己終於可以安安靜靜做點學問。

香港的「雨傘運動」在這一天爆發，誰也沒料到，它將改變我們每一個人的命運。

白潤

二〇一四年十月一日，二十歲出頭的女孩凌麗莎，走進北京大學附近的小影印店，請店家印刷出她事先製作好的小黃傘，以及聲援香港「雨傘運動」的傳單，準備帶進校園裡張貼。年輕的凌麗莎或許不知道，中國街頭的這些影印店常被認為會向官方舉報可疑的行為，不少訪民在列印材料後即被員警帶走。

三天前的九月二十八日，香港青年學生為爭取民主普選，發動「占領中環」行動，卻迎來催淚彈洗禮，大批香港民眾為保護學生湧上街頭，以雨衣雨傘抵擋刺眼霧氣，「雨傘運動」因此得名。在流傳出的現場照片中，一把明黃色的雨傘尤為顯眼，黃色雨傘於是便自動成了這場運動的圖騰。

儘管此事在中國受到嚴格的資訊封鎖，但許多同情香港的中國民眾還是透過社交媒體傳遞著香港街頭的悲情一幕，他們中的不少人感到自己必須做點什麼，立人大學負責人陳堃的女友凌麗莎就是其中一個。

走出影印店前，凌麗莎請店家為影印費開具發票，店家問她抬頭字樣，她給出了傳知行的名字。沒有人確切知道她為什麼這樣做，或許只是為了幫男友收集沖帳的發票。

凌麗莎無法預知的是，由此，她成為了巨大蝴蝶效應的第一環。

當晚，員警闖入凌麗莎家中將她帶走，以涉嫌「尋釁滋事罪」拘留。三天後，從台北返回的陳堃一落地北京，就趕往派出所查問她的狀況，他隨即也被拘留。

二〇一四年十月八日，郭玉閃的妻子潘海霞清楚地記得——那天北京的霧霾極為深重。她與郭玉閃出門散步時，四、五米開外的景物都無法看清，她突然感覺非常不好。晚上，夫妻倆聊著最近的事直到深夜，剛準備睡覺，郭玉閃接到國保的電話，叫他下樓開門。

郭玉閃一開門，十多個員警魚貫而入，其中一個還扛著攝影機。他還沒反應過來，就被命令在沙發坐下，不得走動。潘海霞剛披上衣服下樓，員警就要求她帶他們到各個房間搜查取證。

夫妻倆擔心了幾天的事，終於還是來了。

幾天前，郭玉閃剛得知凌麗莎和陳堃被抓，就向自己的「客服」國保詢問消息。他猜到此事和「雨傘運動」有關，但覺得問題不大。那段時間北京抗爭者圈子中有四、五十人因聲援香港被帶走，凌麗莎似乎只是其中普通的一員。然而沒兩天，國保突然午後登門，劈頭蓋臉便問郭玉閃，凌麗莎是不是受到他的指使。郭玉閃堅決否認，但他和潘海霞都感覺到山雨欲來。

搜查進行了兩小時。潘海霞後來經常想起那兩小時，它成為她心中無法抹去的遺憾，她腦海中一遍遍地浮現那個畫面：郭玉閃一個人孤零零地坐在客廳裡，圍在他身邊只有陌生的員警。潘海霞想，自己就該一直陪在他身邊，牽著他的手，坐著，哪怕什麼也不說，幹嘛管員警搜走什麼呢？

員警對郭玉閃說要帶他走，郭玉閃特意換上一套平時喜歡的中式服裝，搜查還在繼續，潘海霞衝下樓，卻只看到丈夫在小樓門口的半個背影，瞬間就淹沒在員警的身軀和北京的濃霧中。

郭玉閃的被捕，對他身邊的人來說，有點像繼許志永後的另一隻靴子落地。

自從送陳光誠進美國大使館，幾年來郭玉閃遭遇的威脅和軟禁不斷。儘管一次次地轉危為安，但這一天，終於是躲不過。只是在他做過的千百種預料當中，從未有一種是與香港「占中」有關。

按照郭玉閃的早先安排，他被抓的事由律師夏霖處理，黃凱平只管維持機構的運轉。然而，傳知行辦公室隨即被查抄，兩天後黃凱平也被帶走，一個月後律師夏霖以詐騙罪被捕，多名傳知行骨幹被警方傳喚，只好避離北京，各奔東西。

飛來橫禍，砸碎了這個正雄心勃勃厲行改革的兄弟平台。

—

二〇一四年十月九日，郭玉閃被抓一天後，寇延丁從台灣回北京途經香港，還到「雨傘運動」現場去逛了逛。此時的她，對傳知行所發生的一切一無所知。

在運動核心區金鐘的高台上，寇延丁遠遠地望見香港專上學生聯合會會長周永康、中學生組織「學民思潮」負責人黃之鋒、還有最早提出占中的知識分子戴耀廷，寇延丁沒有往前擠，反正滿耳的粵語她也聽不懂。

除了戴耀廷，「占中三子」中的另外一位香港大學陳健民教授，常年致力於中港台的公民社會交流，是寇延丁的老熟人了。寇延丁上次到香港是三個月前，正值香港的「七一遊行」，她到現場湊熱鬧順便跟陳健民碰個面，遇到當時正與「占中三子」合作密切的周永康，她還抓住機會跟他聊了聊台港青年非暴力抗爭的異同。那次偶遇讓她十分興奮，在郵件和微信中好幾次與朋友談起。

十月十日，黃凱平被抓的同一天，寇延丁從香港回到北京。晚上十點半，她與朋友一同登上K617次夕發朝至列車，前往山西省五台山參加登山拉練。

山地徒步是寇延丁的最愛，她已經報名十一月要去香港參加樂施會舉辦的年度盛事「毅行」——要在香港山海之間的麥理浩徑徒步一百公里。若要提前訓練，五台山的徒步路線是中國最接近毅行的訓練地。寇延丁一想到五台連穿六十公里的山路，就覺得自己將走在天堂。舟居勞頓的她一躺到火車的臥鋪上，就帶著滿臉幸福，沉沉地睡了過去。

深夜十一點多，火車即將駛出北京。酣睡中的寇延丁被火車乘警搖醒，她對那個力道印象深刻，對方的手不像在推一個人，而是在捅一堆貨物。

刺眼的手電筒光打在她臉上，她除了光什麼都看不見，燈光問她：「寇延丁是妳嗎？」她說是。

燈光說：「別睡了！穿上衣服起來！跟我們走！」

承認我是我，我就被抓了？寇延丁的意識還在夢和真實之間徘徊，她的身體被兩個高壯的乘警夾起來，在窄窄的臥鋪車廂裡走得跌跌撞撞。

此時K617次列車已駛入河北地界，它急忙在第一個遇上的小站停靠。小站名叫「白澗」，這輛快車本不屑在此逗留，下車的只有寇延丁和抓她的人。北方初秋的深夜，寒意已重，寇延丁穿著單薄的衣服站在小小的月台上，黑魆魆的影子將她包圍，她數不清有多少個。

刺眼的光再次打在她臉上，這次一閃即逝。

燈光背後的影子發出命令：「抬起頭！」

燈光又一閃。

「睜開眼睛！」

一閃。

「頭向左偏！」

再一閃。

「頭向右偏！」

原來是閃光燈，一張又一張地拍著照片。

黑影指示別的黑影：「多拍幾張，確保發出的照片清晰。」

寇延丁想，肯定有更多的黑影正在趕來的路上。

她被驗明正身後，那些還沒趕到的黑影傳來指示，她的同伴也要被帶下車。

K617 次在白澗停了很長時間。安靜的月台上沒有臨時停車的廣播，車廂裡保持者漆黑，月台也沒有燈火通明。或許沒有人會被驚醒，或許沒有人會知道列車曾在此停靠。寇延丁的思緒開始飄：在我沉沉安睡的那些行程中，不知道有沒有過這樣的停車？在哪裡停靠？又是怎樣的旅客，像我一樣，靜悄悄地從列車上消失？

被黑影擁進車站派出所時，寇延丁回頭看了一眼月台上的列車：「這趟車通向天堂，而我，去往地獄。」

「砰！」一聲巨大的悶響，一本厚重的卷宗砸在寇延丁面前的桌子上。

她的主審員警說出第一句話：「這是中華人民共和國公安部、國家安全局、中國人民解放軍、中國人民武裝員警部隊四部門聯合辦案！妳涉案顛覆國家！案情重大！事關國家安全！」著著實實，每一個停頓都用上了驚嘆號。

「在這裡妳沒有權利。」她的主審繼續說：「這個地方，就是中國的『關塔那摩』。」

中國的關塔那摩在哪裡呢？寇延丁自始至終都不知道。她知道自己和朋友從白澗被押回北京，到朋友的家裡查抄，然後朋友留在家裡，她被戴上頭套，裝上車，車開了很遠，城市的喧鬧變成山風的清冽。兇猛的犬吠聲響起，車停下，員警下車，員警上車，車又開起來，又一道犬吠……她被送進一個不存在的世界，被安置在這個世界的 DX- 西 201 房間，除了房間裡的四十平方米，她對這個世界一無所知。

這四十平方米是這樣的：多個監視器確保房間裡無一死角，牆面從地板起到兩米高處全包裹著一寸多厚的保麗龍泡沫板，床頭、床身、椅子也是一樣。她的三個審訊員警進來審訊時，專用的桌子才會被抬進來，同樣嚴密包裹。寇延丁猜想，那張桌子上要敲碎一個雞蛋都不可能，自己如果以百米衝刺的速度撞上去呢？也不可能撞上去，因為兩個年輕的女看守在身邊寸步不離，二十四小時無休。主審說，她們都是「武警戰士」。

「香港，陳健民，占領中環！台灣，簡錫堦，民進黨元老！海外民運，王丹！」主審噴出的每一個字都帶有重音。

「占中三子」的陳健民是寇延丁的老朋友，簡錫堦是非暴力訓練營的主要講師。訓練營結束那天，全體成員來到台灣支持「占中」的活動現場，算是課外體驗。在現場附近吃飯時，他們遇到了「八九」後流亡的學生領袖王丹，王丹是台灣清華大學的短期講師。王丹身邊坐著他的學生，那學生同時也是台灣「太陽花」的學運領袖。訓練營成員於是坐下與王丹一桌吃飯，就這樣，陳健民、簡錫堦、王丹都跟寇延丁掛上了鉤。

主審接著問到陳堃、立人、傳知行、郭玉閃……每聽到一個人名或機構，寇延丁就覺得自己又往地獄的深淵裡掉落了一層。恐懼是一隻有力的手，緊緊攥住她的胃，碾碎她的心，抽空她的腦海。NGO圈子裡一切人際和工作密密麻麻的交纏，此刻都成為她的報應。

寇延丁覺得自己明白了每個瘋子在失去神智之前的臨界點：「在極端恐懼的臨界點上，瘋與不瘋是可以選擇的；在面對和不面對之間，我本可以選擇更容易的那一個。」

但她選擇了更難的一個，她傾其所能地代表整個公民社會自證清白，她不僅想說清楚訓練營本身，還想澄清各種人跟營會的關係，再一次次透過審問者的校驗，一遍遍地供述自己在其中的行為、角色、想法、動機，唯恐一個解釋不清就會引發公民社會雪崩。

然而寇延丁的誠實顯然不是審訊者們想要的。

「隨時都可以把妳拉出去槍斃！在這個地方殺個把人，這個世界上誰都不知道。」主審員警中的領導每次開口都是暴吼：「哪一件都夠槍斃的份！占領中環，港獨！太陽花，台獨！海外民運，顛覆！妳還都在核心位置！加在一起槍斃十次也有了！」

原來不需要審訊，也不需要回答。她的角色、罪行還有處罰，他們早有定論。

在登上K617次列車前，寇延丁補寫著自己從不間斷的日記。她寫到自己剛從「雨傘運動」現場看完熱鬧離開，就從網上看到香港律政司長林鄭月娥宣布與學生的對話安排取消，理由是「因為『學聯』……」學聯方面的說法則是「因為政府……」

寇延丁猜想，自己在金鐘舞台前聽不懂的那些粵語，就是在宣布這件事。她在日記裡寫下自己的感想：「批評、指責、不溝通、抹黑對方，都容易，問題是：如何收場？」

當時的寇延丁斷無法想到，答案就在她自己身上。她從少女時就開始積累的兩百多本日記，也被警方視為重要的物證，全數查抄。

——

寇延丁被捕後，隨著香港的事態繼續發酵，「雨傘運動」在中國的蝴蝶效應仍在不斷擴大。

十一月二十七日下午，我接到小樹一個朋友的電話，說有個快遞需要小樹簽收，卻打不通他的電話。很少有人知道我們已經分居，於是我開始聯繫小樹，同樣找不到他——一種不祥的預感油然而生。

大概半個月前，我與小樹見過一面，當時他剛參加完一個在香港的培訓。他說起自己順道去「雨傘運動」的占領區逛了逛，跟參與者聊了會兒天。小樹送給我一枚別針，上面是聲援運動的黃絲帶標誌，我隨手把別針釘在自己的書包上。

我們聊起郭玉閃被抓，還有各地的風聲鶴唳。我們開玩笑說，猜猜我們誰會先被抓？然後半嚴肅地相互承諾，既然婚姻沒有正式結束，我們仍會在對方遇到危險時彼此救援。這次約會後我們仍各自回到分離的生活。

發現小樹失聯，我立刻請假趕往小樹的租屋，用他之前給我的鑰匙打開門，空無一人。我撥了他的電話一整夜，無人接聽。第二天，我到他租屋附近的派出所報失蹤。員警看過我們的結婚證後，在電腦系統裡輸入了小樹的名字，他突然發出一聲「嚇」，然後叫自己的同事來看。我趕緊問怎麼了，員警回答：「人在第一看守所裡，肯定犯了什麼大事。」

我立即在網路上公布了小樹被抓的消息，各路消息紛湧而至，事態才逐漸清晰起來。我發現小樹失聯時，他其實已被帶走超過二十四小時，與他同時被抓的還有四個人：兩名台灣訓練營的參與者；一位七〇年代就坐過牢的中國異議知識分子，她在九月二十八日晚上在台北的餐廳裡碰到了寇延丁、王丹一桌人，就坐下與他們一同吃飯；還有一位是傳知行的行政主管，主管機構財務。

我從女權之聲停職，開始為小樹奔走，請律師、找外媒、發表文章、見外交官員、聯繫其他被捕者的親友……在這個過程中，我才聽說了台灣的訓練營，才開始理解小樹的被抓與寇延丁、陳堃、郭玉閃、「雨傘運動」之間撲朔迷離的聯繫。第一次去看守所給小樹送衣物時，我特地把書包上的雨傘運動別針取了下來——天知道員警的聯想能力有多強。

小樹後來告訴我，他主要被審訊的是他在歐洲、美洲、香港、北京之間穿梭的行程，包括他為什麼出現在「雨傘運動」現場，是不是帶有什麼任務。

一個巨大的充滿想像力的陰謀顛覆故事已然成型，它由傳知行和台灣訓練營兩條主要的線索串起，台灣的「太陽花」、香港的「雨傘運動」、海外民主運動者、境外基金會、國內NGO工作者、異議知識分子，一切所需元素具在，端看如何講得精彩。

寇延丁在DX-西201裡無從得知這波抓捕，但這波抓捕的時間點後來讓她感到不寒而慄。

在寇延丁受審一周後，員警們其實已不再問她關於訓練營的任何事，她和陳堃被查抄的電腦裡有訓練營的所有PPT和全程錄音，印證著她早就和盤托出的溫和動機和簡單過程。審訊者們在第一個月的後幾周變得漫無目的、不緊不慢。

小樹等人被捕時，寇延丁的審訊者們已然消失，然而事後看來，這批被捕的訓練營參與者受審的內容與寇延丁第一周的狀況如出一轍。

寇延丁在許久之後分析道，如果警方在抓捕她和郭玉閃時，真的相信他們有一個涉及兩岸三地的龐大陰謀，那麼到十一月底，警方已全然是「揣著明白裝糊塗」。寇延丁認為：「他們（員警）的領導，或者領導的領導，有著另外一種高瞻遠矚——有關部門已經確定了「占中」清場的進程和方式，一旦失控，他們需要一個故事。」

這個故事關於一群罪魁禍首的顛覆者，小樹也被安排在其中，擔任一個小角色。

十二月十一日，金鐘占領區和平清場，沒有失控，也無需鎮壓。當天晚上，凌麗莎被釋放，接著是陳堃、小樹，以及小樹的同批被捕者。寇延丁說：「小夥伴獲釋，不是因為無辜——他們早就知道我們無辜。放人，只是因為不需要我們了——香港仍在掌握之中，他們不需要講故事了。」

走出泰山

二〇一五年一月四日，潘海霞已經數不清自己是第幾次來到看守所。

郭玉閃被捕的這三個月來，她每隔一段時間就到看守所給郭玉閃存錢，但看守所的系統資料始終顯示，郭玉閃帳戶上的錢，從來沒有使用過。在中國，未判決的在押者是不允許親友探視的，但三個月裡郭玉閃也從未被允許過會見自己的律師。看守所說，這是因為郭玉閃的案件涉及「國家安全」。

潘海霞心底深深地恐懼：他根本就不在這裡。

然而這一次，她查到了郭玉閃的第一筆消費：一百九十九元。這是「雨傘運動」和平清場後的第二十四天。一天後，潘海霞收到了丈夫的逮捕通知書——非法經營罪。她心中的一塊巨石終於落地，傳知行案回到了「常規」。

一月二十八日，黃凱平獲釋，他的家人在整個過程中沒有收到過任何手續，他後來告訴我，他在「裡面」曾簽署一張「指定場所監視居住」的確認書，但有來並沒有送達他的家人。二月十四日，農曆正月二十六日，寇延丁被送回到山東老家泰安。自她從K617次列車上消失已有一百二十八天，期間她的家人處處苦尋無果，這差不多是指定監居的最長期限——「茉莉花條款」原來如此。

二〇一四年十二月底小樹獲釋時，警方沒有聯繫我，而是通知了他的父母把他接回河北老家。小樹的父母是政府公務員，對獨子突遭劫數驚魂未定，小樹於是同意暫時住在父母家。我到他父母家同住過一段時間，希望再為我們的婚姻作一次努力，然而，我們又一次失敗了。三十天的劫難可以改變很多事，但又改變不了太多。我們再次分居，然後離婚。我只想平復一下心情，春節後重新回到女權NGO的工作中。

然而，「雨傘運動」過去了，但對NGO的打壓並沒有，接下來的事或許還帶著「後雨傘」的加速度。

二〇一五年三月七日，五名計畫在婦女節進行反性騷擾活動的女權行動者被拘留，她們分別屬於包括益仁平在內的四個NGO，但根據後來曝光的審訊內容，警方認為她們都是受到益仁平的指使。益仁平的北京辦公室隨即被查抄，各地的分支機構也受到不同程度的打壓，大部分被迫關閉。

五名被捕的女權行動者在一個月後獲釋，但基本都不再參與街頭行動。她們中雖然沒有女權之聲的工作人員，但她們都與女權之聲有密切的合作關係。女權之聲為避險關閉了相當長的時間，到它重新開始運轉時，我有一種感覺：一切已經回不去了。

我失去了曾經志同道合的伴侶、曾經並肩作戰的行動夥伴，曾經信賴的前輩正在獄中，曾經投身的運動遭到重創，接連的打擊讓我的抑鬱症加重了許多，但這些還不是問題的關鍵。重新有穩定的工作說不定還對我的狀態有助益，但真正讓我對回到NGO感到遲疑的是：中國稍有政治理念或運動傾向的NGO，已被清理殆盡，無論高調還是低調，激進抑或溫和，都在劫難逃，接下來NGO想要生存，只能不斷自我審查和剝離抗爭性，那麼，這是我想投身的工作嗎？

在這個徬徨的時期，我又遇到了張潔平，她離開《陽光時務》後輾轉過幾個媒體職位。張潔平找到我說，她正在籌辦一個新媒體，叫做「端傳媒」，她問我是否願意成為端傳媒的撰稿人，希望我為這家新媒體的開張準備幾篇重磅報導。我毫不猶豫地答應了。

我們幾乎沒有討論什麼其他的可能，就選定了第一篇報導的主題：中國權利型NGO的覆滅。於是我又重新成為記者，回頭去採訪剛剛改變了我的命運的故事。這項看似殘酷的任務，成為我狀態好轉的開始。逐漸瞭解自己為什麼遭遇不幸，對我而言似乎比任何抗抑鬱藥物的療效更好。

在接受我的採訪時，中國資深NGO工作者和觀察者姚遙，總結出習近平政府上台後NGO面臨的三種管治方式：第一，定點清除，對已有一定行動力和影響力的NGO，如公盟、傳知行和益仁平等，採用的都是這種方式；第二，釜底抽薪，實施《境外非政府組織管理法》，斬斷不受政府歡迎的NGO最主要的資金來源；最後，全面滲透，透過大規模的政府購買服務，以及要求NGO內部成立黨組織，全面將NGO變成GONGO，即政府控制的非政府組織——曾一度蓬勃發展的中國公民社會，將陷入漫長的凍結和衰退。

許多港台朋友問過我：為什麼中國當局無法接納ＮＧＯ？他們提出，事實上ＮＧＯ在替政府覆蓋無暇顧及的社會問題，某程度上是幫助政府維持穩定。我的中國朋友卻從未提起過這個疑點，箇中原理對於中國人來說似乎是個常識。

寇延丁在被審訊時，曾與員警有過一段問答，精妙地反映著這個常識。

員警問到愛藝在青川救助受傷兒童的工作，對寇延丁說：「妳覺得沒問題，但接受救助的人怎麼看？他們會覺得，只有你們做得好，共產黨做得不好。」

寇延丁急忙解釋：「愛藝不僅是境內機構，而且從不強調非政府身分，受傷孩子的父母拉著我的手說的是，感謝國家，感謝共產黨。」

員警說：「那可不一定，幸虧我們抓了妳，不然，愛藝的事情一直往下做，從青川做到全四川，做到其他地方，越做越大。」

寇延丁強調自己早已放棄控制權：「事實上愛藝已經註銷了。」

員警毫不遲疑地回擊：「機構是註銷了，但妳還跟他們有聯繫不是嗎？他們都相信妳，願意聽妳的。」

寇延丁總結道，ＮＧＯ做得好、做得大、做得受人信任，對於當局來說，就是威脅。

社會運動學者趙鼎新綜合政治過程理論和康豪瑟（William Kornhauser）的大眾社會理論推論說：「社會的中層組織越發達，就越不容易產生大規模革命，而越容易產生改良性的社會運動。」

這或許是民主世界一直對中國的公民社會組織滿懷期待的原因，誰都不希望這個泱泱大國陷入動盪。

但趙鼎新同時給這個期待潑了冷水：「在寡頭政體的現代化進程中，社會中層組織的力量往往變得越來越薄弱。寡頭政體現代化要嘛把舊有的精英集團打掉，但卻未把新型的社會中層組織建立；要嘛既沒有打破舊體制，也未能樹立新體制。」

—

二〇一五年九月十五日，郭玉閃獲釋的第二天，我對權利型ＮＧＯ衰亡的長篇報導開始發表，連載了三天。端傳媒原本計畫在郭玉閃案開庭或是宣判時發表此文，但出人意料地，在習近平訪問美國前夕，郭玉閃被釋放，然而他此後仍處於嚴密的管控中。

報導發表後不久，我輾轉收到寇延丁寫的一份文件。這份文件既像策劃書，又類似時間表，內容是她正準備做的「一二八天耐力行走」行動。這個行動將從她一年前被捕的日子開始，持續到她被釋放的周年紀念日。寇延丁還在文件中提到她希望朋友們如何地幫忙推廣這個活動。

寇延丁獲釋半年多來，一直保持著沉默，她在被捕的一百二十八天中經歷過什麼，外界從未得知。看到這份文件時，我的第一個想法是：機會來了。

我給寇延丁發去郵件，說想陪她住一段時間，並表達了採訪的願望。寇延丁很快回信，說看過我寫的NGO報導，還有小樹被抓當時和之後我的文字，她考慮了一個相對安全的時間，歡迎我到時候過去。

此時我與小樹已經離婚，我寫過一些解釋此事的公開文字，因為不希望之後人們見到我時，仍自動代入為那個被捕者的妻子。看到寇延丁的回覆，我就相信她已然明瞭，我和她之間有著某種特殊的命運聯結。

二〇一五年十月中旬，我如期來到小城泰安，坐上寇延丁事先告訴我的那趟公車，公車穿出了泰安城區，又繞過遊客聚集的泰山景區，車上的乘客越來越少，天色越來越晚。車兜到泰山後山腳下，我終於到站了，下車的只有我一個人。我在孤零零的公車站牌下等著，她說會來接我進山。

山中的黑夜降臨得特別快，我在黑暗中聽見有人喊我的名字。「哎！」我儘量熱情地朝聲音傳來的方向應道：「寇姐！」一個影子走到我面前，如果不是認出了她的聲音，我恐怕不敢相信這個黑暗中的身影是寇延丁。

那個身影又小又佝僂，跟剛到一百六十公分的我差不多高。這完全不是我印象中的寇延丁，幾年前我們在一個公益論壇上打過照面，當時她雖然也已年近五旬，但接近一米七的身姿挺拔，一看就是練過的女兵模樣。

暮色裡，寇延丁在前面走著，她身上的舊風衣空空鼓鼓地飄，像裹著一張薄片；同樣飄著的還有她的兩鬢，已盡是灰白；她招呼我的聲音聽起來倒是十分精神和熱情。

寇延丁住的是一幢老式樓房的底層，好處是還帶一個小院。我剛在餐桌前坐定，她就一會一樣地端出桑葚醬、蘋果醬、葡萄酒、仙草凍、藍莓乾等等，逼得我連連喊停。這些食品全都是她自製的。

寇延丁過著一種近似自給自足的生活，水是院裡打的井抽的，電是太陽能板發的，取暖就自己燒爐子，院子裡是親手搭起的藤架籬笆，上邊是自己種的佛手瓜，調味、洗碗、洗澡用的都是自己做的酵素。

寇延丁把這稱為「親自生活」，看得出在與世隔絕的這大半年裡，她把大量的時間都投注其中。寇延丁說，她打算寫本書講述這種生活哲學：「書名就叫《關起門來朝天過》，除了天氣，誰的臉色都不看。」

我不確定這種生活哲學是不是真的能給這個原本無比忙碌的NGO人帶來滿足感，她在第二天突然說起，有一次她拿著電鋸修整籬笆，心裡湧起強烈的衝動，想用電鋸鋸向自己的手臂。

我到達她家那天，之所以是比較安全的時間，是因為她報名參加了隔天的泰安市半程馬拉松比賽，她的一個老朋友要來陪她跑，而我正好可以說是來給她們做後勤的年輕朋友。寇延丁獲釋後，表面上她家附近沒有員警盯守，然而一旦有朋友來探望，員警就會打來「問候」電話。

第二天寇延丁順利地完成了半程馬拉松，在回家路上她蹦蹦跳跳，把自己比喻成偷了西瓜還沒被看瓜的老頭追著的孩子。我沒有完全理解寇延丁的興奮，直到她說起自己兩個月前的狀態，她說那時走路要用力把自己穩住，得個感冒要四、五十天才好，終日起不了床，咳嗽的時候，兩肋刺痛。

「痛到什麼程度呢？每當要咳嗽的時候，我就這樣。」寇延丁開始示範，她走向一面牆，雙手撐著牆，弓起腰，低下頭，「把人完全放鬆下來，然後開始咳。」

被囚禁的一百二十八天裡，她瘦了十公斤，但是在出獄以後，寇延丁才明白自己的身心已經崩潰到怎樣的地步。

——

寇延丁的狀態開始好起來，是她決定進行「一二八天耐力行走」之後。這個行動的定義是，寇延丁將在對應自己一年前被囚的一百二十八天裡，每天或跑或走，在泰山進行不低於十公里的山地運動，並且每天在微信朋友圈裡做圖文播報。

寇延丁說這個行動是她對員警禁止自己離開泰安的抗爭。去年二月十四日，她從保麗龍包裹的小監獄獲釋，但事實上只是轉入了泰安市這個七千多平方公里的大監獄。她想要去別的城市，國保就要求她提交申請，列明什麼原因、要去哪裡、要見誰，她乖乖照辦，但每一次的結果都是不予批准。

剛開始，寇延丁用對外宣稱「閉關」的方式，閉門謝客，表現對警方的配合姿態，但警方並沒有領情，仍然拒絕了她到五台山拉練以及去香港毅行的申請。寇延丁於是決定：我要爭取自由，以我一如既往的溫和建設者的方式。

所謂的「溫和建設者的方式」，就是她不違抗員警的禁令，也不直接控訴警方的控制，甚至不正面表達她的行走與爭取自由之間的關係。她說，不想給員警一點點把柄。但寇延丁會在行動中精心埋下關於自由的暗語。

比如，寇延丁在行動的第一天行走了五十公里，第二天她在朋友圈中表明，後二十五公里是為去年同時被捕的郭玉閃走的；她在行走時穿上去年香港毅行的隊服，希望提醒人們自己因被捕而缺席；有朋友邀請寇延丁到自己的城市徒步，她就趁機說出遭員警禁止出行的境況……但其實除了寇延丁自己，恐怕沒有多少人會留意到這些隱晦的小包袱。

寇延丁對這個行動有著唐吉訶德式的熱情。除了我們各自在房間裡睡覺的時間，她總在跟我介紹這個行動的前景和意義，反反覆覆，孜孜不倦。她說，希望這個行動能讓公民社會夥伴們心領神會，抱團取暖，打破政治寒冬。

我經常要費很大的勁才能把話題拉到我想要瞭解的其他資訊，比如她是如何走上NGO之路的，但她只要找到一個話頭就會又講回「一二八天耐力行走」。然而，即使在這個她最願意談的主題，我同樣感到我們的溝通舉步維艱。

我問：「要如何定義『耐力行走』是一場抗爭呢?它的抗爭性體現在哪裡?」

她答：「我是在認同『惡法亦法』的範圍內不服從，是用不可救藥的樂觀和溫和去調侃惡法。」

我問：「那麼，如何體現不服從呢?」

她答：「如果是為了服從而服從，那就不是溫和的建設者，是溫和的幫閒派。以服從為代價是為了做成事情。」

她接著舉出愛藝在青川主動溝通的例子，但似乎又很快意識到這不能解答我對「耐力行走」的提問，她又補充說：「我是完全無視（服從不服從）這個問題，就像我完全無視體制一樣。

我追問：「但體制不會無視妳啊……」

她說：「就像米奇尼克和哈維爾講的，即使極權沒有消散，我們要像沒有極權一樣對待自己，即使民主沒有來臨，我們要像民主已經來臨一樣建設社會。這就是一個頭腦很清楚的溫和建設者。」

類似的對話循環往復，讓我陷入困惑。除了「在心中堅持抗爭」之外，我無法釐清她對抗爭與服從的界限。「像民主已經來臨一樣建設社會」，讓我想起了一年多以前，我專注於性別平等議題，她在與民主社會交流經驗，當時的我們都是這一信念的踐行者，而如今，我們倆都被困在山中。

但寇延丁顯然為自己的理念十分動容，她在講述時，無時無刻不緊緊地盯著我的眼睛。我無處可逃，只好同樣盯著她消瘦的臉龐，她的皮膚如同一張牆紙敷在骨骼上，因為敷得潦草而帶有皺紋，突起的顴骨和凹陷的雙頰完全顯露，中間的肌肉和血管好似不存在，她深陷的雙眼射出原始炙烈的生命光芒，像有一隻受傷的野獸躲在頭骨的洞穴裡盯著洞外的我。這目光讓我毛骨悚然，停止了追問。

——

二〇一五年十一月二十日凌晨五點多，天還沒亮，寇延丁就出門了，她在山間公路小跑起來。深秋的北方山區氣溫不到攝氏十度，不久後還下起冷颼颼的小雨，但欠佳的天氣並沒有減損她的興奮，這是寇延丁期待已久的日子。

這一天，五十歲的寇延丁用十四小時跑了七十二公里，89641 步；第二天，她又走完了剩下的三十八公里。同樣在這四十八小時，在香港麥理浩徑，她無緣相會的隊友們正在進行一年一度的樂施會毅行。這條風景壯闊、支援系統成熟的毅行線路上，有寇延丁熟悉的山海之間的熱鬧。

在千里之外的泰山，寇延丁一個人，一百公里，這是她的「同步毅行」。

這是寇延丁設想中「一二八天耐力行走」的最高潮，是她爭取自由的高峰體現。她期待看到的是此事在社交媒體「瘋狂轉發」，然而事與願違，傳播沒有超出她原本的NGO熟人圈子，甚至圈子內部都不甚積極，幾年來公民社會被普遍打壓帶來的寒蟬效應，一點沒有要被打破的跡象。

現場傳出的照片裡，寇延丁孤獨地走著，身邊濃霧瀰漫，能見度不過幾米，孤膽英雄的蒼涼感油然而生。

然而，那不是霧，是霧霾。

冬天的中國華北平原是霧霾的重災區，寇延丁行走的一百二十八天裡，泰安空氣中PM2.5的濃度均值是98，在中國屬於輕度汙染。若在台灣，這項指標超過71就屬於最高級別「非常濃」。

在霧霾中徒步遠行，與在中國做溫和建設者，彷彿詭異的隱喻——不走、不做，一個行動者無法達成自我的救贖；走了、做了，難免要吸入毒霧，難免要有所妥協和扭曲，誰能評價何者更有利健康？

二〇一六年二月十四日，寇延丁獲釋一周年，「一二八大耐力行走」結束，她的取保候審狀態也按法定時間解除。寇延丁不久後就再次申請了台灣訪學，在順利踏出海關後，寇延丁第一時間聯絡我，發來一部書稿。

這部書稿看得我脊背發涼，她在書中詳細還原了自己一百二十八天受審的細節。我第一時間給她打去電話說：「我理解也支持妳想要發表書稿的心，但一旦妳決定出版，我會建議妳暫時不要回國——回國無人可以預測將有怎樣的後果。」

寇延丁最終發表了書稿，也延長了在台灣的訪問。這本《敵人是怎麼煉成的》中有這樣一段話：「我這樣表述自己的身分：溫和的建設性的公益人——這種定位就是帶著恐懼的，其實就是在向組織表白。」她接著感慨道，自己一生都在逃離體制，逃離從體制辭職時，父親展現在她面前的恐懼，但其實她始終活在因恐懼體制而產生的自我設限中。

寇延丁在出版後的採訪中說，自己深深地糾結過是否發表此書，但想到「不出」時，她被自己嚇到了：「因為恐懼而不出，才是我人生至大的屈辱。」這讓她下定了決心，出版，「不知後果如何，不論後果如何。我以此，面對自己的恐懼。」

這一刻，她用自己的底線找到了服從和抗爭之間的界限。毒霧中的前行，或許是她走到這一刻的必經之路。

第十章

七〇九

黑色星期五

二〇一五年七月十日，星期五，上午九點多，四川省成都市區的一家民宿裡，莫之許坐在公用客廳裡喝茶，昨晚與他同住的福建省維權人士林斌，剛起床還在房間裡洗漱，我則在同一家民宿的另一個房間裡洗頭。

我們三人本不相熟，之所以會身處同一家小旅館，略有些說來話長。

我與張潔平商量要做權利 NGO 報導的同時，我們還定下了兩個人物報導選題，一個主人公是艾曉明，另一個是莫之許。在劉曉波入獄後的幾年，莫之許常與溫和自由派知識分子針鋒相對，一些人指責他造成內部撕裂，一些人認為他有著難得的決絕。激進的觀點加速著這個爭議人物在主流社會的潦倒，他的妻子在半年前選擇了離婚，莫之許自此開始過著居無定所的生活。就題材而言，這似乎是一個反映民間抗爭者命運的好故事。

幾天前我到達成都，開始進行對莫之許的採訪。這家民宿的經營者是莫之許的朋友，如果沒有別的行程，我們就在公共客廳裡聊天。與我們同樣寄住這家民宿的林斌是出家人，有著「民主和尚」的諢號。他在福建山間掌管一座小廟，民間行動者往來不絕，居無定所的莫之許之前幾個月就曾在他廟裡暫住。林斌因為聲援當年五月底被抓的吳淦，引起警方不滿，小廟被強制關閉，莫之許先行離開，回到自己的家鄉四川。林斌後來也到成都避風頭，他在前一天深夜才到民宿與莫之許會合，莫之許便讓他在自己房間的沙發上湊合一晚，如此林斌就不必登記身分入住。

同樣在這個星期五上午的九點多，在北京，這是維權律師李和平連日出差後回到家的第一天。五歲的女兒李佳美好久沒見到爸爸了，纏著李和平不讓他出門上班。李和平疼愛又無奈，只好帶上女兒一起去辦公室。他的反酷刑專案辦公室同時也是維權律師們常碰頭聊天的「會所」，總是人來人往、熱熱鬧鬧，這個小姑娘也不是第一次去玩了。

這一刻，誰也沒有想到，危險近在眼前。

—

七月十日上午十點多，李和平剛走進辦公室，大批員警就跟著衝進了門。他們分頭行動，一些人負責搜查辦公室，另一些人要將李和平立刻帶走。然而意外出現的李佳美讓員警為難，他們只好允許李和平跟著去他家查抄的隊伍，把李佳美送回家交給王峭嶺。王峭嶺後來一直感恩女兒那天早上的撒嬌，否則她就見不到丈夫這被捕前的最後一面。

李和平隨即被押走，數十名員警在他的辦公室和家裡開始翻箱倒櫃地查抄。

另一邊，在成都安適的民宿裡，林斌洗漱完走進客廳。莫之許跟他打了聲招呼，讓林斌自己去廚房倒茶，就又低頭瀏覽手機資訊。林斌剛轉進廚房，突然一群黑影呼啦啦地湧入，莫之許趕緊抬起頭，看見林斌已經被一群員警團團圍住。員警讓林斌穿上僧袍拍照，顯然遠方有另一群員警負責「驗明正身」。民宿老闆娘見這陣勢已經嚇壞了，莫之許為免給經營民宿的朋友招來麻煩，主動提出跟員警去派出所說明情況。

我在房間裡擦乾溼答答的頭髮，隨手翻看手機，就看到莫之許發在一個共同群組裡的消息，說他正前往派出所。我立刻穿好衣服到客廳問老闆娘發生了什麼事，然後轉身就要去派出所找人，走到門口我又折回來，向老闆娘借幾張白紙，想著萬一能見到他們，要讓他們簽字，之後好作為聘請律師的委託書。

近一年風聲鶴唳中的生活，救援幾乎已成了我的反射動作。

我握著一卷白紙直衝衝地走進派出所，兩個員警叫住我問什麼事，我說找一個朋友，叫趙暉，這是莫之許的本名。員警正要跟我確認這個名字，我卻看見莫之許在他們身後正被另一群員警送出來。我和他對視了一眼，就對員警說一句「沒事了」，轉身往派出所門外走，莫之許也跟著走了出來。

我們離開員警的視野後，莫之許告訴我，林斌即將要被送去機場，而他自己因身分資訊未顯示任何案底，沒有引起過多懷疑。看來中國的維穩資訊系統和一般警務資訊系統是全然分離的。然而我們並不知道林斌被抓所為何事，只能看出事態嚴重，莫之許事實上也有參與對吳淦的救援。我們決定立刻離開民宿，以防警方有回馬槍。我們拖著行李，驚魂未定地坐進一家茶館裡，開始查看各種消息，才得知這半天裡全國各地有大批律師和草根行動者同時被員警帶走。

我在一家香港媒體開有專欄，每周五是我的交稿日。這個下午，我坐在茶館裡，腦子一片混亂，一邊不斷刷新各路消息，一邊硬著頭皮敲出當周專欄〈黑色星期五〉：「被抓律師的人數仍在不斷上升，一時間人們都在聯繫自己的律師和維權朋友，確認他們的安危，每一個不通的電話，都引發一片片的驚慌……這一個星期五，大概會被記入史冊。」

到當天深夜，可統計的被帶走律師和行動者已超過百人，有的在數小時的傳喚後就被允許離開，有的則從此失去了音訊。

七月十日下午，一看到李和平被抓的消息，恐懼的陰雲瞬間籠罩了我。

我之所以格外驚慌，要從這一年剛過去的六月講起。六月初，我把耗時三個月採寫的權利NGO報導交稿，本以為可以休息一陣子，但此時我突然收到消息——我的一名採訪對象被抓了。被抓者叫郭彬，是廣州一家反歧視機構的負責人，曾經在益仁平工作，此事很有可能是打壓益仁平的後續。我與郭彬在NGO圈中有許多共同好友，我重新投入記者工作後也並未脫離行動者的圈子。因此郭彬被捕後，我與其他青年行動者一同投入到對他的救援中。

郭彬是以非法經營罪被刑事拘留，與當時還在獄中的郭玉閃罪名相同。我想到，是不是可以針對「非法經營」這個常用於NGO工作者的「籮筐罪」做點文章，一舉兩得聲援郭玉閃和郭彬。於是，我跟夥伴們決定舉辦一場法律研討會，這對於政治案件救援是十分常用的手段。我們特意邀請了李和平、江天勇等人權律師團的核心成員參加，以便研討會計畫產出的聲援連署能獲得人權律師團的支持。

七月四日，我們順利舉辦了法律研討會。七月七日，我到成都開始採訪莫之許。七月九日，我和夥伴發布聲援郭彬和郭玉閃的連署，過百名人權律師團的律師參與。然而，七月十日，過半數參與過研討會的律師都在被警方帶走之列。

在李和平被抓時，其中一位與會律師就住在他的會所裡，這位律師被控制數小時後獲釋。他給我發來消息說，員警在他的公事包裡翻到了我們研討會的文件。那個員警拿著文件還特別興奮地說：「哈哈！我的就是這個！」

我開始仔細回想籌辦研討會的種種細節，想起李和平的與會是由我邀請的。我發出的會議資訊說不定還留存在他的手機裡。在成都悶熱的夏季，我的頭皮開始發麻，手腳變得冰冷。跟莫之許商量後，我們做出一個民間抗爭者遇到風險時十分常見的決定——跑。

我們準備第二天一早出發。我關掉手機。他則找來幾個本地朋友打了一宿麻將，這實在是非常四川人的作風，我在麻將房裡拼幾張椅子迷迷糊糊地睡了一夜。第二天，他的另一個朋友開來私家車，把我們送到數百公里外的鄉村，住進一家「農家樂」。這類農民自建的鄉村旅館處於法律的灰色地帶，如果跟主人關係好，可以無需任何形式的登記。

在「逃亡」的路上，我開了一下手機查收資訊，居然出現了一個好消息：郭彬獲釋。

對NGO的打壓似乎告一段落，而對律師和維權行動者的打壓才剛剛開始。

在北京看著自己丈夫被抓的王峭嶺，此時比我要淡定得多。即便大批員警在她家中翻了個底朝天，她也沒有覺得十分害怕。王峭嶺後來說，這一方面是因為她知道李和平近年沒有代理敏感案件，家裡不會有什麼危險資料；另一方面，這個場面超出她的理解範圍：「我的腦子是『懵』。」

但作為官方教育的「標準件」，王峭嶺相信：中國是個法治國家。她想著自己四十八小時內就會收到文書，就清楚是怎麼回事了。她甚至在員警查抄時和善地在家裡找出紙箱，幫助他們把文件裝走。員警帶著李和平和大量文件離開後的那個周末，王峭嶺按原計畫參加大學同學聚會，還跟兒子同學的家長們一起，去為孩子的暑期旅行進行踩點勘查。

四十八小時過去，王峭嶺沒有收到任何文書。

她開始有點慌，她回憶起查抄員警出示的證件上寫著「天津市公安局」，於是王峭嶺叫上李和平的弟弟、同樣身為律師的李春富，一同赴天津查問，然而他們被各個員警部門和看守所像皮球一樣踢來踢去，一無所獲。幾天之後，李春富也被抓。此時王峭嶺再想起那天員警搜查的情景，直感到一陣陣後怕和反胃。

李和平被帶走十天後，王峭嶺終於看到了關於他的消息，但不是來自警方的通知，而是來自於直屬中央政府的媒體新華社。新華社發表長篇報導稱：「公安部指揮多地公安機關摧毀一個以北京市鋒銳律師事務所為平台，少數律師、推手、訪民相互勾連、滋事擾序的涉嫌重大犯罪團夥。」接著列出的「犯罪團夥」名單中，赫然出現了李和平的名字。新華社繼續寫道：「其以『維權』、『正義』、『公益』為名、行嚴重擾亂社會秩序之實、企圖達到不可告人目的的種種黑幕也隨之揭開。」

新華社報導發出後，中國各大網站紛紛轉載，中央電視台各個頻道也滾動播出相應新聞片段，一時間鋪天蓋地。

根據新華社的報導，這次重大抓捕行動從五月底吳淦被拘留就正式開始。第二輪抓捕是六月在一個案件聲援現場抓捕維權領袖翟岩民及他的訪民團體。第三輪從七月九日抓捕第一名律師王宇開始，在七月十日達到高潮，十多名律師和行動者被關押。但新聞沒有提到的是，警方在第三輪抓捕的同時，對整個維權律師和行動者群體進行了大規模的傳喚，人們被警告不得參與對被捕律師的救援，否則自身也會有危險。

這場大規模抓捕受到國際社會和人權組織的廣泛關注，按照第一名律師王宇被抓的日期，人們將它稱為「七〇九大抓捕」或「七〇九案」。後來，積極參與救援的被捕者親屬被稱作「七〇九家屬」，其中大部分是被捕者的妻子。

據香港維權律師關注組的統計，七〇九案波及的民間抗爭者超過三百人，使之成為自一九八九年後中國最大規模的政治打壓。

透過新華社的講解，民間社會才得以管窺官方的抓捕邏輯。報導稱，警方將「維權圈」大體分為三個層級：第一個是組織核心層，代表人物是周世鋒，他在七月十日凌晨被警方帶走，律師事務所隨後被查抄；第二是策劃行動層，包括律師王宇、王全璋，維權領袖吳淦、翟岩民等等；第三是跟風參與層，林斌應該就屬於此列。

王峭嶺在看到報導後立即憤而起訴了新華社，她在訴狀中寫道：「作為李和平的配偶，原告主動向多地公安機關要求獲取李和平被羈押資訊都不得而知，媒體記者在公安機關從未召開過新聞發布會的情況下，獲取了李和平『滋事擾序』和『被採取了刑事強制措施』的具體資訊，指名道姓進行報導，此舉置《刑事訴訟法》於何處？置新聞來源的合法性於何處？」

同時起訴新華社的還有謝燕益的妻子原珊珊，她向新華社索賠十三億人民幣，寓意是中國十三億人民一人一塊錢，要將真相大白於天下。法院對王峭嶺和原珊珊的起訴均不予立案。

王峭嶺後來許多次地感歎，如果警方帶走李和平後，四十八小時內給她一紙通知書，然後允許律師會見，哪怕丈夫的罪名是顛覆國家政權，她都不會走上抗爭的道路。

「我大學讀法律讀得不好，但有一點我是記住了，你要按程序辦事。」王峭嶺說，「因為程序是普通人相對強大權力的基本保障。」

除了是聲勢浩大的打壓，七〇九案對於我，有另一重特殊的意義。

官媒報導發出後，當局的意圖雖然浮現，但當時誰也不知道，警方會不會從被捕者身上找到什麼新的線索？接下來會不會有新一輪抓捕？或者當局有沒有在打什麼別的算盤？

我暫避的鄉村風景秀美，陽光正好，但我仍然感到世界是陰沉的，危險隨時可能降臨。農家樂沒有網路，我也不敢打開手機，我和莫之許只能在周圍閒晃來打發時間，用聊天來排遣鬱悶。這樣密切的封閉空間，加上外部的高壓和恐怖，顯然非常容易讓人產生相互依賴的情愫。大概在一、兩周後，我和莫之許成為了戀人。

這當然是突破記者和受訪者倫理底線的事，只是在朝不保夕的氛圍裡，完成報導似乎已變得不再是最重要的事。在那段半個多月的恐懼狀態結束後，我聯繫張潔平，告訴她我已不再適合採寫莫之許的人物報導。她驚訝又無奈，但也只能表示理解。這篇人物稿，成為我極少數不曾完成的報導。

我當時其實並不去想這段關係能持續多長時間，或者它是否會有所謂的未來。重要的是在那一刻，它能給我急需的安慰，還有久違的溫暖——在經歷近一年的一波未平一波又起之後，我實在太累了。一段時間之後，我才知道當時莫之許顧慮得比我多許多，他會擔憂這段感情的前途，還有別人的觀感。畢竟，他的年紀比我大二十一歲，我們倆都離婚不久，民間圈子裡對我的印象還是小樹的妻子。莫之許後來告訴我，他當時想的是，既然逾越了界限，有什麼不良後果就只能承受。

然而，我們的關係比我和他想像的都還要合適和長久，直到我寫這本書的這一刻仍在延續。儘管確實也引來過旁人的側目甚至議論紛紛，但它幫助我脫離抑鬱的泥潭，後來也給我的寫作帶來許多安慰和支撐。

某種程度上，我因為這段感情的緣故，一直特別關注著七〇九案，不願意錯過王峭嶺和其他七〇九妻子為救援丈夫寫下的任何文字。七〇九案讓她們失去了愛人，卻給我帶來了愛情——這就是我後來用以跟她們交換戀愛經歷的故事，七〇九妻子們在聚會時還會偶爾聊起。

與七〇九案的這種因緣，有時讓我想起張愛玲的《傾城之戀》，七〇九就是我的香港。但每每想到這裡，我總是搖搖頭，希望甩掉這種聯想。這樣浪漫文藝的念頭，在她們真實的苦難面前顯得太過殘酷不仁。

我在最初的恐懼散去後，一直想要報導七〇九案，卻也是一拖再拖。從理性層面，這是為了等案件和其中故事都更明朗化，但或許也可以說是一種情怯。

然而，直到七〇九案發生近一年後，關於這個勢必對中國民間產生歷史性影響的事件，中文世界仍未出現過任何一篇深度報導。於是我聯繫到王峭嶺，說希望去她身邊做貼身採訪。

她們的種種笑淚故事，我都是在採訪期間才瞭解到的。

譚嗣同

七〇九案被捕律師中的許多人，一直知道自己處在危險的邊緣。他們會看似隨意地跟愛人玩起問答遊戲，愛人也往往心領神會，作出看似玩笑、實則認真的回答。

在我採訪過的律師家庭中，最熱衷這個遊戲的是謝燕益，他常問原珊珊的一個問題是：如果妳是譚嗣同的妻子，妳怎麼辦？

譚嗣同是清朝末年的民主改革「戊戌變法」的參與者，改革以失敗告終，他成為被斬首的「戊戌六君子」之一。譚嗣同最為人所知的一句話，是他在臨刑前高喊：「有心殺賊，無力回天，死得其所，快哉快哉！」

原珊珊對這個問題的回答一般有兩種，第一種是，「你為什麼要去做譚嗣同？」第二種是，「那我就給他多生幾個孩子。」原珊珊一直想要第三個孩子。

謝燕益對第二個答案通常也有兩種回應：「民主憲政就是我的第三個孩子。」或者是，「別生了，在這個國家，多一個孩子，就多一個奴隸。」

原珊珊每次講起她和謝燕益的故事時，我總有一種在看電影的感覺，這一次是革命電影的愛情線。

原珊珊對謝燕益被抓前後的每一個細節都記得很清楚。七月十日、十一日，謝燕益像許多律師一樣受到傳喚，員警一樣是要求他不要為被抓律師發聲，但謝燕益不僅嚴詞拒絕，還發出短文歷數警方的抓捕行為。

在員警密集約談的間隙，謝燕益陪著原珊珊散步，他又問出那道題：「如果妳是譚嗣同的妻子，妳怎麼辦？」

七月十二日，謝燕益被談話到凌晨一點才回家，原珊珊看見他疲憊的背影，沉默地坐在書房裡。當天一大早，謝燕益又被員警叫去，原珊珊又像多年前一樣，久久站在窗前凝望，不祥的預感捆得她喘不過氣。

原珊珊看到樓下有二十多個人大步朝她家走來，一邊走一邊紛紛拿出白手套戴上。「就像那些黑社會電影一樣。」這次是原珊珊自己做了電影的比喻。

原珊珊知道這次謝燕益真的出事了。她快步走向孩子的房間，對十一歲和八歲的兩個男孩說：「無論外面發生什麼事都不要出來。」然後把他們的房門關上。

門鈴響了，穿著便衣的陌生男人一擁而入，其中一人亮出天津市公安局的警官證。然後是地毯式的搜查，原珊珊坐在一張椅子上，看著自己的家被翻了個底兒，書、文件和電子器材足足拉走了三車。

當數小時的搜查終於結束，原珊珊做的第一件事是去打開孩子們的房門。兩個男孩蜷縮在床上，房間裡充滿難聞的氣味——孩子們因為不敢出去上廁所，尿在了地上。一年之後，原珊珊說起那個場景，仍然淚流不止。

然而這遠不是噩夢的最低點。

——

謝燕益被帶走一個多月後，原珊珊的月事一直沒有來，她心裡明白這是謝燕益的第三個孩子來了，但根本無心查驗。原珊珊帶著兩個男孩回了自己父母家，希望可以平靜一下，這時她接到謝燕益大哥的電話，他第一句話是：「媽死了。」

原珊珊說：「你瘋了吧？」謝燕益大哥只有這一句：「媽死了」、「媽死了」、「媽死了」，然後嚎啕大哭起來。原珊珊掛掉電話，全身癱軟在椅子裡。

謝燕益的母親，改革開放後的第一批律師，年紀大了但一直非常健康，家人常說她活到九十歲沒問題，謝燕益被抓後，她還陪原珊珊去過天津查問，卻沒想到這位老律師竟毫無預兆地在家中倒地身亡。

原珊珊立即趕往謝燕益老家，她同時聯繫天津警方，要求讓丈夫回家奔喪。警方回答說會「聯繫彙報」，他們給原珊珊的感覺是謝燕益應該能回來。

然而，直到追悼會開完，警方仍在「聯繫彙報」。

喪禮期間，原珊珊為免衝撞風俗，告知了謝燕益家人自己可能有孕在身。每一個聽聞的人都一臉驚駭，勸她打掉胎兒，隱約透露出對她這個「犯夫之婦」的側目而視，原珊珊的心理壓力逐漸逼近臨界點。趁婆婆的遺體尚未火化，她決定親赴天津，「接謝燕益回來見媽最後一面」。她後來坦誠地說，自己當時有一種要「將功補過」的心態。

原珊珊在帶謝燕益回家這事上寄託了全部的希望，因此當天津員警當面告訴她「不可以」，她的心理防線一潰千里。原珊珊感覺到自己發涼，從頭皮一路涼到腳趾尖。她懵懵懂懂地回到酒店，躺倒在床上，不知道過了多久，她腦海裡跳出一個念頭，再也不能擺脫。

一夜無眠，當第一縷晨光透過她的窗口，原珊珊起床，拿出為謝燕益準備的孝服，在孝服上寫：「謝燕益不孝罪死罪，回家見母最後一面」。她穿好孝服，出門，徒步走到天津市公安局，在門口坐下。她盼望著有領導路過，會過問此事。

然而，她等來的是這樣的遭遇：警車開到她面前，三個員警下車，他們把她拎起來，拖進車裡，帶到派出所，做了個筆錄，然後，原珊珊被帶進一個沒有監控的小房間，裡面有三十多個員警和輔警，他們把她團團圍住。

疾風驟雨般的咒罵鋪天蓋地而來：

「妳這個不道德的女人！」

「妳這個不要臉的！」

「妳折騰什麼呀？我告訴妳，這是現在，要是文革妳這樣就直接拉出去槍斃了！」

這個過程足有四十分鐘到一個小時，原珊珊害怕極了，但她同時有一種輕鬆：不管怎樣，他們知道我的要求了，這事會傳達給上級領導，也挺值的。

上級領導始終沒有出現。

派出所員警通知負責七〇九案的天津預審大隊處理，預審大隊找來謝燕益的朋友勸她，原珊珊不走，謝燕益的朋友只好告知派出所她懷著孕就離開了。原珊珊在派出所的排椅上睡了一夜。

第二天，派出所開始拒絕給她提供飲食，也阻撓她上廁所，原珊珊又在排椅上睡了一夜。第三天，國保告訴原珊珊，婆婆的遺體已經火化，她沒必要再在這堅持。原珊珊對此一無所知，她打電話給謝燕益大哥，大哥告訴她員警說的是真的。原珊珊心灰意冷，第四天凌晨，她自己走出了派出所。

此事之後很長時間，原珊珊處於嚴重的抑鬱狀態。她不想吃飯，也起不了床。她拿出所有的笑容面對孩子，一打發了孩子出去玩，她就一個人躺在沙發上流淚，但有次她發現大兒子也躲在房間裡哭泣。

原珊珊說，那次去天津之前，她相信所有人都有善良的惻隱之心，包括員警，但那次遭遇讓她覺得，他們就是一群機器人，裝上程式要幹什麼事都可以。「我第一次見到沒有良知的人。」那是她第一次對人性產生了懷疑。

—

像原珊珊這樣的傷痛故事，每一個七〇九家屬都經歷過：

李文足帶著三歲的兒子王廣微到天津尋問丈夫下落，王廣微深夜在住處撞傷，李文足抱著滿頭是血的孩子四處找急診，王廣微最終縫了七針，李文足縮在醫院的角落裡哭得撕心裂肺。

草根行動者勾洪國被抓走時，他和樊麗麗的孩子才不足半歲。樊麗麗到天津尋找丈夫下落，警方告訴她，這是「上面命令」的重大案件，他們拒絕負責。還在哺乳期的樊麗麗在突然的驚恐中乳腺堵塞，年幼的孩子被迫斷奶。勾洪國是小商人，他留作家用的銀行卡在查抄中被全數收走，原本是全職主婦的樊麗麗只好開網店維持生計，她卻在自家樓下突遭員警帶走拘禁，他們強制沒收她的快遞包裹，之後又限她在三天內搬家。

由於房東屢遭警方壓力，翟岩民的妻子劉二敏孤身帶著失去自理能力的翟父，在偌大的京城裡反覆搬家。

律師謝陽的妻子陳桂秋說，在爸爸出事後，讀初中的女兒幾乎沒有再露出過笑容。年幼的孩子們不得不跟著媽媽奔波在救援路上，幾個孩子都曾在途中突然高燒。

王峭嶺起訴新華社之後，員警撬開她的家門，對她進行刑事傳喚。他們在派出所裡威脅說，如果她再有不合作的舉動，這樣的事還會隨時發生。五個小時的審訊後王峭嶺被釋放，她沒有馬上離開，而是在派出所的大廳裡癱坐了許久，覺得天昏地暗。

王峭嶺說，七〇九案中讓她最難以承受的，甚至不是丈夫被抓，而是自己四十多年來對政府和國家的信任轟然崩塌。

李和平被帶走後，他的辦公室被警方擅自換鎖，王峭嶺前往交涉，卻是受盡惡人惡相，有理無處訴。開車回家路上，她想起自己過去總是跟李和平吵架，說他「太偏激」，她終於忍不住淚如雨下。「以前所有這些艱難，都是他承受了，我不知道。」王峭嶺平時總保持著一種樂觀積極的樣子，說到這時她兩眼通紅，摘下眼鏡，抽了一張紙巾。

李和平過去會把反酷刑小冊子帶回家，王峭嶺說，現在她有時想起小冊子裡的那些酷刑，會一陣心悸，害怕以後再也見不到李和平。「那他就沒辦法知道我對他認識的改變，沒辦法知道我現在對他的理解和認可了。」她用紙巾印著淚，沉默了許久。

在王峭嶺最徬徨無措的時刻，她以前不樂意李和平交往的那些敏感人物，主動聚攏到她的身邊。其中一個是與李和平長期往來的草根行動者野靖環，她用自己的多年經驗向王峭嶺講解，越是遭到打擊、心生恐懼的時刻，就越是要發聲和反抗。在她的強烈建議下，王峭嶺隨即就警方的濫權行為提起多項訴訟，並將事件寫成文章公開傳播。

野靖環告訴她，雖然制度內的手段不一定能有直接的結果，但這會讓警方明白她不是能隨便欺負的人。王峭嶺提起的訴訟很快被法院全部拒絕立案，但她確實再沒有遭到警方的強制傳喚。這讓王峭嶺終於體會到丈夫多年從事的法治維權運動的邏輯：法治並不是現實，但可以用作抗爭的手段。她後來總是感慨，雖然自己曾通過司法考試，但若論對中國法律的理解和運用，她遠不及有實際抗爭經驗的草根行動者精到。

另一個來到王峭嶺身邊的老朋友是江天勇。當江天勇告訴王峭嶺，李和平可能是因為主持反酷刑項目以及參與冤案抗爭而被列入抓捕名單，王峭嶺感到心裡一下子踏實了，她因此獲得確認：我的丈夫是因為做對的事情被抓的。

這一體驗後來成為王峭嶺堅持與其他家屬溝通的信念。她相信當一個陌生人出現，親口告訴這些被捕者的妻子和孩子，「你的丈夫／爸爸是因為做對的事被抓的」，這將給他們帶來莫大的安慰。

江天勇接著與王峭嶺商量李和平的代理律師人選。他談論案件的風格總是簡單直接得略顯殘酷，他告訴王峭嶺，七〇九案的救援註定艱險，因此辯護律師必須符合三個條件：第一是能堅持，不會受到威脅就退縮；第二是善寫文章，願意接受採訪；第三，能商量，合作性強——除了法律知識之外，政治案件的代理律師所需的素質，與社會運動活動家無異。

兩名代理律師的人選確定之後，江天勇叮囑王峭嶺一定要透過安全的方式與律師聯繫，但缺乏經驗的王峭嶺仍然用手機給律師打了電話。這導致兩名律師都遭到有關方面阻攔，其中一名只能放棄代理，另一名律師蔡瑛決心不顧威脅前來。

七月十六日深夜，王峭嶺在北京機場等待蔡瑛，她沒有替他預訂酒店，因為她根本沒抱希望他真能出現在自己面前，以致出乎意料地接到蔡瑛之後，王峭嶺才開著車四處找酒店讓他落腳。

透過江天勇的緊急協調，另一名律師趕到北京與蔡瑛會合，共同代理李和平，兩人在大抓捕的恐懼仍在蔓延之時，成為第一波到達天津要求為被捕律師辯護的律師。蔡瑛說起此事十分自豪：「別的律師都說：『老蔡，你這時候去是打破了冷漠啊！』」

說起七〇九案之初組織火線救援的艱難，近一年後江天勇仍然耿耿於懷。他從二〇一三年開始投入大量心力建設中國的人權律師團，兩年後律師群體內部「一方有難、八方支援」的勢頭已經基本形成。然而七〇九案一發生，江天勇發現許多律師自動將群組聊天內容調頻成了養生、裝修、旅遊一類風花雪月的內容。當他提出要緊急組織七〇九救援，卻是應者寥寥，有人說律師應該「保留力量」，還有人說周世鋒就是太高調才惹禍。

這樣的情景讓江天勇失望至極，他憤而宣布退出人權律師團，與幾個最信任的律師在安全平台另起爐灶，成立專門針對七〇九救援的關注群組，邀請所有關注此事的國際媒體、人權官員、律師和草根行動者加入。

關注群組很快初具規模，但要組建七〇九案的代理律師團仍舉步維艱。江天勇不得不承認，七〇九案抓捕布局精確，幾乎將過去數年維權運動中成長起來的最勇猛、最具政治案件經驗的律師一網打盡。即使有過蔡瑛的示範，年輕一代的律師仍對涉入這一重大案件深感疑慮。為第一位被捕的王宇辯護的文東海記得，江天勇在找到他前，至少已有兩名律師因壓力放棄代理王宇，他一開始也顧慮家庭沒有答應。文東海猶豫了一周多，直到江天勇第三次追問，他才鬆口說「我試試吧」。

雖然艱難成軍，但七〇九家屬提到代理律師團都是滿滿的感激。樊麗麗說：「家屬是沒有辦法，自己的家人被抓，理所當然要站出來，但律師們是很難得的，當時全國一片恐懼，他們本來可以明哲保身。」

家屬團

王全璋有一次在夫妻倆的問答遊戲中問李文足：「如果有天我被抓了，妳怎麼辦？」李文足回答說：「那我就天天哭。」複述這個答案時，李文足用的是威脅的語氣，說出來的話卻像是撒嬌。「後來我真的就天天哭。」她說的是王全璋在七〇九案被捕之後。她的嘴角向上彎出自嘲的曲線，眼裡卻都是淚花。

李文足來自湖北小城，二十四歲時為了逃避逼婚，跟朋友到北京找工作，偶遇了三十三歲但還不怎麼會談戀愛的王全璋。一年多後，她被王全璋的父母「趕鴨子上架」似地結了婚。這時李文足還不太瞭解王全璋的工作，只覺得「律師」是個受人尊敬的好職業。

她第一次發現丈夫的工作會帶來危險，是二〇一三年四月，兩人的孩子出生不到半年，王全璋在一次案件開庭中遭法官下令拘留。丈夫突然失去音信讓李文足心急如焚，她用王全璋留下的手機登錄他的微博，看到各地律師和行動者正在組織對他的聲援，才知道出事了。

三天後，王全璋在外界壓力下被提前釋放。但李文足繼續透過微博關注了一陣子王全璋和其他律師在從事的運動，她很快變得不願意再看：「我受不了，太黑暗了，全璋還可以去做一些事情，我無能為力，所以我就選擇逃避。」

她提起自己用微博的那段時間，正是律師唐荊陵剛剛被抓，唐的妻子在微博上為丈夫聲援。因此七〇九案發生後，李文足大概知道自己作為家屬應該參與抗爭。但王全璋的律師朋友們都仍處在自身難保的驚慌中，這讓李文足更加茫然無措，「我除了哭就沒有別的。」她覺得自己太過渺小。

二〇一五年八月初，李文足帶著三歲的兒子王廣微第一次到天津尋找丈夫，在公安部門巧遇王峭嶺。她之前就看過王峭嶺為尋夫寫的文字，李文足走過去自我介紹，才剛開口說了兩句話，就哽咽得再說不出話來。

王峭嶺看著這個比她年輕十多歲的姑娘，漂亮的臉龐滿是愁苦，大大的眼睛失神呆滯，連她懷中抱著的小男孩都是一臉頹容。王峭嶺於是下意識地伸出手，想去抱李文足懷中的王廣微。讓李文足驚訝的是，一向怕生的王廣微張開手臂，讓王峭嶺抱了過去，還親了親她。兩位母親的情感瞬間隨著孩子的懷抱完成了交融。王廣微後來一直叫王峭嶺「王媽媽」。

這次見面之後，在野靖環和江天勇的鼓勵下，王峭嶺開始邀約李文足一起發聲和行動。王峭嶺詢問三、四次之後，原本住在山東婆家的李文足來到北京，兩人連續十多天前往全國律師協會要求關注七〇九案。

對律協的訴求石沉大海，但這成為七〇九家屬聯合行動的開始。它對兩人都有莫大的意義，李文足說：「一個人孤孤單單的，覺得自己什麼都不懂，有人一起，妳的精神狀態都不一樣，鬥志就起來了。」王峭嶺則說，雖然自己一直被認為是七〇九家屬團的靈魂人物，但在她看來，李文足的出現才是七〇九家屬團能形成的關鍵：「雖然文足總是說自己這個不行那個不行，但一開始就是我們兩個人，如果沒有她，我們七〇九家屬根本不成群。」

律協行動之後，王峭嶺和李文足覺得應該把更多的七〇九家屬找到一起，她們首先想到的是曾起訴新華網的原珊珊，還有公開發表過文章的樊麗麗。

王峭嶺和李文足一起去參加了樊麗麗為關押中的勾洪國辦的生日會，樊麗麗與她們一拍即合。她之前的狀態與李文足相似，想為丈夫做更多事，但不知該從何入手。

與原珊珊的聯絡則遠沒有那麼順利。第一次敲開原珊珊的家門時，王峭嶺問躲在門後的女人：

「這是原珊珊家嗎？」女人答：「不是。」就要關門，王峭嶺趕緊又問：「這是謝燕益家嗎？」女人猶豫了一下，答「是」，才請王峭嶺進屋。王峭嶺進了門才發現原珊珊大著肚子。

聊天時，原珊珊總是默默聽著，但她的態度是疏遠而冷淡的，王峭嶺感覺到她可能處於抑鬱的狀態。王峭嶺鼓勵原珊珊跟其他家屬一起行動，原珊珊卻說對官方要有一個好的態度，勸她們小心被利用。王峭嶺之後幾次約原珊珊一起去天津，原珊珊也沒有答應。

原珊珊後來說，其實她心裡知道，如果以謝燕益的作風，一定會選擇抗爭，她自己對官方也全無好感，但當時她處在對他人的信任危機中，情感上更依靠謝燕益的家人，而謝燕益家人的意見是要與警方緩和關係，不要對抗。這讓原珊珊感到痛苦和矛盾，因而想與其他家屬和律師保持距離。

這種不信任的氣氛讓王峭嶺感到不適，她對去看望原珊珊變得有點怯，擔心原珊珊覺得自己有所圖謀，只是為了拉其他家屬一起對抗。王峭嶺第二次去原珊珊家時，特意帶上李文足，希望這樣能少點尷尬。

這次聊天比上次進步不大。她們告辭時，原珊珊陪她們出門等電梯。電梯門開了，王峭嶺看見李文足遲疑了一下，然後李文足張開手臂，抱了抱原珊珊，鬆開時眼眶已經紅了。王峭嶺心裡湧起一股暖流，她明白單純的李文足是因為心疼原珊珊，突然想要擁抱她。

這一幕讓王峭嶺羞愧自己顧慮得太多：「如果一開始就只是為了達成什麼目標，就一定會覺得挫敗，但如果就是想去關心她，擔心她一個人孤單，那我就應該可以放下那種挫敗的不滿。」

原珊珊真正跟其他家屬走到一起，是在二〇一六年的二月中旬，她還有兩周就到預產期，原珊珊獨自去天津要求取回被查抄的戶口本，她需要這個文件才能辦生產手續。原珊珊在天津碰上了組團前來的其他家屬和律師，當接待的員警告訴原珊珊，領導不同意發還戶口本，原珊珊努力地堅強著，心裡默念「別哭別哭別哭」，然而沒等她落淚，她身後的李文足就哭了出來，王峭嶺也上來幫腔：「你們不給我任何東西都行，一定要給原珊珊！」原珊珊在那一刻真正體會到她們跟自己是感同身受的。

家屬和律師們當即開始了集體抗議，要求員警再打電話申請，員警讓原珊珊等著，她們就不斷催員警再去請示。三、四個回合之後，原珊珊終於拿到了她早已要求過許多次的戶口本。後來她再去天津時，也會跟其他家屬說一聲，看大家是否有空一起去。

二〇一六年春節期間，王峭嶺自己駕車，從北到南又自南向北，奔波數千公里，將她能找到的七〇九家屬都看望了一遍。在這段旅程裡，她與被捕律師謝陽的妻子陳桂秋第一次見面，謝陽十多歲的女兒在父親被捕後變得不再愛笑，王峭嶺鄭重地告訴她：「妳有一個值得驕傲的爸爸。」回到北京，王峭嶺又託野靖環約上翟岩民的妻子劉二敏一起泡溫泉。

王峭嶺、李文足、樊麗麗、原珊珊、劉二敏、陳桂秋，這六位女性，後來就成為七〇九家屬團最固定且積極的成員。

樊麗麗說起過七〇九救援中最讓她感慨萬千的一個時刻：有一天中午十二點多，她在群組裡看到王峭嶺兩個小時前發的訊息，說她在天津看守所送物品，問有沒有家屬想一起過來。樊麗麗回覆說自己現在過去，問王峭嶺是否等她，王峭嶺說等。又兩小時過去，當樊麗麗趕到看守所，她看見王峭嶺獨自在車裡睡著了。

「我覺得她很累，」樊麗麗說，「我想到我們有什麼難過可以跟她說，她是我們的精神支柱，但是她難過的時候要去找誰呢？」

——

在家屬們逐漸聯結起來的同時期，二〇一六年一月，被捕者們的指定監居期結束，七〇九案一晃已經半年。家屬們陸續收到壞消息——丈夫被正式逮捕，大多數人被控「顛覆國家政權罪」，這個罪名的最高刑罰可達無期徒刑。

李文足接到通知書時，她沒有像自己想像過的那樣傷心崩潰；相反地，她覺得心裡突然平靜了，她知道自己面前只有一條路：把所有能做的抗爭，一件不落地進行下去。「如果可以選擇的話，我就想過最簡單的小日子，但這個環境讓每個人都沒有選擇。」李文足說。

逮捕通知書接踵而至，家屬們紛紛投入了更積極的抗爭。七〇九家屬團的橫空出世讓人眼前一亮。自「天安門母親」之後，中國還不曾出現如此有影響力的政治受害者家屬抗爭團體。

然而，在七〇九家屬團冉冉上升的同時，代理律師團則在救援中舉步維艱。

從二〇〇三年孫志剛事件開始，到二〇一五年七〇九案之前，維權運動中律師介入案件的手段逐漸發展成兩大類：一是現場行動類，即律師和行動者合作，針對法院、檢察院或看守所發動靜坐、示威、行為藝術等抗議行動；二是制度內手段類，即律師透過會見傳出當事人資訊，控告公檢法的程序違法，以及披露案情文書。兩類手段實質都旨在製造傳播素材，引發持續的輿論關注。總體而言，第一種手段能製造更強的壓力，第二種方式則相對安全。

這些行為看似偏離正統的法律辯護，但其實是律師們對中國司法不獨立的現實作出的應對，他們只能寄望外部壓力來遏制案件中政治侵害的程度。高智晟二〇〇五年在接受採訪時說，中國的法治不健全，如果僅停留在法律層面上，就盡不到維護公民權利的責任。他認為：「一個中國當代的律師，責任應該要更廣泛一些。」

七〇九案抓捕的幾乎全是擅長第一類手段的律師，以及與他們合作的行動者，因此七〇九案的代理律師們如果再採用第一類手段則風險過高；而對於第二類手段，當局也早已用法律條文做好封堵。二〇一二年通過的《刑事訴訟法》修訂案，不僅有「茉莉花條款」讓家屬和代理律師無法得知被捕者關押何處，還規定「危害國家安全」類案件在偵查期間的律師會見需經辦案部門批准，而案件是否「危害國家安全」的界定權也在辦案部門手中——事實上，七〇九案發生後整整一年，二十多名被捕者無一曾被批准會見家屬指定的律師。

二〇一六年一月正式逮捕之後，七〇九案出現了更讓人大跌眼鏡的局面——警方聲稱被捕者在關押中自行另聘了代理律師，家屬聘請的律師們紛紛遭遇「解聘」。這意味著，即使該案進入起訴階段，檢察院也可以向拒絕「被解聘」律師介紹案情、出示案卷和其他證據；即使該案開庭，「被解聘」律師也不可能出庭辯護；至於所謂「當事人自行聘請的律師」，則無一願意公開案件進展，家屬們為這些律師命名為「官派律師」。

江天勇警覺到，七〇九案有遭遇秘密審判的可能，案件後來的發展證明，他的擔憂不無道理。維權運動過去十多年積累的抗爭經驗，在七〇九案中已被一一繳械。政治案件彷彿一夜回到九〇年代，當時維權律師和異議網友的群體還沒誕生，政治犯救援基本只能靠積極抗爭的家屬。

紅桶

社會主義好，社會主義好，社會主義國家律師被抓了。
七〇九家屬起來了，父母妻子律師都被邊控了，
公檢法司大團結，掀起了破壞法治新高潮，新高潮！

從北京往天津的高速公路上，六歲的李佳美和三歲的王廣微一路尖聲唱著這首歌，我跟他們坐在同一輛休旅車裡，聽得幾乎要頭疼起來。這是某次奔波途中，王峭嶺和李文足一人一句將這首歌唱社會主義的經典紅歌改編成的「七〇九律師版」。沒想到孩子們馬上就學會了，從此稍不留神就會開始單曲循環。

這是二〇一六年六月一日國際兒童節的上午，王峭嶺和李文足正帶著兩個孩子驅車前往天津，

去詢問李和平和王全璋的案件是否已結束偵查並移交檢察院起訴。一年來，從去看守所尋人，去預審部門要求會見，到現在跑檢察院追問進展，她們已經跑過這條路數十次。兩個孩子年齡太小，只得一直帶在身邊，休旅車裡隨處是他們日積月累扔下的小衣服、小鞋子、玩具和零食包裝紙。

「媽媽！」正唱得不亦樂乎，王廣微突然對李文足喊：「爸爸去打怪獸怎麼這麼久還沒回來？是不是怪獸太多了呀？」

「打怪獸」是媽媽向他解釋為什麼爸爸離開了這麼久的原因。

李文足回答說：「是呀，所以我們要去救爸爸，幫爸爸打怪獸。」

到了檢察院，王峭嶺和李文足走到門口的接待處詢問，工作人員得知她們的身分後就關上了接待窗口，她們又驚又氣站在窗外撥打市政投訴電話，交涉了近兩個小時。

從我們到達檢察院不久，一輛黑色的奧迪就開到正對接待處的路邊停下，裡面坐著一個戴墨鏡的男人，始終盯著我們看。兩個孩子在人行道的花基裡玩，我在孩子和他們的媽媽之間來回走動，當我走得靠近檢察院的執勤門衛時，他突然「刷」地一下撕下了自己胸前的警號。

王峭嶺和李文足終於放棄在檢察院的交涉。接下來的行程是到檢察院和公安局的信訪中心投訴，她們每次到天津都會順帶去投訴不予會見之類的情況，但從來沒有收過回覆。

媽媽們走進信訪辦公室交件，兩個孩子就在接待大廳的地板上玩玩具。執勤員警問李佳美，她上小學沒有？李佳美興奮地回答說，自己九月就要上學了，王廣微也湊熱鬧說自己馬上要進幼稚園。

李佳美不知道的是，半個月前，王峭嶺去派出所為她辦入學證件，遭到員警的拒絕，她已經不可避免地要錯過九月的入學。而兩個月後李文足送王廣微入讀幼稚園時，也因為警方干涉，王廣微兩次被接收又被退學。

王峭嶺和李文足交過投訴資料，循例要在信訪中心門前拍照，她們會把照片和文字簡報上傳到社交網路，儘管這種常規內容已經很難引起輿論關注。她們這次想在白紙上寫個標語舉在胸前，找來了白紙卻沒有筆，最後靈機一動，李文足從手提包裡掏出口紅。

她們在紙上寫「要求會見王全璋」、「要求會見李和平」，李文足一邊寫一邊心疼這支口紅是新買的。王峭嶺安慰她說：「等全璋出來讓他給妳買最貴的，每個色號買一支。」她們兩人在信訪中心門前嚴肅地並排拍照時，李佳美和王廣微就在背景的台階上推著玩具車。

五天之後，劉二敏與王峭嶺、李文足一同再赴天津，她們這次在檢察院的信訪中心門前沒有再舉口紅寫的紙，而是每人捧著一個紅色大塑膠水桶，上面用白色膠帶貼出字樣：「和平，支持你」、「全璋，相信你」、「老翟，等你」，她們捧著水桶露出得意笑容的照片上傳到社交網路，馬上引起比平時還多的轉發。

紅桶的創意來自李文足，她想要在天津「舉牌」已經一段時間了，擔心風險所以一直猶豫，經過上次「舉紙」小試牛刀，她幾天裡都在想可以換個什麼更亮眼的形式。李文足和王峭嶺都覺得紅色是顯眼又積極樂觀的顏色，她們就開始在街頭留意各種紅色的物品，直到她們看到了紅色水桶——便宜、面積大、方便寫字。於是家屬們後來津津樂道的「七〇九家屬同款」、「今夏最潮水桶包」就這樣誕生。

三人剛發出照片，警車就出現在她們面前，她們被帶進天津掛甲寺派出所，關押近二十四小時，這是傳喚的最長時限。「我這次一進派出所，就希望能呆滿二十四小時，上次呆了五個多小時，他們說還不夠時間發新聞呢，所以這次的二十四小時是我祈禱出來的！」這是王峭嶺出來後對我說的第一句話，她顯得特別興奮。

她口中的「上次」是五月二十日，她帶著我驅車一千多公里到內蒙古烏蘭浩特市看望王宇被軟禁的十七歲兒子，他自從父母都因七〇九案被抓後，就被官方軟禁在王宇母親所住的小城。我和王峭嶺裝作送菜的超市員工敲開王宇母親的家門，沒想到員警租下了老太太對門的房子做監控室，我們立刻被一群員警帶走，羈押五小時後釋放。

這次掛甲寺派出所的二十四小時，確實時間夠長，離北京又近，遂引發維權律師和行動者紛紛馳援天津，在派出所守候並直播進展，讓事件在紅桶的基礎上又有了進一步的傳播。這就是家屬們希望看見的，七〇九案事發已經一年，熱度早已過去，加上官方持續的資訊封鎖和旁觀者的自我審查，七〇九案相關資訊在國內的能見度很低，她們如今只能憑自己的行動和處境不斷喚起人們對七〇九案的關注。

與王峭嶺一樣興奮的還有李文足，這是她的「派出所初體驗」，一向柔弱的她竟毫無害怕的樣子。李文足說，在派出所裡面，一個員警拿物品扣押清單來給她簽字，告訴她紅桶是「作案工具」要沒收，「我當時就笑噴了，笑了十多分鐘。」李文足出來後講起那個場景仍然笑得停不下來。

但劉二敏就沒那麼幸運，當晚她就被北京國保接走，關在派出所裡遭到恐嚇和毆打，第二天才被放回家。王峭嶺和李文足出來後聽說此事就立刻趕到她家裡探望，她們本來擔心劉二敏會嚇壞了不願意再抗爭，沒想到劉二敏從之前的略帶怯懦一下子變了樣，說自己被欺負這事不能就這麼算了。

劉二敏講起，自己在派出所裡被打後，她對員警說：「你們有槍，我這個傻媳婦啥都沒有。」說到這裡，劉二敏突然停下來，她壓低聲音，放慢語速，把頭貼近王峭嶺說：「其實我們有槍。」她的話讓王峭嶺怔住了，然後劉二敏緩緩地舉起自己的手機，舉到三人面前，晃了一下，輕聲但鄭重地說：「這就是我們的槍。」

王峭嶺久久沒有回過神來，她想起第一次跟劉二敏一起去天津控告，填表時才知道劉二敏不太會寫字，自己趕緊去幫她填寫。而此刻，王峭嶺被這個底層女性的敏銳震撼了——家屬們經常處在奔波中，她們只能用手機寫文章、發照片、接受採訪、彼此聯結，這就是她們的武器。

接下來幾天，劉二敏、王峭嶺和李文足又用「武器」拍攝了一系列搞笑小視頻，講述紅桶的故事，諷刺警方的行為，在社交媒體上傳播。

其中最受歡迎的小視頻是《這屆家屬「七個不行」》，這個哏來自《人民日報》不久前發表的一篇文章，稱普通民眾對腐敗猖獗負有重要責任，文章主旨迅速被網友提煉為「這屆人民不行」，而成一時笑談。王峭嶺和李文足穿上最漂亮的裙子，畫好美美的妝，像脫口秀一樣，將被抓的遭遇講成一個個笑話，「這屆家屬政治覺悟不行」、「這屆家屬身手不行」等等。

其中一個是「本屆家屬表情不行」。

派出所裡的員警一看到李文足就說：「妳這表情太高興了，這哪像想念妳老公？」

李文足立刻回嘴：「那應該怎麼樣？是不是應該整天以淚洗面、愁眉苦臉的？」

她接著調戲員警說：「這我不太會，要不你給我表演一下？」

李文足在視頻裡邊說邊樂得合不攏嘴，險些沒顧上自己一貫溫柔美麗的形象。

她沒有告訴員警的是，王全璋被抓後整整半年，她的確是天天以淚洗面。

李文足把自己的轉變總結為，「離開梳妝打流氓」。

自從紅桶之後，七〇九家屬團的行動就沿著這種歡樂風格一發不可收拾。紅桶也成了七〇九案抗爭的象徵，香港人權團體做聲援七〇九案活動時還用紅桶做道具。我的香港網友在 Facebook 上談到紅桶照片給他的感受：「看似好好笑，實質悲涼難過」。

旁人常因七〇九家屬們展現出的樂觀更加心疼她們的際遇，而對於風暴中心的她們來說，要用歡樂抵禦傷痛的現實，則是滲透在日常的每一天、每一句話、每一個舉動的功課。

李和平被抓之前，王峭嶺每天不是在家就是在教會，她習慣穿得隨便也不打扮，有時教會牧師都會建議她照料一下自己的外型。七〇九抓捕發生後，王峭嶺收到各界的各種關心和建議，其中包括當年她和李和平為之吵架的高智晟。高智晟這時已經刑滿釋放，但在陝西老家受著嚴密的軟禁，他也給王峭嶺打來電話，鼓勵她一定要堅強。

有位女企業家向王峭嶺建議，多穿鮮豔的衣服，看起來形象好，自己的心情也會好。王峭嶺突然被這個建議擊中，翻出過去在重要場合才穿的大紅旗袍領褂子，搭配白褲子高跟鞋，這就成了她後來在七〇九抗爭照片中最常見的形象。

王峭嶺強烈推薦其他家屬也穿鮮豔的衣服，說這樣一起照相時好看。她和李文足忙裡偷閒就會一起逛街治裝，王峭嶺每次不是看大紅色就是正綠色，李文足喜歡紅配白，她們給原珊珊挑粉紫色，又拉上劉二敏買橙紅色的連衣裙，樊麗麗跟她們一起行動時就穿上彩條裙子。一張張法院、檢察院門前的照片拍出來，她們一行都穿得漂漂亮亮，笑容燦爛。

我住在王峭嶺家裡接近一個月，她每天被各種會面和聯絡塞得滿滿當當，睡覺的時間只有五、六個小時，但她每天都早起用捲髮器把髮型做好，打上薄薄的粉底，抹上口紅，才能出門。她在意化妝是跟李文足學的，李文足出門不能沒有眼線。她們在天津派出所被羈押過夜那次，第二天早上李文足在洗手間遇見王峭嶺，問的第一句話是：「我的眼線還在不在？」

我經常占用早餐時間跟王峭嶺做採訪，她這個時候難得素顏，有一次我想要轉換一下氣氛，隨口問她：「妳的眉毛是不是紋的？」沒想到王峭嶺一下就情緒高漲起來，說李文足介紹的這個做眉毛的技師怎麼不靠譜，給李文足做的好看，給她的做壞了。王峭嶺接著講，她羨慕李文足的大眼睛，總想割雙眼皮，李文足也煽動她，但她又擔心李和平以後出來見到她會生氣，外人看了也容易有想法：這些家屬，老公被抓了，還有心思割雙眼皮？

王峭嶺打開美容計畫這個話匣子就停不下來：抽脂、去皺，上次跟文足逛街看見宣傳一種超聲刀……我看著她興奮地比劃的模樣，突然明白為什麼七〇九家屬在一起行動後都變得比以前愛美了——她們的抗爭生活需要這個話題。

熱度僅次於服飾美容的話題是孩子們。王峭嶺和李文足每隔幾天就會說起，王廣微第一次見到李佳美是怎樣被這個漂亮的小姐姐瞬間收服。然後王峭嶺就會開始糾結李佳美長大應該跟王廣微配對，還是跟三十呢？「三十」是原珊珊的大兒子的小名。她轉念一想說，佳美還是跟三十吧，王廣微可以讓給陳桂秋的小女兒。然後李文足就該開始抗議了。

——

關於為什麼要注重打扮，王峭嶺在我們剛剛認識時說過一個特別拿得上檯面的解釋：「我們經常要去見使館官員、外媒記者，我們希望別人看到我們的樣子是一群有希望的人。這就好比，假如你需要別人來資助你完成學業，你一定要展現出自己是一個很有目標、有思想的人，別人才會覺得，這個人一定將來會成功，我要幫助他。如果你看起來就是很可憐，別人就給你兩百塊錢，說拿去吃頓飽的吧。」

王峭嶺講的是七〇九家屬團在現場聲援行動以外的另一個重要工作方向：國際遊說。當二〇一六年一月家屬們陸續收到丈夫涉嫌「顛覆國家政權」的逮捕通知書，江天勇陷入了憂慮，他對王峭嶺說，如果接下來國際社會的介入力度不夠大，這個案子裡的大多數人將會被判重刑。從這時開始，七〇九救援的策略重心，從國內施壓逐步轉向國際遊說。她們主動約見聯合國、歐盟、美國及歐洲主要國家的人權和外交官員，向他們介紹七〇九案的現狀和嚴重性，也積極接受國外媒體採訪。

她們的努力很快有了一定成效。二〇一六年三月的聯合國人權理事會上，聯合國人權專員在年度講話中表達了對中國大規模打壓律師的擔憂；美國、英國、德國、日本等十二個國家發表聯合聲明，譴責中國逮捕律師和人權活動者的行為；五月，美國國會舉行了關於中國的政治管控和打壓的聽證會，王峭嶺、李文足和原珊珊代表七〇九家屬以視頻形式在聽證會上發言，指控當局對家屬的管制和威脅。在一連串高級別的國際關切之下，鋒銳律師事務所的實習律師李姝雲，以及李和平反酷刑項目的助理高月，在已被逮捕的情況下以「取保候審」獲釋。

王峭嶺一開始對國際遊說策略的理解是：要透過國際外交和輿論壓力，讓中國官方有所忌憚，給七〇九案帶來好的結果。但在她見過幾撥外國官員之後，透過一遍遍地回答他們關於七〇九案的問題，以及旁聽其他維權律師對官員們說的話，王峭嶺對自己正在做的努力有了新的看法：「如果七〇九家屬一心只盯著自己的丈夫能不能釋放，這是我們的失敗。」

她的這個看法讓我感到驚訝，親人的安危向來是政治犯家屬在聲援中的核心關切。王峭嶺接著解釋：「七〇九案判不判刑很重要，但更嚴重的是中國正在全面走向專制。」王峭嶺說，「這才是可怕的地方，這就意味著，即使我老公出來了，還有下一個口袋在等著他，因為整個中國淪陷了。」

有時，使館官員們「天真」的提問會讓王峭嶺感到很無奈。問題諸如：現在民眾可以對環境問題提出訴訟了，中國的法治不是在進步嗎？政府向民眾公布了投訴電話，中國的行政品質不是在改善嗎？中國的反腐不是很有成效嗎？

這些問題反覆出現，讓王峭嶺感到疲憊，但更覺得驚駭。但如此一來，她更覺得自己有責任積極參與每一場諮商，從親歷者的角度講述中國的真實狀況。

江天勇也抱怨說，外國社會始終沒能理解，七〇九案並不是針對律師群體的打壓，更不是一個人權個案，而是對民間聯結和民間抗爭的總打壓，律師只是其中最顯眼的節點。

另一位資深維權律師滕彪認為，七〇九案是政治打壓的「國家安全模式」正式形成的標誌。二〇一五年七月一日《中華人民共和國國家安全法》通過並立即實施，八天後七〇九案發生。此後，當局辦理七〇九案的突出特徵：大規模同時抓捕、官媒揭批報導、指定地點監視居住、當事人電視認罪、解聘律師等等，幾乎成為政治案件的標準配置，在後來的溫州教堂案、勞工ＮＧＯ案、銅鑼灣書店案等案件中均有運用。

滕彪總結說，在胡溫時代，當局的政治打壓採用的是「維穩模式」，每一個運動中往往只有最關鍵的人物會被抓捕判刑，比如劉曉波、高智晟等。而在習近平時代，政治打壓轉變為「國安模式」，這意味著對民間力量的主動出擊和全面清理，不僅已經成長起來的律師群體要遭到打壓，即使沒有抗爭意圖的去政治化NGO，同樣會因為有形成政治力量的可能性而不能被容許存在。

很少有人記得，當上世紀九〇年代國際社會決定放棄對「六四」鎮壓的追究，緩和與中國的關係，時任美國總統柯林頓篤定地表示，隨著中國的貿易和對外交往開放，中國的政治制度也必將民主化，「就像柏林牆的倒塌一樣不可避免」。這種對民主世界必將改變中國的信心，貫穿了歐美國家近二十年來的對華政策。

在七〇九案發生後，霍普金斯大學的駐校學者詹姆斯．曼（James Mann），在《紐約時報》發表文章，將這種信心稱為「中國幻想」。他援引七〇九案指出，中國共產黨已發展出新的中國模式，一個極為國際化但同時壓制嚴厲的一黨制國家，然而世界各國與中國緊密的商業關係，令外國領導人不願對中國的壓制行動做出反應，唯恐遭到報復。

「中國的安全機構壓制異見的能力比過去強得多，技術賦予它更大的能力，可以同時控制街頭和網路。」詹姆斯．曼寫道：「未來，我們將不得不應對這樣一個中國，它有能力一個接一個地展開鎮壓。」

江天勇說，堅持七〇九案抗爭的意義，在於「阻擊黑暗」。七〇九案的後續發展，確實就像一場官方出擊、民間阻擊的攻防戰，其戲劇性不亞於懸疑電影。

二〇一六年七月二十八日，有一家境外中文網站宣稱獲得消息，七〇九案的其中四名被捕者，周世鋒、胡石根、翟岩民、勾洪國，將於八月一日被開庭審理。樊麗麗和劉二敏得知消息心急如焚，王峭嶺和李文足第二天陪著她們到負責此案的天津法院，要求查詢丈夫的開庭日期。這是八月一日前的最後一個工作日。

四名家屬詢問無果，當場被員警傳喚帶走，數小時後，她們被釋放，決定住在天津不走了。七月三十一日晚上，王峭嶺和劉二敏在共同的住處遭員警帶走，沒被抓住的李文足和樊麗麗一整晚東躲西藏。八月一日，李文足、樊麗麗連同關注七〇九案的外國使館官員，出現在法院門口，李文足當場演講抗議當局抓走家屬，以及封鎖開庭資訊。

八月一日下午，被認為在中國有深厚背景的香港東網發布一段王宇訪談，稱她已取保獲釋，並透露周世鋒等四人的開庭將在第二天八月二日進行。王宇還在訪談中表態認罪，稱周世鋒等人的行為是「攻擊抹黑」中國政府。王宇此前在七〇九案發生一年多來音訊全無。七〇九家屬團隨即發表聯合聲明，呼籲民間抵制官方的分化企圖，聚焦第二天的庭審。

八月二日到八月五日，天津法院連續四天開庭，每天審理一名七〇九案被捕者，並配以法院微博公布庭審記錄、指定外媒採訪庭審、中央電視台每天播出庭審畫面。詹姆斯·曼將之類比為「史達林時期擺樣子的公審」。所有受審者都當庭認罪，法庭宣判他們顛覆國家政權罪名成立，周世鋒和胡石根分別被判刑七年和七年半，翟岩民和勾洪國被判緩刑。胡石根曾在九〇年代因組黨坐牢，出獄後成為基督教長老，組織一個極具異議性質的教會，與周世鋒、李和平等人偶有交往。

這四天裡，七〇九家屬們都被軟禁家中。同時中文媒體上開始出現對她們行動的反擊，另一篇「七〇九家屬聲明」出現，稱之前的聯合聲明是香港律師代筆偽造，並強調沒有家屬遭到警方騷擾和軟禁。

中國共產主義青年團的官方微博還發布了一段視頻，將李文足和樊麗麗八月一日在天津法院抗議的偷拍錄影加以剪輯並配上字幕。當李文足說「我們有兩個家屬被抓了」，視頻字幕打出的是「我們有兩個大使被抓了」，並重播兩遍。視頻旁白進而嘲笑李文足不知道外交豁免權，明顯是刻意鬧事。視頻還加進了二〇一一年美國大使洪博培出現在「茉莉花」現場的片段，論證這場鬧劇意在扳倒中國。有民間抗爭者開始懷疑八月一日開庭的錯誤消息是官方有意釋放的。

七〇九案審判的第一回合，民間在連番打擊中灰頭土臉，官方似乎也不介意顯露荒誕和猙獰。

二〇一六年十一月，江天勇到長沙看望陳桂秋後，在返回北京的火車上失蹤，一個月後，共青團微博發布視頻，指他是境外勢力的代理人，視頻將江天勇的照片、人權團體對他的聲援，與動畫片和《豆豆先生》（*Mr. Bean*）喜劇片段混合在一起，配以歡快的音樂和調侃的旁白，製造出搞笑的效果。三個月後，官方媒體報導稱，江天勇指導七〇九家屬編造謊言，被以涉嫌煽動顛覆國家政權罪關押。

二〇一七年一月，謝燕益悄無聲息地被取保候審，送回家中。

二〇一七年四月下旬，官方為謝陽指定的辯護律師向陳桂秋透露消息，稱謝陽將在四月二十五日於長沙開庭，王峭嶺、李文足等北京的七〇九家屬，連同使館官員和大批民間抗爭者，遂在當天趕到長沙聲援，不料法院並無謝陽案開庭。

王峭嶺返回北京後，國保找到她說，李和平已於四月二十五日開庭，顛覆國家罪名成立，被判緩刑，國保要帶王峭嶺和孩子去天津見李和平。王峭嶺震驚之餘拒絕隨同國保前往，儘管她知道自己順從了就能立刻與李和平團聚，但她也很清楚，此去就意味著一家人的軟禁和噤聲。她在當天晚上發表聲明，抗議李和平遭到「秘密審判」，她在聲明中複述自己與國保的對話。

王峭嶺告訴國保：「你們死了這條心吧！我不會去天津。你們不放我的丈夫回家，就不要指望我閉口不言。」

國保緊接她的話說：「如果李和平回來，妳就不再發聲了？」

王峭嶺盯著國保，帶著冷笑說：「和平就算回家，你也休想讓我閉口！」

王峭嶺的聲明下有六名家屬的聯名支持，除了原來常與她並肩作戰的五個妻子，還加上了江天勇的妻子金變玲。

在王峭嶺發給我的訊息裡，她說到一個在聲明中沒有提及的拒絕被帶到天津見李和平的原因——全璋還沒有消息，我要陪在文足身邊。

作為一個政治犯家屬，王峭嶺沒有因自己丈夫獲釋而結束抗爭，這一刻，她已完全是一個獨立的抗爭者。我想起採訪時她曾說的一句話：「如果人只考慮自己，那麼這個體制輕鬆就讓你絕望了。現在它不就希望每一個人只顧自己嗎？」

第二回合，她們沒讓對手完全達到目的。

第十一章

祭事

二〇一五年十二月底，中國甘肅省山區的氣溫已經降到攝氏零下十幾度，剛剛下過一場大雪，漫山遍野一片冰封景象。

六十二歲的艾曉明站在雪坡上，將攝影機對準厚厚的雪層裡刺出的枯草，背景裡的白雪照得天地茫茫一色。她穿著紅色風衣，在雪地裡格外顯眼，她花白的頭髮在寒風裡飄著，沒有戴帽子和手套，因為這樣更方便操作攝影機。

突然，艾曉明腳底一滑，全身往前仆去，她下意識要護住手裡的攝影機，摔倒瞬間硬是將上身直直挺起，一條腿的膝蓋狠狠地撞在雪裡，她竟然就穩住了——上身沒再撲倒，攝影機緊緊貼在懷中，半點都沒有撞到。艾曉明樂了，抱著攝影機從雪裡慢慢站起來。

我如今想起那一幕仍然後怕，如果她不是六十二歲而是七十二歲，如果她摔倒的地方不是雪地而是硬地，她的膝蓋可能當場就碎了。艾曉明站起來後笑容更大了，我拿起手機拍下她帶著半腿雪立在雪地裡的照片，她看著照片還一直笑，說「看起來好傻」。

艾曉明對這次摔跤總結的教訓是：五十塊錢的網購靴子果然不給力。

她前兩天就怕這雙已經磨光的靴子會打滑，拉上我沿著我們住的小招待所門外的大街找鞋店，大概搜尋了一公里以後，她終於在批發城裡淘到一雙一百三十元的布鞋，她說這是她幾年來買過最貴的鞋子。艾曉明穿著這雙「貴價鞋」走了一天後發現它磨腳，只好又換上原來的光底靴。

兩天後，我們包下一輛計程車一路向北，出了城市的柏油路走上水泥公路，又跑出水泥公路顛起了土路，三百多公里後，我們到達中蒙邊境的小鎮「馬鬃山」。艾曉明花五個小時來這裡，只為給她一位受訪者的話配幾秒空鏡頭，這裡是那位受訪者年輕時被下放勞動的地方。她去鎮上唯一的商店裡問路，我們在店裡驚喜地發現五十元的軍用棉鞋，還帶防滑膠釘，艾曉明立即買下，興奮得一直說：「太好了，不用買貴鞋子了！」

艾曉明在拍攝的是她的新紀錄片《夾邊溝祭事》，影片背景有著這樣一段歷史：一九五七到一九六〇年，兩千多名被打成右派的知識分子被放逐到甘肅夾邊溝勞改農場，在零下二、三十度的荒漠中強制勞動。他們一個接一個地凍餓而死，最後存活的不足六百人。人們相互揭發彼此的怨言和懶惰，也用樹枝從彼此的肛門裡摳出因缺乏營養而結塊的糞便。他們約好死了就相互掩埋，也吃過別人的屍體，卻沒有人能夠反抗——說是麻木都過於簡單以致不公道了，系統性的話語、思想和體力的剝奪，讓人失去任何反抗的可能——五十多年後，活著的人回到這裡，想要追尋死去同伴的骸骨和姓名，將他們的骸骨拾起埋葬，以他們的姓名立一座碑，但事情當然不會那麼順利，剛樹立的石碑幾天後就被砸毀，埋下的骸骨被挖出來拋回荒野。

艾曉明為這部片子已經工作一年半多了，剛完成的粗剪共五集，時間長達六個多小時。儘管她的許多朋友看了粗剪版本已經震撼不已，但她覺得還不夠好，她想等一場雪，一場大雪，好作為空鏡剪進片子裡，讓觀眾能稍稍體會主人公們當年的刺骨嚴寒。

一入隆冬，艾曉明就在武漢家中天天盯著甘肅天氣預報，當她終於等到這場大雪，她立即通知我買第二天的機票到甘肅與她會合。

——

我們每天除了睡覺和在車上的時間，就是拍外景。甘肅大漠上的風總是狂妄地吹，風掠過的皮膚都會變成冰的溫度。低溫從我裸露的太陽穴和額頭向內傳導，我開始頭疼腦脹，恨不得能把自己的頭顱從脖子上拿下來。艾曉明在遠處拍攝，她的手和頭完全曝露在風中，我不知道她是怎麼能忍受的。

我路過一個荒漠上的土丘，就產生一種想趴上去的衝動，因為那看來是荒漠中唯一能擋點風的辦法。在《夾邊溝祭事》的粗剪版本中，有一個人在冷風中哀嚎了一夜，第二天早上，別人在一個土丘上發現了他的屍體，我現在理解了他的位置選擇。

太陽傍晚六點下山，大漠上六點半就伸手不見五指，六點四十五分要是還沒有回到車裡，全身不管穿了多少衣服，我都覺得像赤裸一樣，寒氣已穿透羽絨服和毛衣，六點五十分，我連自己的皮肉都感覺不到，彷彿成了骷髏，冽風就削在骨骼上。我衝進車裡暖和了十分鐘才開始恢復思維能力——原來「寒風刺骨」是這個意思——當年夾邊溝的人到底是怎麼活下來的。

其實如果不是上次去她的武漢家中採訪後，我這三個月來不斷求艾曉明讓我陪她拍一次片子，她是不應該帶我來當助手的。艾曉明每次出門拍攝要帶助手，是因為以她的年紀，她已經無法一直扛著沉重的設備，而且隨著她對自己作品的畫面要求升高，她現在出門要帶兩台拍攝機器，一台攝影機、一台單眼反光相機、不同鏡頭、三腳架、還有一盞打光燈。

然而我不是一個好的負重助手，我身材消瘦，平時也不運動。艾曉明因此不得不自己多承擔一些負重，我也儘量承擔比平時的上限多一點的重量。我本來打算在拍攝途中還能跟她聊一些問題，但實際情況是我們在嚴寒中根本沒有心情和體力做採訪。

這趟拍攝結束後，我對艾曉明說，我的感觸就是自己以後絕對不往紀錄片方向發展。艾曉明笑著，循著她多年當老師的思維說：「人家都說參與式教學，不能第一次就參與得太狠，不然學生覺得太苦，以後都不想幹了。」

除了體力，艾曉明的身體其他方面也開始跟不上緊張的拍攝，她抱怨自己開始老花，看不清取景框裡的圖像對焦沒有，她自嘲要是不戴老花眼鏡就像個瞎子在拍攝。但在嚴寒裡，老花鏡片貼在她的眼睛和取景框之間幾秒鐘就滿是霧氣。

我們在甘肅拍攝五天之後，艾曉明接到一通家裡打來的電話，她一看就知道不是好事。果然，家人告訴她，父親又把自己的鼻胃管弄掉了，這意味著她得馬上趕回武漢，帶父親去醫院重新插管。艾曉明糾結起來，由於九十多歲的父親不能自理，她的外出拍攝時間一直極為稀缺，每一次都要等父親情況穩定、家裡的看護工作得力，她才能見縫插針地出差幾天。

艾曉明作出決定，還是按原計畫完成這趟拍攝，她請家人嘗試為父親餵食幾天。父親因吞咽障礙而常年鼻餵，但一直對食物再進入口腔有著渴望。三天後，當我們終於結束工作奔上歸途，她的父親已經因食物嗆進肺部又開始發燒。

——

二〇一二年從中山大學退休以後，艾曉明常用三個身分描述自己：女兒、家庭主婦、紀錄片工作者。這基本構成了她在武漢家中的日常：一天多次去看看房裡的父親，他精神好時陪他坐坐說說話，雖然他大多數時候都在臥床睡覺；跟請來的阿姨溝通老人家的照料，吃得少了要煮得更稀，天氣涼了多加一床被子；其餘時間艾曉明就在臥室裡剪片子。這還算好的，如果父親發燒住院，她就得每天坐一、兩個小時公車去照料，能工作的時間所剩無幾。

《夾邊溝祭事》裡的右派老人們，比艾曉明的父親小不了幾歲，他們的子女也跟她一樣，有著黑五類的青春期。我問艾曉明在剪片子時會不會想起自己的少年經歷，她糾正我的刻板想像說，製作紀錄片跟學者做研究一樣，憑藉的是理性的分析和思考，而不是感懷身世。

然而艾曉明後來又說起，有幾次她與受訪者一起通看全片時，她會覺得喘不過氣來。她最感到壓抑的時刻是，當倖存者突然表白：我不反黨，我愛黨，我只是對某一件具體的事情不同意，我只是不同意這個具體事情的做法。或者當受害者的子女說：我們現在的生活挺好的，我們不想再談這件事。

「我非常清楚這種話只是面具。」艾曉明說，老人或他的子女說出這話時並不是故意在說謊，而是人們已經習慣了不敢也不去思考這種危險的問題。這種狀態，對於她這種經歷過毛時代的人，太過熟悉。她看著自己的受訪者連同他們的子女仍承受著恐懼的脅迫，艾曉明說：「這說明那個時代從來沒有過去。」

我問艾曉明，她以前熱衷的都是抗爭運動相關的題材，為什麼這次選擇了一個歷史課題？她回答說，這不是「闔上了的歷史」，有人想建碑，有人在砸碑，這就是一場正在發生的運動——祭奠，是一場記憶與遺忘的抗爭。

這提醒了我，艾曉明在近幾年拍的一個又一個短片：二〇一〇年，劉曉波的零八憲章案，煽動顛覆國家政權罪，判刑十一年，她採訪了劉霞；二〇一一年，她拍攝譚作人案開庭，他以煽動顛覆國家政權罪，被判刑五年；同年，她拍攝田喜的愛滋維權案開庭，田喜故意毀壞財物罪成立，判刑一年；又同年，她拍攝王荔蕻開庭，王荔蕻尋釁滋事罪成立，判刑九個月；二〇一四年，她拍攝許志永的新公民運動案開庭，許志永聚眾擾亂公共場所秩序罪成立，判刑四年；二〇一六年，維權律師七〇九案，顛覆國家政權罪，她採訪了原珊珊的一年經歷。

每一條短片，都像一場祭事，記敘一個陷入寒冬的運動。

——

在我的祖國
只有你還沒有讀過我的詩
只有你未曾愛過我
當你知道我葬身何處
請選擇最美麗的春天
走最光明的道路
來向我認錯

二〇一四年清明節的後一天，經歷重重阻截之後，艾曉明第一次到達夾邊溝林場門口，但還是被兩排穿著迷彩服的年輕男人攔住去路。乾燥的土路直直地向前延伸，她卻無法再向前走一步。在這場無法完成的祭奠中，她面對前方的道路，以及面無表情的年輕人，朗誦了俞心樵的這首《墓誌銘》。

剪片子的時候，她猶豫了一下，沒有把自己念詩的這段剪進去。「一部紀錄片能做的很少。」她說，隨著身邊的運動者一個個被打壓，也隨著她自身的邊緣化，越到後來，她就越傾向於把自己放在鏡頭之外，留給公眾更多認知和思考的空間。

艾曉明說，自己現在是「困獸猶鬥」，她解釋道：「就是被圍困的野獸依然還在戰鬥。」她正被年齡和體力圍困，被政治壓力圍困，也被家庭的義務圍困。

她反反覆覆地說著這四個字——困獸猶鬥。

好幾次，我想艾曉明說的不是她自己，而是每一個還不肯認輸的中國抗爭者。

艾曉明接著講道：「就像義大利作家卡爾維諾（Italo Calvino）說的，我們無法講和地獄鬥爭，我們已經在地獄裡了。現在唯一能做的是分清楚哪些東西屬於地獄，哪些東西不屬於，儘量讓那些不屬於的東西存活下來。」

她說，那些關於記憶的微弱堅持，就是不屬於地獄的東西。「如果一個新的社會要長成，必須是讓這種微弱的堅持倖存下來。」

■

〈我見到了陳光誠〉
梁曉燕——著
2005 年 10 月 26 日

〈通向公民社會的第三條道路〉
笑蜀——著
2012 年 9 月 16 日，笑蜀的映射博客

〈上海襲警案楊佳母親王靜梅被關精神病院 143 天的經歷——法制、或精神病〉
王荔蕻——著
2009 年 3 月 30 日，CND 華夏文摘

〈BBS 往事〉
季天琴——著
2012 年 20 期，南都周刊

〈「流氓燕」：性工作者站出來〉
周華蕾——著
2012 年 4 月 27 日，南方周末

〈關於中國青年愛滋病網路退出聯席會議的聲明〉
常坤——著
2013 年 6 月 25 日，中國青年愛滋病網路

〈從許志永的妥協看維權走向〉
茉莉——著
2009 年 10 月 5 日，新世紀

《記憶劉霞—— 2010 年 4 月 2 日的一次對話》
艾曉明——拍攝
2013 年 11 月 9 日發布

〈劉曉波與劉霞的愛情〉
余杰——著
開放雜誌

〈陪劉霞赴錦州監獄探視劉曉波紀行〉
王金波——著
2010 年 7 月 8 日至 11 日，中國人權雙周刊

〈鐵窗後我親愛的丈夫劉曉波〉
王懷義——著
2010 年 2 月 28 日，觀察家

◎ 劉曉波與劉霞相關內容因政治管制無法採訪，特別鳴謝余杰先生提供資料

〈社會運動與女性主義紀錄片——中山大學艾曉明老師談紀錄片〉
《華夏文摘》——訪談整理
2008 年 1 月 15 日，CND 華夏文摘

〈責任倫理讓勇氣昇華——為《張思之先生誕辰八十周年暨執業五十周年慶賀文集》而作〉
劉曉波——著
2007 年 10 月 9 日

《神與我們並肩作戰》
高智晟——著
2006 年 4 月，博大出版社

〈黑夜、黑頭套、黑幫綁架〉
高智晟——著
2007 年 11 月 28 日

〈紀念中國民主黨建黨十周年、歡迎查建國先生即將出獄〉
徐文立——著
2008 年 6 月 24 日

〈究竟是誰綁架毆打了李和平律師〉
胡佳——著
2007 年 10 月 1 日

〈王博案的辯護詞：憲法至上，信仰自由——一份珍貴的歷史紀錄〉
丁柯——著
2007 年 8 月 6 日

〈我跟江天勇律師的「世仇」〉
王峭嶺——著
2006 年 11 月 30 日

〈中國維權律師被打壓內情〉
紀碩銘——著
2010 年 5 月 2 日

《敵人是怎樣煉成的：沒有權利沉默的中國人》
寇延丁——著
2016 年 10 月，時報出版社

《走》、《走著》
寇延丁——著
2016 年 10 月，開放出版社

《社會與政治運動講義》
趙鼎新——著
2006 年 3 月，社會科學文獻出版社

〈女權神劇《陰道獨白》中文版十年〉
劉炎迅——著
2013 年 8 月 2 日，中國新聞周刊

《中國婦女非政府組織的發展》
劉伯紅——著
2000 年 04 期，浙江學刊

〈約會強姦與黃靜之死〉
艾曉明——著
2003 年 7 月 2 日

〈萬延海為什麼要舉家出逃〉
安德列——著
2010 年 5 月 29 日，自由亞洲電台

〈我們與曉波的相知、相識和相交〉（上、中、下）
丁子霖、蔣培坤——著
天安門母親

〈請回到維權的行列中來：致高智晟先生公開信〉
丁子霖——著
2006 年 2 月 23 日

〈丁子霖的證詞——「六四」遇難者蔣捷連的母親〉
丁子霖——著
1999 年 2 月，天安門母親

天安門母親群體的形成與概況
http://www.tiananmenmother.org/TiananmenMother/tmother01.htm
天安門母親

〈中國版女權主義：啟蒙到自覺〉
李思磐——著
2015 年 2 月 9 日，博客天下

〈當選獨立中文筆會會長的就職說明 〉
劉曉波——著
2003 年

〈就校園 BBS 被整肅致教育部部長周濟的公開信〉
劉曉波——著
2005 年 3 月 24 日
（主要數據來源：中國統計局網站）

部分參考資料

〈聲援艾曉明，譴責黑社會〉
劉曉波——著
2005 年 9 月 27 日

《太石村》紀錄片
艾曉明——導演
2005 年 11 月製作完成

〈請求幫助，請求救援——中山大學艾曉明教授答記者校友的一封信 〉
艾曉明——著
2005 年 9 月 28 日

第十二、十四、十六次中國互聯網路發展狀況調查統計報告
王關義、周桂元等——著，《中國出版業體制改革研究》
2008 年 7 月 1 日，中國財政經濟出版社

〈碎石堆上的民主——論太石村村民「罷」村官〉
賀林平——著
2005 年 9 月 16 日，人民日報

〈呼籲有關部門保障艾曉明教授與她同伴的人身安全〉
崔衛平——著
2005 年 9 月 26 日，博訊

〈「黑馬」、「黑手」和文章好手劉曉波〉
郝建——著
2010 年 10 月 13 日，亞洲周刊（網路特稿）

〈她是一個有故事的人 〉
王東成——著
溫家寶視察新聞
http://www.da.gd.gov.cn/webwww/nychq/NeiRong.aspx?ID=3325
南粵春秋

〈「兩個劉曉波」和中國知識分子的轉型〉
程映虹——著
2005 年 10 月 24 日，大紀元

《血統：一個黑五類子女的文革記憶》
艾曉明——著
1994 年，花城出版社

《我無罪：劉曉波傳》
余杰——著
2012 年 9 月，時報出版社

她們的征途

直擊、迂迴與衝撞，中國女性的公民覺醒之路

作者｜趙思樂

總編輯｜富察

責任編輯｜洪源鴻

企劃｜蔡慧華

封面設計｜虎稿

內頁排版｜萬亞雰

社長｜郭重興

發行人兼出版總監｜曾大福

出版發行｜八旗文化／遠足文化事業股份有限公司

地址｜新北市新店區民權路 108-2 號 9 樓

客服專線｜ 0800-221029

信箱｜ gusa0601@gmail.com

傳真｜ 02-86671065

Facebook ｜ facebook.com/gusapublishing

Blog ｜ gusapublishing.blogspot.com

法律顧問｜華洋法律事務所／蘇文生律師

印刷｜成陽印刷股份有限公司

出版｜ 2017 年 10 月　初版一刷

2017 年 12 月　初版三刷

定價｜ 380 元

國家圖書館出版品預行編目（CIP）資料

她們的征途：直擊、迂迴與衝撞，中國女性的公民覺醒之路

趙思樂著／新北市／八旗文化出版／遠足文化發行／ 2017.10

ISBN 978-986-95168-8-4（平裝）

1. 社會運動　2. 報導文學　3. 中國

541.45　106014343